中國學術思想 研究輯刊

十一編

林慶彰 主編

第39冊

北宋契嵩的儒釋融會思想

張清泉 著

花木蘭文化出版社

國家圖書館出版品預行編目資料

北宋契嵩的儒釋融會思想／張清泉 著 — 初版 — 新北市：花
木蘭文化出版社，2011〔民 100〕

序 4+ 目 4+254 面；19×26 公分

（中國學術思想研究輯刊 十一編；第 39 冊）

ISBN：978-986-254-485-3（精裝）

1.（宋）釋契嵩　2. 學術思想　3. 宋元哲學

030.8　　　　　　　　　　　　　　　　　100000818

ISBN-978-986-254-485-3

9 789862 544853

中國學術思想研究輯刊

十一編　第三九冊　　　　　　ISBN：978-986-254-485-3

北宋契嵩的儒釋融會思想

作　　　者	張清泉	
主　　　編	林慶彰	
總 編 輯	杜潔祥	
出　　　版	花木蘭文化出版社	
發 行 所	花木蘭文化出版社	
發 行 人	高小娟	
聯絡地址	新北市永和區中正路五九五號七樓之三	
	電話：02-2923-1455 ／傳眞：02-2923-1452	
網　　　址	http://www.huamulan.tw 信箱 sut81518@ms59.hinet.net	
印　　　刷	普羅文化出版廣告事業	
封面設計	劉開工作室	
初　　　版	2011 年 3 月	
定　　　價	十一編 40 冊（精裝）新台幣 62,000 元	

北宋契嵩的儒釋融會思想

張清泉　著

作者簡介

姓名：張清泉

出生：1959 年

籍貫：台灣省苗栗縣

學歷：政治大學中國文學博士

現職：彰化師範大學教授兼國文系主任暨台文所所長

著作：《清代論語學》，1992 年。

《北宋契嵩儒釋融會思想研究》，1997 年。

《一諦書會書法集》（一）、（二），2003、2007 年。

《儒佛文藝論集》，2010 年。

《詩歌吟唱教學》，2010 年。

提　　要

　　本書主要探討北宋高僧契嵩的儒釋融會思想，全書先就三教合一思想的源流進行探索，此外亦就北宋時期的儒釋思想背景進行觀察分析，尤其是宋初儒士的反佛思潮，包括宋祈、王禹偁、石介、孫復、李覯、歐陽修等人，均有詳細的析論。

　　其次，針對契嵩本人的生平著述、儒學思想及佛教思想等，進行詳細的分析探索。儒學部分，契嵩對於五經均有其個人的不同見解，這些有別於一般儒士對於傳統經典的詮釋，尤其是針對《尚書・洪範》及《禮記・中庸》的特殊詮解，實可提供主流經學外的另一種詮釋觀點，以為後人研究宋明理學發展史之參考所資。佛教部份，契嵩的主要貢獻應是在《傳法正宗記》中有關禪宗法統觀的建立，這一部分雖然和儒釋融會思想並無直接關聯，不過對於後世禪宗的發展亦有重要的影響，因此也附帶一論。

　　最後便是儒釋融會思想部分的歸納，契嵩將儒釋互動史上所有的相關誓應與辯證論述，統合集其大成，以建構其儒釋融會的理論基礎與實踐方法。理論部分包括政治論、修養論、果報輪迴論、心性宇宙論等，至於實踐方法更是回歸於「孝道」，以孝來統攝儒家的善行與佛家的戒律，這就是契嵩整個儒釋融會思想的大要。當然，這種思想不論在當代或對後世，均產生了重要的影響，本書均有詳細的分析與探索。

目
次

李　序

　　中國學術的發展，概括的說，即是漢學與宋學的消長歷史。而談到宋學，又叫理學、心學、道學或性理學、新儒學。即以孔孟的儒家思想為主，而雜入佛教、道家的學說，讓儒學更具有形而上的哲學基礎。歷來討論理學的學者，大多從這個角度入手。

　　北宋高僧契嵩，年十三即落髮為沙彌，是禪宗青原行思禪師下第十世雲門宗僧人。兼通儒學，學養深厚，當佛教傳入中土後，與傳統中國文化接觸，有融合吸收，也有衝突排斥。契嵩在那種時代背景下，挺身而出，倡導儒、釋、道三教融合思想。所著《輔教編》，旨在弘揚儒、釋思想的一致性。例如〈孝論〉就在論述「孝」不止是儒家獨有的倫理觀念，它也是佛教的基本思想，因為真正的佛教徒比誰都重視孝道。又如他的〈廣原教篇〉，即在調和百家的矛盾，倡議各派學說應長期共存，因此在〈勸書篇〉中，他就極力的勸勉君子不可排佛，他和理學家一樣，也都重視心性的討論，並以心來作三教統一之本。主張「唯心之謂道，闡道之謂教」，闡發正心與正性情的關係，認為儒釋對於敦教化、正人心，是可分工互補的。所以契嵩的融合儒、佛二教說，主要在援儒入佛，與當時理學家的援佛入儒，可說是同一思潮，殊途同歸，應是宋學的另一支派，這麼一位思想史上的重要人物，可惜卻常被一般討論中國學術思想發展的學者所忽略。

　　政治大學中國文學研究所張清泉博士，平素愛好經學、儒學，在肄業台中師專時，就與佛門有緣，於台中蓮社追隨　雪廬居士研習論語佛學，十多年來素食清心向佛，對佛學研究從未間斷，現任教於國立彰化師範大學，擔任「佛學概論」等課程，深覺契嵩不但是禪宗界的高僧，也是宋初儒、釋、

道三教融會的重要學者，應該有其宋學上的地位。張教授以「契嵩的護法思想與儒釋融會理論」爲博士論文，對契嵩生平著述，宋初儒士的反佛思想，契嵩對排佛言論的反響，契嵩儒釋融會的理論、實踐，以及對契嵩融會儒釋思想之評價等主題，都有深入之探討。尤其在隋唐三教講論風氣後，所開展出的理學，本文提供了另一個角度的思考方向。因爲筆者忝爲本論文的指導教授，在本書出版之際，聊贅數言爲序，深感榮幸。

李威熊　1998 年春　三月於彰化師大教務處

自　序

　　記得剛接觸佛學時，只是個懵懂的青少年，當時就讀師專一年級，由於學長的引領，參加了「大專佛學講座」，受到　雪廬李炳南先生的啓蒙，開始與佛學結了法緣。畢業服完兵役後，又參與　雪廬先生主持的「論語講習班」，對於儒學與佛學的體驗，逐漸由書本融入於生活，這種儒、佛並融的觀念，深深影響了我日後的學術研究與生活態度。

　　民國七十四年的夜大進修，又是我人生歷程中另一新頁的開始。當時已經是二十七歲的「老學生」，雖然白天教書晚上課讀的生活早就習以爲常，但是，做個學生畢竟還是有各種壓力，這些心頭點滴，便逐漸顯示在稀鬆和變白的髮際。然而中文系的課程卻也帶給我更寬廣的視野，進入了這個天地，竟宛如童話故事一般，不知不覺的一直向前走著，越走越新奇，越是探索也就越覺得自己的無知與不足。就這樣的不想回頭，也不能自已，因而只有一路走下去了！於是繼碩士論文《清代論語學》之後，這篇博士論文終於也完成了。在這期間，教書的工作並未停止，輾轉經歷了小學、特殊學校、高職到大學，十二年來的「半工半讀」生涯，個中滋味大概也只有自己和家人知曉。

　　對於博士論文方向的確立，應是和我前述的求學背景有關，至於主題人物契嵩法師的選定，則應感謝熊琬老師的協助與啓發。契嵩處於北宋初期，在思想史上爲三教合一的重要時期，他的護法思想與儒釋融會理論實具有特殊的歷史意義與重要之價值，因此希望藉由本文的研究能夠喚起讀者對於契嵩的重視，並且對儒釋融會乃至三教合一的問題也能有所關注。然而文中誠有未臻成熟之見解者，尚祈各方先進不吝賜教。

　　感謝李老師威熊先生對論文的指導並於百忙中賜序。從師專時期至今，二十年來無論在學業上或工作上均承受老師多方的照顧，而老師溫文儒雅的待人處事之道，更是我努力學習的目標，種種感念都不是有限的言辭所能表達於萬一者。至於十幾年來默默犧牲奉獻、全力支持的家中妻兒，在此更是要表達衷心的感激！

　　　　　　　　　張清泉謹識　民國87年4月　於彰化師大國文系

第一章 緒 論

第一節 本文研究旨趣

一、研究動機與目的

　　儒家思想乃中國學術文化之主流，在先秦時期大致已完成其主要的思想主體；到了西漢時期又受到政治上的獨尊保護，更使其奠定了學術的主流地位。此後兩千年的歷史裡，雖然儒學仍舊維持著表面上的主流地位，但實際上，兩漢及魏晉時期的道家思潮也和儒學不相上下；至於佛教思想更在隋唐時期大放異彩，乃至形成思想史上的主要特色。進入宋代終於順勢走入「三教合一」的途徑，研究思想史者，對此一變遷不得不有所留意，因此學術界除了對儒、釋、道三家思想本身的各別探討之外，有關「三教交涉史」之研究也逐漸受到重視。對於這方面的研究成果，目前兩岸地區對這一問題的研究，還有許多等待開發之處，這是本文撰寫的動機之一。

　　佛教基本教義是以「了生脫死，離苦得樂」為其目標，但一般人只強調其「脫死」的部分，亦即死後的去向問題；至於「了生」之事——即這一期生命的規畫與安排又當如何？佛教有一偈說：「人身難得今已得，佛法難聞今已聞，此身不向今生度，更向何生度此身？」此偈的立意當是勉勵修行者要珍惜光陰，勤加用功行持，當生成就，方不虛度此生。這個人生目標，站在佛教教義的立場來說是沒有疑問的，尤其對於荷擔如來家業，專心辦道弘法利生的出家二眾（比丘、比丘尼）而言，大致上是不會產生什麼衝突的。然而為數更多的在家二眾（優婆塞、優婆夷），他們是信佛的在家居士，大都各

有自己的家業，或成為士農工商，或在朝在野，彼此另有一種居士的生活方式。歷史上具有這種身份的人物並不少見，如唐朝的王維、白居易，宋代的蘇東坡、張商英等人皆是，進一步觀察這些人物的內心想思，往往都是兼具儒、釋兩家，甚或與道家三者融於一體。因此，儒釋融合，乃至三教合一的思想，便匯聚成為其主要的人生觀，尤其儒家「安身立命」、「己立立人、己達達人」的積極入世思想，更是為在家居士在修行之外也能兼顧世間法的安排與規畫，所以「了生」的問題解決了，「脫死」之目標也有了方向，如此「離苦得樂」的需求便將有所滿足，因而「儒釋融合」的入世意義與價值，就在這裡顯示了出來。至於其融和之可能性，以及融和之方式，正是本文的研究動機之二。

事實上，不論「儒釋融和」或是「三教合一」的思想，其具體的呈現都是在於「人」的身上，而各家思想本身的「相似性」或「相融性」倒不是關鍵之所在。因此，人物思想的探討成為此一論題的重點所在。前面所述信佛的在家居士由於身分與處境的因素，促使其以佛教思想為基礎，兼納儒家乃至道家思想，以成就其綜合之人生觀，遂產生了所謂的「三教合一思想」，在思想史上，這一類人物及其思想是另一個值得探討的課題。至於以出家僧眾的身分，按照佛教的常情，「僧寶」是三寶之一，其職責固以弘揚「經律論」三藏，延續佛陀之教法為主要任務，對於儒、道兩家的典籍，一般佛徒都將其視為「世間法」，在皓首窮究「三藏十二部」之時，恐怕少有餘暇去治理這些世間典籍的，但仍是有些例外者，例如明代的蕅益大師著有《四書蕅益解》，憨山大師也有《老》、《莊》注解，這些現象正透露出他們本身思想中所受到儒、道的影響，並將其融和為一體，在歷代佛教僧眾中，他們是比較特別的一部分。類似的人物，在北宋之初有一位契嵩法師，他的事跡更是具有特別的因緣，他提倡儒釋融合，主要原因是為了反制當時社會上以歐陽修為主導的排佛聲浪，而歐的排佛則是接緒於唐代韓愈的餘響。契嵩如何在韓歐的反佛思潮與質疑聲中提出辯解，又如何發展成其儒釋融會的一套思想，這也是本文的研究動機之三。

從「三教交涉史」出發，到「儒釋融和」思想之探討，乃至最後縮小於嵩契一人思想之研究，其機動著眼點是由大至小，然實際研究探討時，則是由點而線而面，層層深入擴大探討。因此，本文之研究，希望達到以下之目的：

（一）探討瞭解儒學、佛學之相融性與差異性，藉以澄清「儒釋融和」之可能性與限制性。

（二）探討儒釋融和或三教合一思想對於社會人生的積極意義與價值。

（三）為契嵩思想的歷史意義與價值，賦予適當的地位與評價。

二、研究方法與範圍

本論文之研究蓋以契嵩本人為中心，從上下縱橫各個不同的方向展開研究，其研究之方法與範圍分述如下：

（一）人物研究

契嵩本身為一出家僧人，他的生平事跡與有關著作，是瞭解其人思想的基本資料。因此對於人物的研究，包括傳記資料，著作蒐集等皆是要務，研究契嵩的原始資料大多出自《大藏經》，最主要的有兩部，一是《鐔津文集》，一是《傳法正宗記》，這些都是瞭解契嵩生平與思想的基本素材。

（二）時代研究

契嵩生在北宋初年，研究其人與思想必不能忽略所處的時代，以及當時的相關學術背景，主要有二，一是儒學方面，一是佛教方面，尤其是當時社會上的反佛思潮，更是刺激契嵩提倡儒釋融和的主原，因此有關宋代的儒、釋思想背景之探討是極必要的，這是橫向方面的研究。

（三）歷史研究

契嵩的儒釋融和思想並非全然的一己創見，他也是受到歷代先賢思想之啟發而有所推闡，因此上自東漢三國，乃至魏晉隋唐，各朝代中都不乏有排佛之論者，同時也都有護教之士起而為佛法辯護，在這過程中自然就產生了所謂的「融和說」或「一致說」，這些思想對於契嵩而言都是有所啟發影響的。因此有關三教合一思想源流的探討自是必要而且是重要的。此外，契嵩本身對於後代的貢獻與影響，也是必須探討的部分，這是縱向方面的研究。

（四）主題研究

本文之研究除了相關的儒釋學術背景略作簡介之外，在論文主題之下，另分列出「宋初儒士的反佛思潮」與「契嵩對排佛言論的反響」二章，以說明契嵩有關護法思想產生的背景與動機。其次為探討「契嵩儒釋融會思想的理論基礎」，概分上、下二章，上為「儒學篇」，研究其儒學理論基礎；下為

「佛學篇」，研究其佛學理論基礎。接著復研究其「儒釋融會的理論與實踐」，在前述儒、佛理論基礎上，探討契嵩如何以具體的方法實踐其儒釋融會之理論。最後透過歷史的觀照，研究契嵩儒釋融會思想在思想史上之評價，包括契嵩對佛教的貢獻，以及其思想之歷史地位和對後世的影響。此即本文整體研究之成果與結論。

由於契嵩的主要著作《鐔津文集》中所呈現的思想，主要以儒學及佛學之論述為主，雖然偶亦有涉及部分道家思想者，但是分量並不多見，契嵩也自稱是對道家思想未有深涉，因此本文之研究範圍即界定在其儒、釋思想部分，特此說明之。

三、前人研究成果之檢討

在坊間有關思想史方面之典籍，關於契嵩的介紹，除了部分佛教史籍曾有論及之外，其它大都略而不提，可見契嵩在思想史上尚未受到普遍的重視。因此關於契嵩的研究論著也不多見，茲將目前所見的單篇論文略介於后。

（一）〈趙宋佛教史上契嵩的立場〉

牧田諦亮撰（大乘文化出版社《中國佛教史論集（三）》，現在佛教學術叢刊七，1977 年 8 月），如真譯，約一萬五千言。本文之價值在於它對契嵩所處的時代背景具有重點性的提要，使讀者對於契嵩思想的醞釀形成以及和當代社會的互動關係有所瞭解，可惜它對於契嵩的「儒佛一致說」僅止於片言隻語的引述，並未更進一步的深入研究其內涵，是其不足之處。

（二）〈讀契嵩鐔津集〉

錢穆撰（東大圖書公司《中國學術思想史論叢》第五冊，1978 年 7 月。原刊載於 1977 年 6 月《書目季刊》），約一萬言。此文當是國內第一篇留意並探討契嵩的文章，大體上其主旨乃以為宋代學風轉變以儒學為主，因此即便是僧人亦有儒化之傾向，乃舉智圓和契嵩為其代表，以證其說。然錢文中多以程朱理學的觀點為判斷所據，稱「佛門中之唯識，終非至義」，又說「華嚴立論，實為未臻至圓之境」，如此率爾遽下定論，恐難服眾口。

（三）〈融儒於佛的契嵩大師〉

蔡惠明撰（《內明》第一七四期，1987 年 9 月），約三千言。本文只是簡單的把契嵩的融儒於佛分成五點來說，分別是五戒與五常、提倡孝道、論心

性、贊中庸、主張儒佛合一等，並略及契嵩對《壇經》版本的影響，然其所引亦只是胡適的一家之言罷。

（四）〈契嵩思想研究〉

劉貴傑撰（《中華佛學學報》第二期，1988 年 10 月），約二萬言。本文探討契嵩的法系傳承、交友關係、思想背景、思想特色等問題，其中論思想特色部分仍是承襲錢穆的觀點，認爲契嵩是一個儒化的僧人。大體說來，本文所敘述的內容都是提要式的介紹，尙未作深一層的探討；而評論部分有些地方引述他人之觀點卻未說明出處，稍有掠美之嫌。〔註 1〕

（五）〈論契嵩思想與儒學的關涉〉

何寄澎撰（《幼獅學誌》第二十卷第三期，1989 年 5 月），約二萬五千言。本文後來收入民著《北京古文運動》（幼獅文化事業公司，1992 年 8 月）一書的〈附論〉中，略事增刪而易名爲〈北宋古文家與釋子之交涉〉。何先生反對錢穆的「契嵩思想儒化」之說，認爲契嵩思想的眞相是「積極的反排佛論」。本文旨在探索北宋古文運動諸相關人物的文章思想，因此對於契嵩的思想言行之批判，不免站在儒家的立場，甚至以文章觀點出發而多所貶斥。

（六）〈釋契嵩反排佛論研究〉

王文泉撰（1993 年 5 月，淡江大學碩士論文），此篇是唯一的學位論文，約十二萬言。論文內容對契嵩的生平與學術採年譜方式來敘述，可說是詳細有餘，但缺點是以逐年敘事方式，有時不免一放而難以收拾，造成其內容略有龐雜而不易提綱之失。此外本文是以北宋儒生之排佛論與契嵩的「反排佛論」相互對較，以見出契嵩反排佛論之特色與地位，因此焦點集中在「反排佛」方面，至於「儒釋融會」方面則非其重點，故著墨不多。

（七）〈契嵩見存著述考〉

陳士強撰（《內明》第二五九、二六〇期，1993 年 10、11 月），約一萬五千言，又分見於氏著《佛典精解》（上海古籍出版社，1992 年 11 月）一書，頁 600《傳法正宗記》、頁 608《傳法正宗定祖圖》、頁 610《傳法正宗論》、及

〔註 1〕劉氏文中的「論君子與小人」一段以歐陽修的〈朋黨論〉和《鐔津文集》內容作比較，以爲其思想儒化之證明，實際上這一段是摘錄自《中國禪宗史》（阿部肇一著，關世謙譯，東大圖書公司出版），頁 302～304，然作者並未言明出處。

頁1152《鐔津文集》等。此文是對於契嵩所有著述考證最為完備的一篇力作，它不僅將契嵩傳世的所有著作一一深入探討，並能論其得失優劣，實為研究契嵩著述的珍貴資料。可惜契嵩尚有《夾註輔教編》十卷卻被遺漏了，或許因為此書自明以後在中國便已亡佚，卻流傳到日本被保存至近代才又傳回台灣，陳氏恐未之見也。

（八）〈論北宋明教契嵩的《夾註輔教編要義》〉

黃啓江撰（第二屆中國域外漢籍國際學術會議論文集），約三萬言。本文評介契嵩的《夾註輔教編要義》一書，除將其內容要點分門敘述外，並將此書之貢獻作出適當的評價。

以上是所有關於契嵩的單篇論述，總計其字數約二十三萬餘言。除了這些之外，尚有部分佛教史之類的著作，其中部分章節也有些是關於契嵩的描述者，例如前述阿部肇一的《中國禪宗史》第三篇〈宋朝的禪宗史〉，第二章「關於雲門派系統」第二節「佛日契嵩的發展關係」，以及第三、四節「佛日契嵩的思想」，這些部分對於契嵩的思想與相關問題都有深刻的探討，此外郭朋的《宋元佛教》一書第一章第八節，分十點以論述契嵩的思想，大抵也是主張「思想儒化」之說者。其他尚有一些書籍雖有略涉契嵩，但因文字不多，此處便略而不載。

綜觀上述有關契嵩及其思想方面之論評，大致上多為簡要的提綱式之介紹，或者是局部思想的探討，至於他的儒學思想淵源，佛學思想梗概，以及他如何的為反制排佛者之論調而提倡儒釋一貫等，尚缺乏一部系統的、全面的研究探索，因此本文之作即是朝此目標進行，期能對契嵩的整體思想有一全面的、系統的認識。

第二節　北宋儒釋思想背景概述

一、北宋學術發展趨勢

結束了唐末、五代的紛擾，宋初的社會在各方面都有一番新氣象的開展，諸如雕版印刷的發達、興學風氣的大盛，使得學術思想的發展充滿有利的條件，加上朝廷的右文政策使然，儒學的地位也大為提升。同時也因為朝廷對佛道二教的並重政策，促使佛道興盛，學術思想有逐漸走向三教融合的趨勢。在諸多特殊的社會背景影響之下，北宋的學術發展形成了特殊的趨

勢。在經學方面是輕傳注，闡經義；史學方面則主復古，重議論；理學方面乃揉合三教，開創新道學；文章方面則是揚棄時文，復興古文。分述如下。

（一）經學——輕傳注，闡經義

經學史上向有漢、宋學之分野，漢學所宗，即以傳注是守；宋學要旨，則重經義發揮。經學到了宋代，所以改弦易轍，主要因為章句傳注訓詁之學經過漢魏經學大家奮力經營，已難有突破，因此隋唐義疏之學已啓迪於前，既重典章制度的考訂，也重視微言大義的闡發；進入宋學，則更加擺脫章句傳注的束縛，全心致力於義理的解疏與闡揚，尤其重視有關心性思想方面的發明。

宋學特色既以義理之闡發為其宗旨，因此，經書之中凡屬談義理、談心性者，這時期便特別受到學者的用心留意，諸如《易》、《春秋》、《孟子》等，因為、《易》為六經之原，其內容富含人生哲理，其精微處，又進於天道，深究心性。《春秋》則為孔子一生用心之所在，內涵微言大義，並有尊王攘夷思想，也頗合乎宋朝的時代政治背景，因此，學者也多所留意。至於《孟子》一書，本不在經學之林，以其多談理氣，復論心性，因此便格外受到朝廷重視，而於大中祥符五年（1012）命孫奭校定《孟子》，並修《孟子正義》，至此才正式納入《十三經》中。

除了上述三經之外，《禮記》中的〈大學〉與〈中庸〉兩篇也早已受到特別青睞，唐韓愈、李翱將其從《禮記》中單獨提出，與《論語》、《孟子》並列，到了南宋朱熹更為之作章句、集註，於是《四書》的名稱與地位便正式奠定。

（二）史學——主復古，重議論

受到經學家經傳注闡經義的影響，史學家的治史取向也偏重議論；又受到復古運動的影響，不但在制度上主張復古，而且著述行文也多揚棄駢麗，採用古文。此外，由於道學思潮的影響，在史學觀點上也特別重視「取鑑」的功用，並注重春秋微言大義之發揮，而落實在人倫日常，經世致用之上，此為北宋史學的最大特色。

石介作〈復古制〉，李覯著〈禮論〉及〈周禮致太平論〉都是充滿著復古主義色彩，甚至面對佛教的興盛，也主張三代禮樂及與之抗衡，完全是復古的儒家本位主義。而歐陽修作〈正統論〉，用意則是在發揮《春秋公羊傳》「大一統」的思想，然其背後似乎也暗藏著宋代諸多夷狄外患之隱憂。

（三）思想——揉合經子，開理學先河

《宋史》於〈儒林傳〉之外又另立〈道學傳〉，其中所傳人物即是兩宋的理學家，因此，後世遂將理學與經學區分開來，事實上理學與經學乃息息相關，顧炎武即認為「捨經學則無理學」，若把理學中的經學成分抽除，那麼就等於去掉了儒家的傳統命脈，剩下的便只有釋老諸子的思想了。由此也可看出，理學受到釋、老之影響是不可否認的。雖然兩宋理學家受釋、老之影響是不爭的事實，但理學家多數排斥佛老，堅持維護儒家道統，這種精神卻是前後一致的。

（四）文學——揚棄時文，復興古文

宋初文壇原本繼晚唐五代遺緒，呈現浮豔之風，這種綺靡的文風由來已久，當時文人除楊億、劉筠以外，尚有錢惟寅、李宗諤、丁謂等人，他們更相唱和，互相切劘，並把作品合成一集，取名為《西崑酬唱集》，這就是「西崑體」得名的由來，這些作品的內容大多歌功頌德、粉飾太平，縱有抒情之作，也多屬無病呻吟，因此遂為有識之士所詬病，文壇乃興起改革復古之風。首先持反對態度的是柳開，接著又有石介、穆修等人，而在初期實際散文創作上較有成就的卻是王禹偁，至於真正領導整個古文運動，並發揮重要影響力的人，則非歐陽修莫屬。

歐陽修是宋代古文運動的領袖，他主張道統和文統應該合一，道是內容，是本質；文是形式，是明道的工具。明人所定的「古文八大家」之中，宋代便有六人，此六人又都出於同一時期，而且曾鞏、王安石以及三蘇都受到歐陽修的影響，彼此關係密切。宋代的古文運動就在這批健將的鼓吹之下，風起雲湧，和唐代的韓、柳遙相呼應，形成文學史上一個重要的改革運動。就思想內容來講，此運動的目標是要排斥所謂的「異端」；以文學形式而言，其目的則是要摒棄浮豔的「駢文」，因此古文運動其實和整個宋代的社會學術，包括經學、理學、史學、文學，乃至政治、經濟、佛老等問題，都是息息相關的。

二、北宋佛教發展概述

佛教傳入中國後，歷經漢末魏晉的遞嬗，逐漸與本土思想互涉，到了隋唐得以大放異彩，發展出具有中國特色的各大宗派，達到鼎盛的狀態。進入宋代，在各宗派教義都已完成理論系統之餘，其發展不得不朝向另一方面推

進，恰好宋初的社會文明進展快速，印刷術發達，加上史學研究風氣興盛，因此造就了佛教文獻學方面得發展在北宋以後進入特別興盛的時期。包括經錄的編纂、大藏經的刊刻、佛教史籍的整理等，都是北宋佛教史最值得稱道的事跡。至於譯經事業在唐代已達到巔峰，入宋以後經典來源不多，所譯經典之重要性亦不高。而禪宗繼唐代之餘緒，雖有「五宗七家」之新派形成，但整體說來聲勢已大不如前。因此，北宋的佛教史較重要的事跡仍是以文獻整理方面的成就與貢獻較大，以下乃略述其梗概。

（一）經錄的編纂《大藏經》的刊刻

北宋時期有關經錄的編纂，今存者有三部：

1. 《大中祥符法寶錄》原書二十二卷，今存十六卷。北宋譯經潤文、尚書兵部侍郎趙安仁和翰林學士楊億等奉敕編修（收入《宋藏遺珍》第六冊，台北新文豐公司出版）。《祥符錄》主要收載自北宋太平興國七年（982）重開譯場以來，迄大中祥符四年（1011）為止的二十九年間，新翻譯的佛教經典，屬於佛教經錄中的斷代錄。

2. 《天聖釋教總錄》原書三冊，今存上、下二冊。北宋天聖五年（1027），譯經沙門惟淨等編修。收入《宋藏遺珍》第六冊。《天聖錄》收載北宋以前舊編入藏的典籍，以及北宋以來新編入藏的經典。

3. 《景祐新修法寶錄》原書二十一卷，今存十四卷。北宋景祐四年（1037），右僕射門下侍郎平章事呂夷簡、吏部侍郎參知政事宋綬等奉敕編修，收入《宋藏遺珍》第六冊。《景祐錄》是《祥符錄》的續作，它是以譯事為主，兼記其它佛教大事，資料詳實，內容豐富，對北宋佛教史的研究，具有重要價值。

北宋佛教的發展，除了經錄的繼續撰作外，更重要的是《大藏經》的刊刻，有宋一代關於《大藏經》的刊刻，確切可考者，約有五次，其中前兩次是在北宋時期刊刻者〔註2〕，敘述如下：

〔註2〕 其他三次刊刻都是在南宋時代完成，分別是福州開元寺《大藏經》，始刻於宋徽宗政和二年（1112），至宋高宗紹興二十一年（1151），凡四十年始完成。次為安吉州思溪資福寺《大藏經》，此本刊於宋高宗紹興二年（1132）。又次為平江府磧砂延聖院《大藏經》，此本之刊刻始於南宋理宗紹定四年（1231），但一直到元順帝至正九年（1349），歷經兩朝一百十八年才完成，世稱《磧砂藏》或《延聖寺藏》。

1. 開寶刊蜀本《大藏經》

隨著雕版印刷術在宋代的興盛，中國第一部刻本《大藏經》便在宋太祖開寶四年（971）開始刊刻，《佛祖統記》卷四十三云：「敕高品、張從信往異州雕《大藏經》版。」這次的刊刻是以《開元錄》為張本，總計一千七十六部五千四十八卷的《大藏經》，歷時十二年才刻造完成，《佛祖歷代通載》卷十八記其板數凡十三萬餘板，後來在太平興國寺內的印經院印製，此即所謂的《開寶藏》或《蜀本藏》，但現已無全本，而且流傳的零卷也極少。

2. 福州東禪等覺院《大藏經》

《大藏經》的第二次刻本即是福州東禪寺本，是東禪等覺院住持沖真發起創建印經院，於神宗元豐三年（1080）開始，至徽宗崇寧二年（1103）始完成，凡六千三百三十九卷。簡稱《崇寧萬壽大藏》或稱《福州藏》。

（二）佛教史籍的發展

宋代，可說是史學方面的燦爛時代，無論是世間史書或是佛教史書，都有可觀的成就，體裁方面包括編年、記傳、典志、會要、實錄、綱目、紀事本末等，都有大量的著作湧現。如歐陽修等編的《新唐書》、薛居正等編的《舊五代史》、歐陽修編的《新五代史》以及司馬光的《資治通鑑》等，都是傳世的名作。受到這股學術風氣的影響，北宋時期的佛教史書以記傳體和禪宗譜系類著作為多，分述如下：

1. 佛教傳記

佛教傳記指的是用來記敘佛教人物生平事蹟的一類佛教典籍，北宋的佛教傳記類著作見存者有三部，分述如下：

（1）《宋高僧傳》三十卷

左街天壽寺沙門贊寧（919～1001）撰，自太平興國八年（983）始撰，至端拱元年（988）方完成，收入《大正藏》第五十卷。本書所記人物的時限，起於唐高宗乾封二年（667），終於宋太宗雍熙四年（987），前後凡三百二十年。雖然名為《宋高僧傳》，但實際所收宋代僧人，正傳只有二十七人，附見七人。因而本書的價值所在，應是以唐代佛教人物的記載為主，宋代的資料僅其小部分。

（2）《禪林僧寶傳》三十卷

北宋宣和六年（1124），明白庵沙門惠洪（971～1128）撰，今收入《卍續

藏經》第一三七冊。這一類傳記有別於燈錄類，它不按宗派世次來編製，只是以禪宗人物的生平事蹟為主，並記載一些重要的言論，性質略似於贊寧《宋高僧傳》的〈習禪篇〉。全書收錄唐末至北宋政和年間的禪宗僧人共八十一人，少數屬唐末五代人，多數是宋代禪僧。此書問世後，在叢林中雖引起了很大反響，但以所收人物有限，因此其完整性仍然無法和燈錄體的《五燈會元》之類相比。

（3）《淨土往生傳》三卷

北宋福唐飛山沙門戒珠撰，成書年代約在熙寧元年（1068）至熙寧九年（1076）之際。今收入《大正藏》第五十一卷。本書乃修行淨土宗而得瑞應往生者之傳記，取材自梁至北宋各僧傳中而來，總計僧尼七十五人。此宗以修念佛三昧為其要旨，強調一心不亂，念佛往生，而往生者每有瑞相可徵，《淨土往生傳》即是以這方面修行者的事蹟為記敘對象的傳記。

2. 禪宗譜系

譜系類著作是用來記載佛教各宗派的傳承世系，其中數量最多的便是禪宗的燈錄體，內容多記載歷代禪宗人物的對話、開示等機緣語句。這裡謹介紹四部成書於北宋時期的禪宗譜系著作。

（1）《景德傳燈錄》三十卷

北宋景德元年（1004），東吳沙門道原撰，今收入《大正藏》第五十一卷。本書是禪宗最早一部世次源流最完備的記載，所記世系，上起七佛，下至慧能門下南嶽懷讓法嗣的第九世，以及青原行司法嗣的第十一世。內容除了包括禪宗一千七百餘人的師承法系，以及禪師的讚頌詩偈、銘記箴歌之外，最重要的價值是彙集了禪宗九百五十四人的機緣語句，由這些繁複多樣、因人點化的機語，充分顯示出禪宗離心意參、不著文字、直指人心、見性成佛的獨特風格。

（2）《天聖廣燈錄》三十卷

北宋天聖七年（1029），駙馬都尉李遵勗編。今收入《卍續藏經》第一三五冊。《廣燈錄》是為增廣《傳燈錄》而編的，所收上始釋迦牟尼佛，下至南嶽懷讓法嗣第十一世和青原行思法嗣第十二世。

（3）《建中靖國續燈錄》三十卷

北宋建中靖國元年（1101），開封法雲禪寺住持惟白集。今收入《卍續藏》

第一三六冊。這也是爲續《傳燈錄》而編的另一部燈錄，所收上始釋迦牟尼佛，至至南嶽第十五世和青原第十五世，凡四十八世，一千七百餘人。

（4）《傳法正宗記》九卷

北宋嘉祐六年（1061），杭州靈隱寺沙門契嵩撰。今收入《大正藏》第五十一卷，詳見本文第二章第二節〈契嵩見存著述考〉。

（三）譯經事業的延續

1.譯經成果

宋代的譯經事業並不如唐代之興盛，主要原因是印度梵文原典的來源較少，以及受到會昌法難的影響，造成翻譯人才的凋零之故。自唐貞元以後迄宋太平興國約二百年間，譯經的工作完全中止。一直到太宗太平興國五年（980）於太平興國寺西院設立譯經、證義、潤文的「譯經三堂」，並於太平興國七年（982）完成譯經院，在譯經院的西邊並創建了印經院，合併總稱爲傳法院，譯經的事業才又延續下來。當時著名的翻譯家有：迦溼彌羅國天息災（法賢）、烏塡曩國施護、法天、法護、惟淨（南唐李煜之姪）等。自太宗朝至神宗元豐五年（1082）譯經院廢置爲止，百年之間共譯成二百五十九部，七百二十七卷梵典〔註3〕。就這些經論翻譯的質量而言〔註4〕，並不能和唐代相提並論，因此對整個佛教而言，其影響並不是很大。雖然如此，但是由於譯經工作的進行，對提高宋代佛教地位以及佛教信仰的傳播，卻有其重要的影響。

2.潤文官的功能

宋代的譯場和譯經制度，秉承唐代的舊制而更進一步將譯經院設置得更

〔註3〕 關於宋代所譯出梵典的部帙數量，各有異說，梁啓超《中國佛教研究史》，頁192 云：「太平興國八年，始復起譯場，至景祐四年止，凡五十六年間，亦譯出五百餘卷。」鐮田茂雄《中國佛教史》（關世謙譯），頁222 云：「自太宗、眞宗兩朝之間，共譯出二百三十四部，四百八十九卷。」方豪《宋史》，頁68 云：「傳法院所譯多爲《大藏經》所無者，自太平興國七年至至道末年共成二百五十三卷。」各家計算譯經年代各有短長，因而無譯部帙亦有多寡之異。

〔註4〕 所譯出的經籍有：施護等譯的《佛說一切如來眞實攝攝乘現證三昧的教王經》三十卷、法護等譯的《如來不思議密秘大乘經》二十卷、天息災的《聖母小字般若波羅密多經》、法天的《大乘聖吉祥持世陀羅尼經》等，論藏方面有：惟淨的《大乘中觀論釋》九卷、法護的《大乘寶要義》十卷、《大乘集菩薩學論》二十五卷、《施設論》七卷、施護的《集法寶最上義論》二卷等。

爲完備〔註 5〕。其中值得一提的是譯經潤文官的設置，它在唐代譯場即有設立，宋依唐代慣例，這種工作須由「通內外學者充之」，負責參詳潤色已譯完之經文，贊寧曾說：

> 次則潤文一位，員數不恆，令通內外學者充之。良以筆受在其油素，文言豈無俚俗，儻不失佛意，何妨刊而正之。（《宋高僧傳》卷三〈譯經・論曰〉，《大正藏》第五十卷，頁 725）

宋代的潤文官可考者有張洎、湯悅、楊礪、朱昂、梁周翰、趙安仁、晁迥、楊億、李維、王曙、丁謂、王欽若、夏竦、呂夷簡、宋綬等多人〔註 6〕，這裡面不乏知名學者，而且確爲博通儒釋之學者。既然潤文官的選任必須是精通儒釋內外之學，那麼藉由譯經的工作以及潤文官的選任，當必對佛教的流布與當時社會學術風氣具有相當的影響，同時對於儒、釋之間的學術交流，也會產生良性的互動，黃啓江先生即指出：

> 無論如何，譯經潤文官之設，使學兼儒釋之儒臣得以用其長，在儒臣與譯經僧侶間形成了相互溝通之橋樑。公卿大夫與佛學、佛教接觸之機會日益頻繁，佛教之傳佈層面而隨之提高，而佛教成長之客觀因素也必大幅地增加。〔註 7〕

其實，更重要的是，這些博通內外之學的儒臣，他們本身所造成的示範作用，也將帶動了學術界的風氣，使得在一片排佛聲浪高漲之際，別開一面的揭示出儒、釋相容的另一天地，在宋代的學術思想史中發揮了他們的影響力。

（四）禪宗的遞衍

　　禪宗發展到了五祖弘忍之後，又演變成南北二宗，北宗是以神秀爲主的一脈，遞傳數代便呈衰微之勢，終於不敵南宗而告絕。南宗則以六祖慧能繼承衣缽得五祖眞傳而續其脈，終於成爲禪宗之主流，綿延於後世而不絕。一直到唐末五代時期，南宗禪又分衍出所謂的「臨濟、潙仰、曹洞、雲門、法眼」五家，五家之中尤以雲門、臨濟二宗獨擅於天下，且臨濟宗到了宋代又

〔註 5〕唐代的譯場組織大抵分爲「譯主、筆受（綴文）、度語（譯語、傳語）、證梵本、潤文、證義、梵唄、校勘、監護大使」等主要的九部，而「證梵本」下或立「證禪義、證梵義」各一員，此外，「正字」則或置或否（見《宋高僧傳》卷三〈譯經・論曰〉）。

〔註 6〕詳參黃啓江〈宋代的譯經潤文官與佛教〉，《故宮學術季刊》七卷四期，1990 年夏，頁 13～31。

〔註 7〕同註 6。

分出楊岐、黃龍二支，至此，禪宗所謂「五家七宗」的法派已經儼然形成。

本文研究的主要人物是契嵩，其所屬法嗣為雲門宗，本宗創始於雲門（韶州，今廣東韶關）文偃（864～949），在禪宗五家之中算是較興盛的宗派之一，其重要之法嗣傳承為：

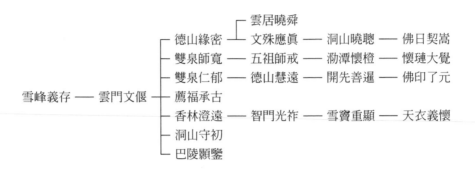

雲門宗於五代時期勃興，極盛於北宋，到了南宋時法脈仍不免衰絕，其間凡二百年。

第三節　契嵩以前的三教合一思想

本文乃針對契嵩以前有關「三教合一」思想之演變過程，作一客觀分析探討，至於時間的分期，則以東漢三國、魏晉南北朝以及隋唐時期作為分界，進入宋初正是以契嵩為代表的「儒釋融合」思想之興盛期，而契嵩稍前尚有孤山智圓者，也是此中重要人物，謹按上列時間順序，分期敘述之。

一、東漢三國時期

佛教傳入初期是走著比較接近與世俗道教融合的路線，這是因為一般民眾的觀感與社會風氣所使然。而當其被知識分子逐漸接納瞭解之後，也就和傳統的儒家思想開始打交道，並且也和一般的神仙方術之流畫清界線，轉而向其根源，也就是老莊思想探求異同，因此三教之間便有了初步的互動關係，這時期的代表人物與著作應屬牟子和他的《理惑論》。《理惑論》的內容主要是回應各方對於牟子由儒而轉趨佛教之質疑，而其篇章則仿佛經「三十七道品」〔註8〕以及《老子》上篇三十七章之數，亦攝為三十七章，其中即隱

〔註8〕三十七道品者，謂四念處（或作四意止）：觀身不淨、觀受是苦、觀心無常、觀法無我。四正勤（四意正斷）：斷已生惡、斷未生惡、增長已生善、未生善

含三教並存之意，《理惑論》還說：「五經則五味，佛道則五穀矣！」（第二十五章）

　　牟子在疏通三教之間的隔閡時，慣用的方式便是「合異爲同」，不直接談論佛經的道理，不使用佛教的語言，而盡量引用中國固有思想中的概念與詞彙來傳達他的佛教思想，《理惑論》說：

> 渴者不必須江海而飲，飢者不必待敖倉而飽。道爲智者設，辯爲達者通，書爲曉者傳，事爲見者明。吾以子知其意故引其事，若說佛經之語，談無爲之要，譬對盲者說五色，爲聾者奏五音也。（第二十六章）

這種「合異爲同」的方式，後來逐漸盛行乃至發展成所謂的「格義佛教」（詳見後文），而最早的「三教融和」思想也就在這種背景下慢慢形成。至於牟子的具體作爲約有兩點，分述如下。

（一）以道解佛

　　牟子用道家對於「道」的描述來解釋佛家之「道」，《理惑論》第三章說：

> 牟子曰：道之言導也，導人至於無爲，牽之無前，引之無後，舉之無上，抑之無下。視之無形，聽之無聲，四表爲大，蜿蜒其外，毫髮爲細，間關其內，故謂之道。

這裡的「無爲」等概念與詞彙，當是借用《老》、《莊》乃至《淮南子》中的語言，而佛家所謂的「道」，應是泛指「涅槃」、「本性」、「眞如」等概念的「道」，而這些概念在佛教傳入之初，實在難以令一般人有具體的認識，因此乃引用舊有之經驗概念以傳達佛教的新概念，雖然和佛教的原義仍有段距離，但是在傳教的方式上，這是變通之道，不得不然也。

（二）儒、道並通

　　牟子雖以道家對於「道」的描述來解釋佛家之道，但一般人又以爲所言仍是太過虛無抽象，不如儒家五經之道來得具體可行，於是牟子又推闡其儒、道兩家相通之理，《理惑論》云：

爲生。四神足（四如意足、四禪定）：欲、念、進、慧。五根、五力：信、進、念、定、慧。七菩提分（七覺意、七覺分）：念、擇進、喜、輕安、定、捨。八聖道分（八正道、八種道行）：正見、正思惟、正語、正業、正精進、正定、正念、正命。詳後漢安世高譯《陰持入經》（《大正藏》第十五卷）。

> 天道法四時，人道法五常。《老子》曰：「有物混成，先天地生，可
> 以爲天下母，吾不知其名，強字之曰道。」道之爲物，居家可以事
> 親，宰國可以治民，獨立可以治身。履而行之充乎天地，廢而不用
> 消而不離，子不解之，何異之有？（第四章）

孔子的五經思想可說是儒家據以爲本的思想根源，而且都是落實到人倫日用
之間的平常之道，其中當然也有天道思想，而「天道法四時，人道法五常」，
就在天道與人倫之間，「道」時刻發揮著它的效用。牟子把這種「道」的義涵
和老子所說「獨立而不改，周行而不殆，可以爲天下母」的「道」之義涵互
爲融攝，若「履而行之，充乎天地」，則「居家可以事親，宰國可以治民，獨
立可以治身。」從這一角度去融通二家之道，而儒、釋、道三家也就因此輾
輾相互融通矣！

　　這就是早期最簡樸的三教合一之說法，雖然它的立論點不是很堅固，但
是在當時素樸的社會裡，所謂的「融合」，通常只是在現象的表面上作「合異
爲同」的會通，尚無法涉及較深的義理層面去談融和。不過這裡有一點卻頗
值得吾人注意之處，那就是牟子所提到的儒家「五常」一語，卻是後世倡導
儒、釋融和思想者所習用的題材之一，也就是以儒家的「五常」和佛家的「五
戒」進行比附，認爲二者是相通的，這一說法在後代的儒釋融和思想裡，佔
有極重要的地位，牟子此時雖然尚未將二者進行比附，但是他也注意到了儒
家「五常」的代表性，應該也算是爾後儒釋融會思想之濫觴。

二、魏晉南北朝時期

　　進入魏晉南北朝時期，除了佛學與儒、道的進一步合流外，所謂的「格
義佛教」就在此時大爲興盛，事實上「格義」只是前期類似牟子所作佛、道
「比附」的擴大，而正式被定名爲「格義」，這種「格義佛教」盛行於西晉，
到了東晉以後雖然受到部分教內人士的質疑，但是一直到南北朝時代仍然在
流傳。至於佛學與儒、道的進一步之融合，乃具體表現於幾位思想家的著作
中，分別介紹於後。

（一）格義佛教的盛行

　　前述牟子以「合異爲同」的方式傳揚佛法，已經具有「格義」的意味，
但「格義」一語的出現是到了梁慧皎《高僧傳》才有，其卷四〈竺法雅傳〉
裡記載云：「雅乃與康法朗等，以經中事數擬配外書，爲生解之例，謂之格

義。」所謂「事數」乃當時的通稱，後世則稱爲「法數」，即佛經中所列法門之量數也，諸如常見的「一心、二諦、三界、四果、五陰、六道、七覺支、八聖道分、九想觀、十善業」等。「外書」是泛指佛經以外的世間典籍，竺法雅「少善外學，長通佛義」，可以說是「內外」兼通，因此他能夠「外典佛經，遞互講說」，所用的方法便是「格義」。湯用彤先生曾爲「格義」作了一番闡釋，他說：

> 什麼是這種「格義」方法的準確含義呢？它不是簡單的、寬泛的、一般的中國和印度思想的比較，而是一種眼瑣碎的處理，用不同地區的每一觀念和名詞作分別的對比或等同。「格」在這裡，聯系上下文來看，有「比配」的或「度量」的意思，「義」的含義是「名稱」、「項目」或「概念」；「格義」則是比配觀念（或項目）的一種方法或方案，或者是不同觀念之間的對等。〔註9〕

關於格義方法的實例，大約可分爲兩類，一類即「法數」之屬，如以「四大」（地水火風）擬配「五行」（金木水火土）；另一類則爲一般的佛教名詞與概念的連類，例如將「眞如」譯爲「本無」，「涅槃」譯爲「無爲」，「禪定」譯爲「守一」等。由於有關格義佛教的記載並沒有進一步的詳細說明，因此對於細節上如何擬配，也沒有完整的資料，上述所舉各項乃是後人從其它資料中所檢獲的例證，至於更明顯的格義之例，尚可見於《魏晉·釋老志》所載：

> 故其始修心，則依佛法僧，謂之「三歸」，若君子之「三畏」也；又有「五戒」，去殺、盜、淫、妄言、飲酒，大意與仁、義、禮、智、信同，名爲異耳。（卷一一四）

在這裡共出現了兩則格義的例證，一是將佛教的「三歸」擬配於儒家的「君子有三畏」，一是用儒家的「五常」來擬配佛教的「五戒」。所謂「三歸」或稱爲「三皈依」，這是佛教對於信徒入教的第一步儀式，通稱爲授三皈依，即皈依佛、皈依法、皈依僧，亦名皈依三寶。至於儒家的「三畏」則是出自《論語·季氏篇》：「孔子曰：君子有三畏，畏天命，畏大人，畏聖人之言，小人不知天命而不畏也，狎大人，侮聖人之言。」然而「三歸」與「三畏」的相比擬，在後世主張儒釋融合的論述中，卻很少被引用，可見它的流傳並不久。

〔註9〕詳見湯用彤〈論「格義」——最早一種融合印度佛教和中國思想的方法〉，收於《理學·佛學·玄學》一書，台北：淑馨出版社，1992年1月。

至於「五戒」與「五常」的配合，則是流傳較爲廣泛，對後世的影響也比較深遠。據考證資料所顯示，五戒和五常的擬配，最早是出現在北魏僧人曇靖所僞造的《提謂波利經》〔註 10〕之中，至於其詳細搭配情形將俟後文探討契嵩思想時再詳予論述。

「格義」的方法流傳至東晉之時，另有一部分人發現了它的缺點，反對這種方式的說解，《高僧傳》卷五〈僧先傳〉裡記載僧先（或作「光」）和道安的對談說：

> 安曰：先舊格義，於理多違。先曰：且當分析逍遙，何容是非先達？
>
> 安曰：弘贊理教，宜令允愜，法鼓競鳴，何先何後？（《大正藏》第
>
> 五十卷，頁 355 上）

道安認爲格義的方法「於理多違」，站在弘揚佛法的立場，實應令其「允愜」，而格義之說往往只依據概念意義上有若干相似點，或事數上之雷同以及內容上稍可連類，便逕自進行比附說解，如進一步探酌究竟，往往有不能允當愜意者，這是道安所要反對的理由，他的弟子僧叡在所作的〈毗摩羅詰堤經義疏序〉裡也說到：「自慧風東扇，法言流詠已來，講肆格義，迂而乖本。」（《出三藏記集》卷八）雖然有道安師徒等對於格義的講解方式表示反感，但是無論如何，這種方式的運用仍舊存在於各層面，不時的被使用在說解或著述中，如前面所舉北魏曇靖的《提謂波利經》，在這部僞經裡，格義之法仍然是大行其道。

（二）佛學與儒、道的進一步融和

此一時期表現在三教合一思想方面的現象，除了前述「格義」的共同趨勢之外，其他尚有一些思想家也透露出他們對於三教方面的心得，較諸早期的簡單比附，此時有幾位學者已將融和的層次提昇至義理方面，茲列舉幾位代表性人物及其思想大要。

1. 孫綽與〈喻道論〉

孫綽（320～377），字興公，太原中都（今山西平遙西南）人。主要著作爲〈喻道論〉，其中所顯示的思想要點有三，摘述如下：

〔註 10〕 《提謂波利經》原有二部，一爲一卷之《提謂經》，眞本也；一爲二卷之《提謂經》僞撰也。《出三藏記集》卷五「新集疑經僞撰錄第三」云：「提謂波利經二卷（原注：舊別有《提謂經》一卷），右一部，宋孝武時，北國比丘曇靖撰。」（《大正藏》第五十五卷，頁 39 上）

（1）佛即是道之體現者

孫綽對於「道」的解說仍不離牟子那一時期的方式，還是藉《老子》的語詞來描述，如「無為，故虛寂自然；無不為故神化萬物」等語。此又加入一些《易》經的概念，如〈繫辭上傳〉云：「易无思也，无為也，寂然不動，感而遂通天下之故。」而佛為體道者，也就是真如法性的體現者，周流十方無所不在，這和道家所說的「無為而無不為」，以及《易》經所稱的「寂然不動，感而遂通」之道，隱然若合符契，這些都是孫綽所欲溝通融會三者的共同之處。

（2）周孔即佛

孫綽明確的提出「周孔即佛，佛即周孔」，在歷史上是第一人，然而其所謂「周孔即佛」乃站在同為治國安民之主旨來講，因為「佛」的本義即是「覺」，孫綽引證《孟子・萬章篇》說：「伊尹曰：天之生斯民也，使先知覺後知，使先覺覺後覺。」乃云聖人即所謂先覺者，故與佛無異也。唯其有所不同的是一內一外之別，在治理複雜的現實社會，救治其極弊之事項，固有賴於周孔之教法政刑，而徹明其根本究竟之道，則有待於佛教的因果報應思想之教化也。

（3）出家為行大孝

出家剃髮修行向來都是一般人對於佛教最大的抨擊，認為它和儒家的孝道思想大相違背，孫綽乃站在《孝經》的「立身行道，揚名於後世以顯父母，孝之終也。」（〈開宗明義章〉）以及《禮記》的「大孝尊親」（〈祭義〉）這個立場，大力闡發他的出家即是大孝之觀點。孫綽強調能夠「立身行道，永光厥親」，「萬物尊己，舉世我賴」，使其父母大為顯榮，這才是養親、尊親之道。並廣引中國史書中所傳揚之孝行，也是各有權宜輕重，非是但守一曲者。最後乃落實於釋迦牟尼之出家修行，成就無上佛道，還照本國，廣敷法音，「父王感悟，亦昇道場，以此榮親，何孝如之？」認為這就是真正的大孝。

2. 郗超〈奉法要〉

郗超（336～377）字景興，一字嘉賓，高平金鄉（今山東）人。他傳世的著作僅存〈奉法要〉一篇，今收於《弘明集》卷十三。該篇內容是針對在家信徒如何奉持佛法，以及對相關的基本教義佛學常識，所作的簡要論述。至於對儒、道之關涉，則較孫綽的〈喻道論〉有更深一層的探討，諸如「慎

獨」與「忠恕之道」的問題，郗超已經把佛教的心性修為和儒家的心性學說合併起來探討，這一層的推進是值得我們注意的。

（1）慎獨之要

〈大學〉與〈中庸〉是儒家探討心性思想方面的重要文獻，尤其談到修養功夫方面，確實相當深入於細微之處，而「慎獨」功夫更是其重要下手處。郗超以《般泥桓經》所說：「心之行無不為也，得道者亦心也，心作天，心作人，心作鬼神、畜牲、地獄，皆心所為也。」（《大正藏》第一卷）對「心」的作用和影響力作詳細說明，並印證於〈大學〉、〈中庸〉所言「慎獨」之說，以及《易‧繫辭上》的「君子居其室，出其言善，則千里之外應之。」互為印證，使儒、釋之道相互發明。

（2）忠恕之道

孔子的思想以「仁」為主要中心，而其具體的德目則落實於「忠恕之道」。郗超認為儒家的忠恕之道和佛家的「四無量心」用意相同，郗超取《賢者德經》（已佚）「心所未安，未嘗加物」一語和儒家的忠恕之道加以會通，並進一步推闡到佛家的「四等心」，皆與忠恕之道有所契合也。四等心又名四梵行、四無量心，此乃十二門禪（四禪、四無量、四空定）中之一部分也，一般是以「慈悲喜捨」為內容，此處則以《增一阿含經》的講法，謂「慈悲喜護」四者。慈者以「與樂」為主，能與眾生無量之樂；悲以「拔苦」為務，能拔除眾生無量之苦；慈悲之要，不只存心，更須付諸實行，方能真正利益眾生。喜者見人離苦得樂，心生慶悅之喜也。護者隨時隨處救濟一切，心中常存護念之意也。儒家以忠恕之道作為人倫日常之基本要道，四無量心則佛家修禪觀之法，郗超將二者並比，實亦為闡發佛法本於世法，禪觀不離人倫的「真俗圓融」之意，這種融會儒釋的理論，又從前面的修養功夫更深入一層，而在義理融會上有所創獲，這應當是其重要的價值所在。

以上是郗超〈奉法要〉一文中所呈現的融合思想之概要，雖然郗超並無長篇大論，但是其中論點都是極精闢、簡要，能夠掌握重點而處理其一致之說，無論如何它的價值是比前述諸人要超前了一步。

3. 宗炳與〈明佛論〉

宗炳（375～443）是晉末宋初的隱士，他著有〈明佛論〉（《弘明集》卷二），其中關於三教方面的主要論點是「孔老如來雖三訓殊路，而習善共轍也」。〈明佛論〉說：「彼佛經也，包五典之德，深加遠大之實；含老莊之虛，

而重增皆空之盡。高言實理，肅焉感神，其映如日，其清如風，非聖誰說乎！」宗炳認爲佛教不僅包含儒、道的中心內容，且又深加遠大，超越兩家。唯三家各適應不同之時運而興，「世蘄乎亂，洙泗所弘應治道也；純風彌凋，二篇（《老子》）乃作，以息動也。」儒家以治國安邦爲其目標，道家則以寡欲少動爲旨趣，而針對其「稱無爲而無不爲者，與夫法身普入一切者，豈不同致哉！」這就是宗炳所主張的「雖三訓殊路，而習善共轍」，三教所循雖然殊途，但其爲善的目標卻是相同的。

4. 張融與《門律》

張融（444～497）在齊武帝時曾官至司徒右長史，《南齊書》卷四十一本傳說他死時遺令「左手執《孝經》、《老子》，右手執小品《法華》」，由此可見他對三家學說的態度。融著有《門律》一書，其中一章名〈通源二道〉今存於《弘明集》卷六，文中記載張融和周顒對於佛、道二教同源之辨論。張融主張「道也與佛，逗極無二，寂然不動，致本則同，感而遂通，逢跡成異。」認爲佛與道所探討的終極目標都是寂靜的本體，就這一點而言，兩者實是一致的。周顒對此表示質疑，認爲道家的虛無和佛家的法性，基本上雖有相同點，但其方向旨趣卻是有別。融乃進一步申論云「殊時故不同其風，異世故不一其義」。由於張融所傳世的著作僅見於此，因而關於他的思想也只能藉此以窺其一斑。

5. 梁武帝與三教

南北朝時期還有一位身份最特殊的人，就是梁武帝，他以一國之君而廣涉三教，主張三教一致，三教同源，但是他對佛教的提倡與護持卻明顯的別有獨鍾。他以朝廷的力量廣建佛寺盛造佛像，並獎掖佛教的弘法事業，還親自講經、注經，甚至曾經舍身出家，在在都顯示出他對佛教的專注與投入。《廣弘明集》卷三十錄有他的〈述三教詩〉說「少時學周孔，弱冠窮群經」，說明他最先是接受儒家的思想，中年時又接觸了道書，「中復觀道書，有名與無名，妙術鏤金版，眞言隱上清。」最後則醉心於佛教，「晚年開釋卷，猶月映眾星」，雖然不同時期所接觸的思想亦各有別，但是終究他還是把三教融會爲一，「窮源無二聖，測善非三英」，這是他對三教所持的態度。

以上所述爲魏晉南北朝時期，有關三教融合方面之重要人物及其思想大略，除此之外，尚有一重要的事跡，那就是《老子化胡經》和《清淨法行經》的出現，這兩部經分別代表了以道教爲主和以佛教爲主的和會思想。《老子化

胡經》為西晉道士王浮所造（今《大正藏》第五十四卷〈事彙部〉下存有第一、第十兩卷），《化胡經》指稱釋迦牟尼是由老子派遣其弟子尹喜所投胎降生，此外又說「襄王之時，其歲乙酉，我還中國，教化天人，乃授孔丘仁義等法。」所以，孔子也是老子的徒弟，因而老子便成為至尊，佛與孔子都只能算是老子的門徒。這部《老子化胡經》的用意，一方面固然是為使三教融合為一，另一目的無非是希望三者能夠統一在道教之下，這是以道教為主的融和思想。

在另一方面，以佛教為尊的《清淨法行經》也相繼出現，該經今已不傳〔註11〕，唯見它書的若干引文而已，如《廣弘明集》卷八錄有北周道安的《二教論》「服法非老」第九說：「《清淨法行經》云：佛遣三弟子震旦教化，儒童菩薩彼稱孔丘，光淨菩薩彼稱顏淵，摩訶迦葉彼稱老子。」在這部經裡，佛則是至尊，孔子、顏淵和老子都成為佛的弟子，其用意當在暗示儒與道都是源於佛教，而且較諸一般將孔、老與佛等同者又更勝一籌，謂佛高於孔、老，這就是以佛教為主，以佛為尊的三教合一思想之典型例證。

從《老子化胡經》和《清淨法行經》的出現，我們可以看出佛道二教人士對三教融合的用心，而且更有以本位為主以融攝其他二教之企圖，同時也因此而種下日後二教間辯諍之開端。

三、隋唐時期

進入隋唐時期，無論是佛教或道教的發展，都達到了鼎盛的狀態，於是三鼎鼎立的局面乃告形成。道教在唐代之所以興盛，主因是唐高祖李淵有鑑於道教始祖老子姓李，認為李耳就是唐宗室的先祖，因而為老君立廟，迭經高宗的追尊為「玄元皇帝」，乃至玄宗的親注《道德經》，終唐之世，道教便在朝廷的羽翼之下，得到有利的發展。

佛教方面，經過魏晉南北朝第一波經典翻譯後，佛教在中國已經逐漸生根茁壯，進入隋唐又有各大宗派的形成，加上玄奘自印度取回、翻譯了更多的經典，遂使佛教在唐代的發展達到空前鼎盛的局面。而這時期的傳統儒學事實上也受到佛教講疏之影響，而從事於經籍的義疏工作，於是乃有孔穎達

〔註11〕在《出三藏記集》卷四〈新集續撰朱譯雜經錄〉中著錄有「《清淨法行經》一卷」，而隋法經的《眾經目錄》卷二〈眾經疑惑〉裡也著有「《清淨法行經》一卷」，並云「前二十一經，多以題注參差眾錄，文理復雜，真偽未分，事須更審，且附疑錄。」（《大正藏》第五十五卷，頁 126）

《五經正義》之問世。儒、釋、道三家的互動與互涉，更在朝廷大力的推波助瀾下，公開的進行所謂之「三教講論」，也由於此一風氣之助長，民間也不時興起各種論辯，三教之間的關係因講論而融合，便日漸匯成一股潮流，甚至演變而爲宋人理學之先河，其影響實不容忽視。

（一）三教講論之主旨與功能

有唐一代的三教講論，就其內容看來，儒家代表之所講述者，大多以闡發經義爲主，故其爭論不大。其他大多數都是以佛教和道教的論辯爲多，而其論辯的焦點大約有二，第一是佛道的先後與尊卑之爭，此乃因朝廷小詔三教排列順序所引起。第二仍是教義方面的見解不同所引發之論辯。

關於佛、道的先後與尊卑之爭議，乃肇因於朝廷行釋奠之典時，對於三教位置排列的先後順序問題而惹起爭端，首先是高祖武德八年（625）下詔「老先次孔末後釋宗」，太宗貞觀十一年（637）又再度下詔置道於佛之上，到高宗時代，這種排列順序依舊沒有改變，一直到武后朝，情況才有了改變，武后天授二年（691）「敕僧尼依舊立在道士女冠之上。」此時可說是佛教最受尊寵的時期，但是這個局面推持到中宗時又變成彼此地位平等「齊行並集」。從此朝庭不再詔示佛道先後，但終唐之世，佛、道二教之間關於教義的諍論卻未有止息，無論是朝廷的公開講論或民間的著書論辯，其風氣乃大爲開展。

白居易著有〈三教論衡〉（《白居易集》卷六十八）一篇，我們可以從此篇之內容中略窺其當時講論的觀點，他說：

> 即如《毛詩》有六義，亦猶佛法之義例，有十二部分也。佛經千萬卷，其義例不出十二部中。《毛詩》三百篇，其旨要不出六義內。故以六義，可比十二部經。又如孔門之有四科，亦猶釋門之有六度；六度者，六波羅蜜，六波羅蜜者，即檀波羅蜜、尸波羅蜜、羼提波羅蜜、毗梨耶波羅蜜、禪定波羅蜜、般若波羅蜜；以唐言譯之，即布施、持戒、忍辱、精進、禪定、智慧是也，故以四科可以比六度。又如仲尼之有十哲，亦猶如來之有十大弟子，即迦葉、阿難、須菩提、舍利佛、迦旃延、目乾連、阿那律、優波離、羅侯羅、富羅那是也。故以十哲可比十大弟子。夫儒門、釋教，雖名數則有異同，約義立宗，彼此亦無差別。所謂同出而異名，殊途而同歸者也。

在這裡，白居易以《詩經》「風雅頌賦比興」之「六義」，比擬佛經的「十二部」之內容，蓋「風雅頌」為《詩》之體類，「賦比興」則是其作法也。至於佛經「十二部」中，則或以體裁而立名者，諸如契經、重頌、諷誦等是；亦有從其所載之事類而立名者，如因緣、本事、本生、未曾有、論議、自說、方廣、授記等。其次又以孔門的「德行、言語、政事、文學」四科，來比擬佛教的「布施、持戒、忍辱、精進、禪定、智慧」六度。最後復以孔門弟子十哲與佛之十大弟子互比，所謂十哲即《論語·先進篇》所稱的「德行：顏淵、閔子騫、冉伯牛、仲弓；言語；宰我、子貢；政事；冉有、季路；文學：子游、子夏。」其實，白居易這種比附的說法，彷彿又回到魏晉時期的「格義佛教」之作風，只是這裡所比附的「名數」事例，當是居易自己的體悟，在魏晉時期所出現的各種比附之例，尚未發現此類以「六義」比「十二部」，「四科」比「六度」之說者，無論如何，這也可以算是白居易運用「格義」舊法的一種新見解，而三教講論之主旨也逐漸走向會三歸一的途徑。

至於三教講論風氣對於整體學術思想方面所發揮的功能來看，羅香林曾為文指出：

> 若就三教講論之功能言之，則其正面之成就，小之為養成公開論難之寬容風度，而不為私自鬥爭；大之為養成學術思想之匯通，而促進理學之產生，與文學意境與取材之推廣。（〈唐代三教講論考〉）

羅氏所得結論中值得吾人注意的，應是這種長達二百餘年的三教講論風氣，既是由朝廷公開所主辦，故其所發揮的影響力不可謂不大。尤其經由此講論所演變產生的，對於三教思想之調和作用，更是不可忽視的力量。

（二）宗密之三教會通思想

在唐代三教講論風氣盛行之下，表現在三教合一思想方面最具代表性的著作，應是宗密的《原人論》（《大正藏》第四十五卷）。從東漢三國歷經魏晉南北朝，以至隋唐之初，所有關於三教融合思想之主張者，大抵都只是表現於片段之論述而已，未見有系統著作出現，直到宗密（780～841）《原人論》問世，儒、釋、道三教之關係才在其理論體系架構裡，找到一個定位。宗密用「判教」的方法將儒、道也融攝在內，這種定位固然是以佛教的觀點為出發，但畢竟在思想史上算是第一人。

　　宗密所用的方法是，對儒道二教先予批判再予會通。〈斥迷執第一〉〔註12〕對儒道兩家所批判的事項主要有四，即「虛無大道」、「自然」、「元氣」、「天命」等四種說法，宗密針對此四說一一提出質難。對於「萬物皆從虛無大道而生」者，宗密詰其若以此大道為生死賢愚之本，吉凶禍福之基，則禍亂凶愚不可除，福慶賢善不可益，何用老莊之教耶？若言「萬物皆是自然化生」，非關乎因緣者，那麼石亦可以生草，草可生人，人可生畜乎？若死是氣散而忽無，然則鬼神之事復當如何說釋？此事涉及鬼神有無之辯，宗密乃以六道輪迴之說以質之。最後對於「天命」之說亦發出詰難，主要針對其「無行而貴，守行而賤」、「有道者喪，無道者興」諸有悖常理之事者，如何乃能有合理之解釋，這些都是宗密針對專守儒道二教者所提出之質疑。

　　宗密又透過〈會通本末第四〉的融攝，「會前所斥，同歸一源，皆為正義。」以此來會通儒道二教。在此之前，《原人論》的〈斥偏淺第二篇〉中，將佛教自淺至深，分為五等，即「一人天教，二小乘教，三大乘法相教，四大乘破相教，五一乘顯性教。」這就是《原人論》的判教觀，其中關於「人天教」的部分，宗密舉出佛教的「五戒」與儒家的「五常」涵義相通，此說早在北魏雲靖的《提謂經》中已被提出。而佛教的五戒十善則是其「人天教」的修持之要，意即欲得來世投生至人間，便須修持五戒；投生天道，則須修十善。

　　除了以五戒和五常相融合外，宗密所謂的「會通」，其實就是以佛教的教理來彌補儒道兩家的「虛無、自然、元氣、天命」等說之不足，對於所謂「稟氣受質」的說法，宗密指出彼所稱之「氣」，即是佛家所謂「四大」，地水火風是也，亦即「五蘊」中的「色蘊」，由此四大而形成眼耳鼻舌身等諸根；彼說尚有「心」的部分，亦即所謂「受想行識」之四蘊，如是以發展成為其他諸識，這就是吾人所有之「身心」也，必有此色心二類之和合，乃能成其為人，色界以下之六道眾生莫不如此。《易·繫辭》云：「精氣為物，游魂為變。」此與「五蘊」之說有相同處，這是會通其「元氣」之說者。

　　此外又以佛教的「引滿二業」之說會通儒、道的「自然」與「天命」之

〔註12〕《原人論》共分四篇，〈斥迷執第一〉是針對「習儒道者」而發，〈斥偏淺第二〉是針對「習佛不了義教」者而寫；〈直顯真源第三〉是針對「佛了義實教」而闡；〈會通本末第四〉則是「會前所斥，同歸一源，皆為正義」。在這裡我們主要著眼於第一篇和第四篇，有關於批判儒、道以及會通儒、道的部分，其次是有關佛教判教的部分以及「禪教會通」之問題，此處便略而不談。

說以補其不足。所謂「引業」，是指其人一生中所造善惡邪正種種之業，其中最主要者唯有一業招引未來世之果報身，而生於鬼畜人天等趣，此名為「引業」，或稱「總報業」，至於其他一切諸業相倚，於彼鬼畜人天等趣中，更使其六根具否、身體強弱、壽命短長以及貧富貴賤等各有差別，此謂之「滿業」，亦稱「別報業」。因此生此世或有未曾造惡卻罹其禍，未有作善竟享其福，甚至如盜蹠而得壽，顏回而早夭之例者多矣，以佛教引滿二業之觀點，實是前生之業報因果所定，外學者不承認有前世之說，但據此世而論，故執其「自然」生化之說，因此宗密乃以「滿業」之說而會通之。此外，對於「天命」之說，仍是據「滿業」之理論而會通之，無論是少時富樂老大貧苦，抑或少時貧苦老而富貴，一切無非都是「滿業」之所招感，外學唯執著而歸之於時運之否泰，是否未能熟知三世因果之理故也。最後宗密乃總結其「攝末歸本」之說，使前所否定之元氣等說，亦因此而歸於正義。

　　總之，宗密《原人論》之作，對內則會通禪教二門，對外則會通儒道二教。在佛教內部「判教」思想中，將儒、道二教納入並論，宗密是第一人；在三教互動史上，將儒、道心性學說攝入佛教的判教理論中，他也是第一人，雖然這種以佛為主，融儒入佛的處理法未必為儒、道人士所接納，但是這種觀念的引渡卻對後世的三教合一思想產生極大的影響，而契嵩的儒釋融會思想也就在宗密的思想架構下受到相當的啟發。

　　綜觀有唐一代之三教關係，最初是在朝廷的詔令優勢下，道教受到政治上的特別禮遇，但是在三教講論的氣勢上卻又比不上佛教，而儒家思想畢竟是固有文化的代表者，至少尚有知識分子和朝廷政策上的擁護，因此三教的勢力在這時期確實已達到鼎立的局面，再加上講論風氣的推波助瀾，彼此之間從水火不容的駁難到漸趨緩和的融合走向，到了中唐以後就很明顯的展現出來，從宗密的《原人論》，白居易的〈三教論衡〉都可以看出其端倪，這種三教合一的趨勢進入北宋，遂有逐漸擴大而演成不可遏抑的潮流，也為理學之發展蘊釀出有利的時代環境。

四、北宋初期

　　由唐末進入北宋，其間還歷經了五代十國的一番戰亂，最後由趙宋統一群雄，將紛擾的政治維持一統的局面，相對的在文化、學術、宗教各方面，也因政治上的統一而促成彼此之間的融合，而儒釋道三教的關係，歷經隋唐時期的充分溝通互動，從中唐以後也逐漸走上調和的路線，進入宋初，這種

現象繼續發酵。其中最重要的人物即是契嵩和稍早的孤山智圓。

　　智圓（976～1022）字旡外，號中庸子，俗姓徐，錢塘人。著有《閑居編》五十一卷（《卍續藏》第一○一冊），另有佛學著述一百七十餘卷。智圓學該內外，旁涉老莊，兼通儒墨；佛法方面則以天台宗爲主，但因與四明知禮等見解有分歧，被列爲「山外派」。智圓以一僧人而廣涉儒、道，因此他對三教的態度是並重互融的，他在〈病夫傳〉裡指出，吾人之心皆爲有病，至於治病之藥，則儒釋道三教皆是，病既已存，藥則不可廢。又比喻天地間之至道猶如一鼎，而三教則如鼎之三足，三若缺一，鼎乃將覆，這是他對於三教的基本態度與立場，但是他在三教融合方面的思想，主要卻是以儒釋的調合爲主。他的具體作爲表現在兩個特色上，一是對韓愈的推崇，另一是對《中庸》的發揚，分述如下：

（一）推崇韓愈，弘揚古文

　　自從韓愈倡議排佛反佛之說，此後幾乎佛教界對於韓愈的態度都是一致的以批駁爲主，鮮有寬容者，然而智圓卻獨排眾議，一反常態的推尊韓愈，他在〈讀韓文詩〉中對韓愈讚譽有加，並不因爲韓愈的排佛而影響他對韓愈古文的推崇，可見在智圓心目中對韓愈的態度是「不以人廢言」者。他不但替韓愈的排佛尋找理由，並且還鼓勵釋子能夠多學韓文，能藉流暢的文筆從事敷演經律的弘法工作，這樣子不但不會被韓愈排佛所影響，反而能藉韓文的技巧來弘揚佛教，豈不是轉弊爲利，借過爲功者，這才是善於師韓者也。

（二）尊崇《中庸》，比擬中道

　　智圓對儒家典籍中最爲推崇《中庸》，並且自取其號曰「中庸子」，可見其尊崇之程度。而他的儒釋融合思想也是以《中庸》之道來統攝之，智圓認爲儒之與釋只是所用的語言有別，而所闡述的道理都是相互貫通的，其目標無非都是爲教化人民，使其遷善遠惡。只是儒家比較偏向外在的禮教言行，佛家更注重內心之清淨，二者實爲一表一裡而相輔相成。

　　智圓一再強調「中庸」之重要性，或有以爲這只是儒家的中庸思想，未聞佛家有中庸之說者，智圓乃舉出「釋之言中庸者，龍樹所謂中道義也。」龍樹《中論・觀四諦品》云：「因緣所生法，我說即是空，亦爲是假名，亦是中道義。」天台宗祖師北齊慧文即是依據《中論》此偈而悟「空假中」三諦三觀之妙旨，慧文以授南嶽慧思，慧思授於天台之智顗，乃成爲天台一家之觀門。

自唐李翱之後，智圓是宋代第一位推尊《中庸》者，而其提倡韓文也比歐陽修還要早，由此可見其對於「真俗融合」之努力。基於對儒家思想與古文之道的弘揚，智圓在忠孝仁義、三綱五常等相關德性學說方面，也多所提倡，並將文、道合而為一，併助於教化。

佛教在唐代盛極之時，發展孕育了幾個本土化的宗派後，整個佛教的中國色彩便更加的濃厚，尤其許多佛教界的大師也都具有儒、道思想的根底，因此在他們的思想裡每揉合了三教一致的觀念在其中，進入五代宋初以後，這種情形更為普遍，除了孤山智圓外，諸如永明延壽以及贊寧等人，都是具有調合儒釋思想之明顯傾向者，延壽著有《萬善同歸集》，其卷下有云：「儒道仙家，皆是菩薩，示助揚化，同贊佛乘。」（《大正藏》第四十八卷）贊寧的《大宋僧史略・總論》也說：「三教循環，終而復始，一人在上，高而不危，有一人故，奉三教之興，有三教之故，助一人之理……三教是一家之物，萬乘是一家之君，視家不宜偏愛，偏愛則競生，競生則損教。」（《大正藏》第五十四卷）這些都是明顯主張三教合一思想者，除了上述諸人外，宋初另一重要人物即是契嵩，有關契嵩的儒釋融合思想，詳參本文各章之論述。

五、總結——契嵩以前三教合一思想的形成原因

綜觀東漢明帝時期到宋初的九百年間，佛教自傳入的初期開始，便與儒、道兩家思想不斷的接觸，不斷的互動。因而也吸收了固有的中國思想，逐漸融合演變成為三教合一的思想主流，這種思想的產生，究其形成之原因，約有四點，略述如下：

（一）三教思想本身的共通性

佛教傳入初期所盛行的「格義」方法，其所以能夠流傳一時，主要因素乃為釋、道與儒、釋之間，彼此在思想上確實具有某些方面的共通性，諸如空的概念以及善惡果報、慈悲度眾等思想，在道家和儒家的思想裡，原本也都有類似的說法，這些相似的部分遂成為彼此進行比附或等同的媒介。儘管反對者對於此類比附或等同之說不予認同，但是這種風氣卻依然大行其道，因此這種三教思想本身所具有的相似性與共通性，實際上正是彼此之間產生融合的主要溝通與焦點。

（二）儒道二家的質疑與論難

佛教以其出世的思想，夾帶著若干印度的文化向中國輸入，對於傳統的

儒、道兩家確實帶來很大的衝擊。在社會層面上，諸如出家剃髮、不婚無後、戒殺放生等制度上與傳統習俗之差別；思想層面的部分，如六道輪迴、三世因果等觀念，對於儒、道兩家而言，都有可能被視爲「異說」。因此部分儒、道人士或基於人倫觀點，或囿於道統觀念、華夷之辨，甚至礙於政治、經濟上的利害關係，起而對佛教展開質疑、論難乃至排斥。這些行動表面上看起來好像是對佛教的阻礙與抑制，但是其結果卻反而激發了佛教徒的危機意識，並製造更多申辯的機會，使其得以宣揚教義，並促進彼此的瞭解。吾人從《弘明集》和《廣弘明集》所記載的事跡中可以發現，儒、道兩家人士的質難，反而是促成三教融合的「增上緣」。

（三）佛教信徒的引申推闡

前面說到因爲儒道人士的質難，使得佛教信徒爲弘護教法而挺身辯解，爲期消釋對方之疑惑，遂有種種調合二教的說法產生。這種現象似乎顯示著，在佛教傳進中國的前期，知識分子中有部分信受者爲了解除一般未接觸佛教者對自己的奉佛的疑惑、誤解，乃至諸多毀謗，並進而對於佛教的優點有所宣揚，用以表示自己奉佛非爲不智，反而是「先知」，因而提出種種「佛道相通」、「三教一致」的說法，其動機較傾向於爲一己作辯解。到了隋唐以後，由於三教合流思想逐漸盛行，因而這種消除藩籬，融化異見的工作遂由僧俗共擔，不再是在家居士獨扛。於是，每當社會上有任何排斥佛教的聲浪一起，佛教界便會把歷代祖師大德的護法言論與調和思想再度祭出，用以反制這些排斥的聲浪，而這些思想也就在「前修未密，後出轉精」的情況下，逐漸發展成爲有系統的思想。

（四）政治力量的推波助瀾

歷史上政治對於宗教的干預，無論是正面或負面都曾發揮過影響力，如佛教的「三武一宗」之禍〔註13〕即是負面的顯例。至於正面的影響當以三教

〔註13〕所謂「三武一宗」者，佛教被朝廷毀廢之法難也。第一次爲北魏武帝太平眞君七年（446）之毀佛，「分遣軍兵燒掠寺舍，統內僧尼悉令罷道，其有竄逸者，皆遣人追捕，得必梟斬，一境之內，無復沙門。」（梁僧祐《高僧傳》卷十）。第二次爲北周武帝建德三年（574），毀壞經像，強令沙門道士還俗，禁閉諸淫祠。第三次爲唐武宗會昌五年（842），拆毀寺廟四千六百餘所，還俗僧尼二十六萬五百人，拆除招提蘭若四萬餘所，沒收上田數千萬頃。此爲「三武之禍」；另外之「一宗」即是後周世宗顯德二年（955），被毀寺三千三百三十六所（《新五代史》卷十二）。

的調和爲最，此又以梁武帝爲最具代表性，他以國君之尊親身體驗出家生活並致力於弘揚佛教的護法事業，可說是「王臣護法」的典型模範，因此在三教調和的工作上也貢獻良多。到了唐代以後，由朝廷公開舉辦的三教講論之風，更是以政治力量催化三教合一的明顯例證。由於社會上佛、道兩教的勢力已發展到相當程度，實不容主政者漠視其存在，因此無論站在社會、文化或是政治上的種種考量，都必須使得三教能夠相安相容，因此「三教並用」、「三教並弘」的政策應是最有利之舉，佛、道二教能夠受到朝廷保護而發展壯大，以其所具備的教化導善之功能，用來輔助分擔傳統儒家所肩負的責任與使命，又何嘗不是主政者所樂見之事。因此，三教合一思潮在有唐一代終於發展成熟，進入宋代，當局悉秉前朝之經驗，繼續推動其三教並用的政策，遂使得此一思潮得以開花結果，理學乃應運而生，在這過程之中，政治所介入的力量，始終是佔有舉足輕重的地位。

第二章　契嵩生平與著述

第一節　契嵩生平事跡略述

　　關於契嵩生平事跡，在《鐔津文集》（《大正藏》第五十二卷，頁 646～750）書首有北宋尚書屯田員外郎陳舜俞﹝註1﹞所撰的〈鐔津明教大師行業記〉，這是有關契嵩生平最早的一篇傳記。〈行業記〉作於熙寧八年（1075）十二月五日，距離契嵩去世三年半，原文是杭州靈隱山上的石刻本（亦見於陳舜俞《都官集》卷八），懷悟於紹興四年（1134）編集時移錄於書首。〈行業記〉中記載了契嵩生平最重要的兩大著述的寫作背景，一為闡明儒釋一貫之《輔教編》，另一為敘述禪宗世系的的《傳法正宗記》，契嵩生平重要事跡也都和這兩件著作息息相關，以下謹擇要敘述其生平為人與重要事跡。﹝註2﹞

一、幼年出塵，長而遊方

　　契嵩，字仲靈，自號潛子，又號寂子。藤州鐔津（今廣西藤縣）人﹝註3﹞，

﹝註1﹞ 陳舜俞字令舉，湖州烏程（今浙江吳興縣）人，博學強記，北宋慶曆六年（1046）舉進士，嘉祐四年（1059）又中制科第一，歷官都官員外郎，熙寧三年（1070）以屯田員外郎知山陰縣，後因拒行青苗役法，被謫南康軍鹽酒稅五年而卒。舜俞始嘗棄官歸居秀之白牛村，因自號白牛居士，事見《宋史》卷三三一本傳。曾作《廬山記》五卷，收入《大正藏》第五十一卷。另有《都官集》十四卷，見《業書集成續編》第一二四冊。

﹝註2﹞ 關於契嵩之生平，今有王文泉先生《釋契嵩反排佛論研究》一文（淡江大學八十二年碩士論文），「契嵩生平與學術」一節以年譜方式介紹其進程，雖有部分稍嫌泛濫難收，務求詳盡而難握其綱，然諸多考校，旁徵博引，有疏證，有勘謬，雖不免微疵，亦可謂詳矣。

﹝註3﹞ 藤州今屬廣西省藤縣，在蒼梧縣西，濱西江與繡江會流點之南岸。隋置藤州，

俗姓李，母鍾氏。生於宋眞宗景德四年（1007），七歲時，以父遺命出家爲童行，十三得度落髮爲沙彌，十四歲受具足戒〔註4〕，十九歲始至江湘、衡廬遊方求學，得法於筠州（今四川省筠連縣）洞山曉聰禪師，爲青原行思禪師下第十世雲門宗僧人。其世系如下：六祖慧能──吉州青原行思──南嶽石頭希遷──荊州天皇道悟──澧州龍潭崇信──鼎州德山宣鑒──福州雪峰義存──韶州雲門文偃──鼎州德山緣密──鼎州文殊應眞──筠州洞山曉聰──杭州佛日契嵩。

契嵩一生所遊歷的地方，據資料記載，考述如下。他原籍廣西藤州鐔津，因此在七歲出家之前，契嵩居所應是以故鄉爲主。此地古稱猛陵（《藤縣志》卷三），因此契嵩後來也曾自稱「猛陵之契嵩」（《鐔津文集》卷十一〈趣軒敍〉）。

七歲之年（1013），由母親攜往東山出家，從此展開其青少年時期的出家參學生活，由童行、沙彌到受完具足戒，在十九歲遊方之前，大約都是住在此地。

十九歲（1025）之後，契嵩開始其遊方行腳之途，〈行業記〉說：「十九而遊方，下江湘、陟衡廬。」到寶元年間（1038～1039）定居錢塘以前，這期間所遊歷的地方包括衡嶽（湖南）、筠州（四川）、潯陽（江西）等地。其中重要的事跡包括得法於筠州洞山曉聰法師以及於明道間（1032～1033）「從龍興西山（江西南昌）歐陽氏昉，借其家藏之書，讀於華聖院。」（《釋氏稽古略》卷四）〈行業記〉則稱其「首常戴觀音之像，而誦其號日十萬聲，於是世間經書章句不學而能。」契嵩所以博通儒釋之學，大約肇基於此一時期之勤奮力學。又此時與契嵩交游者有眞法師、周叔智、周公濟等人。

三十二至三十三歲（1038～1039）入吳，定居錢塘。此乃據其〈山游唱和詩集後敍〉（卷十一）所稱「在吳中二十有餘載」，而該〈敍〉作於「嘉祐己亥仲春之五日」（1059），依此推算，契嵩入吳最慢不得晚於寶元二年

治永平縣，唐仍之，改縣曰鐔津；明省縣入州，復改州爲縣，屬梧州府；清仍之。
〔註4〕宋代僧制，可分爲童行、沙彌、僧尼三個階段，童行是指出家但尚未落髮剃度者，童行之後通過試經業（《法華經》）而披剃，即成爲沙彌（尼），祠部發給度牒以爲憑證；沙彌或沙彌尼之後須受具足戒方爲正式的僧尼。詳參黃敏枝《宋代佛教社會經濟史論集》第九章第二節「宋代童行、沙彌、僧尼的剃度制度」，頁357～378。

（1039）。〈行業記〉稱其「慶曆間入吳中，至錢塘，樂其湖山，始稅駕焉。」實際上應更早二至三年。這時期和章表民、周感之等人多所往來。同時也正是歐陽修、李覯、石介等人著文訾佛最烈之時期（參本書第三章「宋初儒士的反佛思潮」），契嵩「急欲解當世儒者之訾佛」（〈廣原教・敘〉）於是在皇祐二年（1050）作了第一篇溝通儒釋的護教之作〈原教〉。

四十五歲（1051）遷往會稽居二年。〈行業記〉稱「皇祐間，去居越之南衡山，未幾罷歸。」〈孝論・敘〉則說：「辛卯其年（1051），自以弘法嬰難。」《夾註輔教編要義》卷八，〈孝論・序〉契嵩自注云：「在辛卯歲甲之際，其年自以為人請命，演法于彼山寺，不幸被賊所陷，遂嬰纏於障難。」此即其所謂「嬰難」也。

四十七歲（1053）契嵩往居杭州石壁山，〈送林野夫秀才歸潮陽敘〉說：「元伯南還，余亦東適會稽，越是二年，余復來杭。」（卷十一）同年並作〈孝論〉十二章，隔年乃作〈壇經贊〉。

五十歲（1056）移居靈隱寺永安蘭若，是年作〈原教〉之續論，曰〈廣原教〉。從此契嵩便定居在杭州靈隱寺，一直到示寂為止。其間又有〈勸書〉之作，後總結五書名之曰《輔教編》。之後數年中，又有《傳法正宗記》及《定祖圖》之作。

五十五歲（1061），契嵩至京師上《輔教編》、《傳法正宗記》、《定祖圖》等書，乞編入大藏，隔年果如其願，詔賜入藏，並賜「明教」師號。

六十六歲（1072），時為神宗熙寧五年，六月四日晨，契嵩示寂於靈隱寺，僧臘五十有三。

以上乃簡述契嵩一生遊歷所經之地，而其各項重要事跡，當續詳述於下，至於著作部分之考述，則另於次節再詳明之。

二、弘揚儒釋，道倡一貫

在思想史上，儒釋之間的互動，乃至三教之間的相互影響，到了唐宋之際可說是一個重要的關鍵期，尤其在致力於儒釋調和方面，契嵩和同時期的孤山智圓都扮演了重要的角色。關於契嵩在提倡儒釋會通方面的緣由，〈行業記〉有簡要的敘述：

> 當是時，天下之士學為古文，慕韓退之排佛而尊孔子。東南有章表
> 民（望之）、黃聱隅（晞）、李泰伯（覯），尤為雄傑，學者宗之。仲

靈獨居，作〈原教〉、〈孝論〉十餘篇，明儒釋之道一貫，以抗其說。
諸君讀之既愛其文，又畏其理之勝而莫之能奪也，因與之游。遇士
大夫之惡佛者，仲靈無不懇懇爲言之，由是排者浸止，而後有好之
甚者，仲靈唱之也。

慶曆年間（1041～1048），契嵩約當三十五歲至四十二歲，當時因爲唐代韓愈
提倡古文並主張排佛，學者受其影響，也因而尊孔排佛。契嵩面對時代的風
氣，站在護教的立場，以其雄健的筆力，犀利的論理，大唱其儒釋一貫之說，
撰述了〈原教〉、〈孝論〉等著作，這些作品後來集結爲《輔教編》，而倡導儒
釋融會思想也就成爲他一生的職志。他在〈寂子解〉的自述中曾說道：

寂子者學佛者也，以其所得之道寂靜奧妙，故命曰寂子。寂子既治
其學，又喜習儒，習儒之書甚而樂爲文詞，故爲學者所辯，學佛者
謂寂子固多心耶？不能專純其道，何爲之駁也！學儒者謂寂子非實
爲佛者也，彼寄跡於釋氏法中耳。寂子竊謂此二者不知言者也，不
可不告之也。因謂二客曰：吾之喜儒也，蓋取其於吾道有所合而爲
之耳。儒所謂仁義禮智信者，與吾佛曰慈悲、曰布施、曰恭敬、曰
無我慢、曰智慧、曰不妄言綺語，其爲目雖不同，而其所以立誠修
行善世教人豈異乎哉？（《鐔津文集》卷八）

契嵩所提倡的儒釋會通之說，大抵就如上面所言，至於詳細內容待於後面章
節中再詳細敘述。

三、上書朝廷，蒙賜入藏

契嵩繼《輔教編》之後，又考訂了禪宗的世系，撰成《傳法正宗記》、《禪
宗定祖圖》等作，聞名於一時，更造成了天台宗與禪宗之間的法統之爭。關
於《傳法正宗記》寫作時的背景，以及書成之後，契嵩持以上書進呈朝廷，
並蒙詔賜入藏，〈行業記〉也有扼要的記載：

皇祐間，去居越之南衡山，未幾罷歸，復著《禪宗定祖圖》、《傳法
正宗記》。仲靈之作是書也，慨然憫禪門之陵遲，因大考經典，以佛
後摩訶迦葉獨得大法眼藏爲初祖，推而下之，至於達摩，爲二十八
祖，皆密相付屬，不立文字，謂之教外別傳者。居無何，觀察李公
謹得其書，且欽其高名，奏賜紫方袍。仲靈復念，幸生天子大臣護
道達法之年，乃抱其書以遊京師，府尹王仲義果奏上之，仁宗覽之，

詔付傳法院編次，以示褒寵，仍賜明教之號。仲靈再表辭，不許。

朝中自韓丞相而下，莫不延見而尊重之，留居憫賢寺，不受，請還東南。

皇祐年間（1049～1053），契嵩時當四十三歲至四十七歲，曾旅居南衡山，不久便罷歸錢塘。之後又寫了《禪宗定祖圖》、《傳法正宗記》等書，這些書是為了辨明禪宗的世系而作的。〈行業記〉此處稱書成之後，因為觀察李公謹的推薦，上奏朝廷頒賜紫方袍，然契嵩有〈謝李太尉啓〉（《鐔津文集》卷九）一函，所記則略有出入，函中云：「伏蒙特附所賜紫衣牒一道，書一緘，到杭州日，知府唐公見召出山，面附前件敕牒并書，是蓋太尉曲以其無狀薦論而致此恩賜……如閣下來書曰：讀其《輔教編》之書，知其學與存誠有服人者矣！」從這篇謝啓內容看來，李太尉是因為讀了契嵩的《輔教編》受感動，才上書朝廷頒賜紫方袍，並非以《正宗記》之故，〈行業記〉之載欠詳。嘉祐六年（1061），契嵩五十六歲，感念天子大臣護道達法，機不可失，因此便抵達京師，攜呈所著《輔教編》、《傳法正宗記》、《定祖圖》并〈萬言書上仁宗皇帝〉〔註5〕，晉謁開封府尹龍圖王素，祈請代為呈獻仁宗皇帝，他的〈上皇帝書〉說道：

年月日，杭州靈隱永安蘭若沙門臣契嵩，謹昧死上書　皇帝陛下。某無聞，窮不忘道，學者之賢也，亡不忘義，志士之德也。於此有人，雖非賢德而未始忘其道義也，今欲究其聖人之法之微，此所謂不忘道也。其某人也，某嘗以古今文興，儒者以文排佛而佛道浸衰，天下其為善者甚惑。然此以關陛下政化，不力救則其道與教化失，故山中嘗竊著書以諭世，雖然亦冀傳奏陛下之丹墀，而微誠不能上感，恐老死巖壑，與其志背，今不避死亡之誅，復抱其書趨之轂下，誠欲幸陛下察其謀道不謀身，為法不為名，發其書而稍視，雖伏斧鑕無所悔也。（《文集》卷八）

由於王素平日也曾留心涉獵佛教，讀了契嵩的書之後，感覺甚喜，便代為上奏箚給仁宗皇帝奏云：

臣今有杭州靈隱寺僧契嵩，經臣陳狀，稱禪門傳法祖宗未甚分明，

〔註5〕據《鐔津文集》，契嵩上皇帝書有卷八所載〈萬言書上仁宗皇帝〉及卷九所載〈再書上仁宗皇帝〉二篇；另《傳法正宗記》（《大正藏》第五十一卷）卷首〈上皇帝書〉與後者內容相同。

教門淺學各執傳記，古今多有諍競。因討論大藏經論，備得禪門祖宗所出本末，因刪繁撮要，撰成《傳法正宗記》十二卷，并《畫祖圖》一面，以正傳記錯誤，兼舊著《輔教編》印本一部三冊，上陛下書一封，並不干求恩澤，乞臣繳進，臣於釋教粗曾留心，觀其筆削著述，固非臆說，頗亦精微，陛下萬機之暇得法樂，願賜聖覽，如有可採，乞降付中書看詳，特與編入大藏目錄，取進止。（《傳法正宗論》卷首）

仁宗皇帝見了契嵩之書，讀到「謀道不謀身，爲法不爲名」一句，讚嘆愛惜良久，終於在嘉祐七年（1062）三月十七日，詔賜《傳法正宗記》、《畫祖圖》并《輔教編》入於大藏。同年二十二日更頒賜「明教大師」號，契嵩固辭讓不受，便繳回黃牒並上狀云：

杭州靈隱永安蘭若賜紫沙門契嵩狀，今月二十二日，伏蒙頒賜明教大師號敕牒一道，伏念契嵩比以本教宗祖不明法道衰微，不自度量，輒著《傳法正宗記》、《輔教編》等上進，乞賜編入大藏，惟欲扶持其教法，今沐聖朝，特有此旌賜，不唯非其所望，亦乃道德虛薄，實不勝任，不敢當受其黃牒一道，隨狀繳納申聞事。（同上）

仁宗皇帝特批曰：「右箚付左街僧錄司告示不許辭讓，準此。」契嵩不得已乃受之，時爲嘉祐七年四月五日之事。有關乞求著作編入大藏一事，應是契嵩一生中最爲關心之事，從《鐔津文集》中所記載，契嵩在京師中廣寄各部達官之書函可見一梗概。合計：〈書啓上韓相公〉（四封）、〈上富相公書〉、〈上張端明書〉、〈上田樞密書〉、〈上曾參政書〉、〈上趙內翰書〉、〈上呂內翰書〉、〈上歐陽侍郎書〉、〈上曾相公書〉等十餘封，每一信函內容大抵均不外闡述其「儒佛之教，同歸乎治」之主旨，並且也都同樣有著「乃冒進其所謂《輔教編》者印本一部三冊，幸閣下論道經邦之暇略賜覽之。」的期盼，由此可見，契嵩當時確實用心良苦！

四、潔清自持，臨終示瑞

契嵩爲破除儒釋藩籬，致力於二教之貫通，因而不惜辛勞奔走游說於朝廷之間，務期所提倡的儒釋之道能大明於天下，不敢有絲毫名利沾心，誠所謂「謀道不謀身，爲法不爲名」者。除此之外，契嵩的個性卻是非常潔清自好、修爲精嚴，不苟交游，也因此而招來傲誕之譏，契嵩則是另有一番解釋，

他在〈寂子解傲〉一篇中說：

> 俗謂我傲，豈非以吾特立獨行與世不相雜乎？又豈非以吾不能甘言
> 柔顏而與世順俯仰乎？規者曰：不出是也。寂子曰：言道德禮樂者
> 大要在誠，非直飾容貌而事俯仰言語也。吾惡世俗之為禮者但貌恭
> 而身僂俛，考其誠則萬一無有，內則自欺外實欺人，故吾於人其誠
> 信，不專在言語容貌俯仰耳！……今俗謂之恭敬，而不問仁鄙，義
> 與不義，權利所存，則蓬蔯僂俛，馳走於其下，甘役身而不殆。苟
> 為權與利不在，雖賢與義，與坐必倨，與視必瞪，施施然驕氣凌人。
> 書曰：傲狠明德正，此之謂也。嗚乎！俗之所為如是，且不自引其
> 過而反譏我，亦猶蒙塗污而笑不潔，子往矣！智更規我！（《文集》
> 卷八）

契嵩秉性耿直，剛正不阿，這種特立獨行不雜乎世之操守，融之於修道行持，
是乃成就與否的重要因素。而據〈行業記〉所載，契嵩在示化荼毘（火化）
之後，「斂其骨得六根之不壞者三，頂骨出舍利，紅白晶潔，狀若大菽者三，
及常所持木數珠亦不壞。」又說：「三寸之舌所以論議是是非非者，卒與數物
不壞以明之，嗚呼！使其與奪之不公，辯說之不契乎道，則何以臻此哉？」
關於契嵩的示化，《五燈會元》卷十五〔註6〕有較詳細的記載：

> 泊東還熙寧四年（案：此誤載，應為五年）六月四日晨興寫偈曰：「後
> 夜月初明，吾今喜獨行，不學大梅老，貪隨鼯鼠聲。」至中夜而化，
> 闍維〈荼毘〉不壞者五：曰頂曰耳曰舌曰數珠，其頂骨出舍利紅白
> 晶潔，道俗合諸不壞葬於故居永安之左，後住淨慈北澗居簡嘗著五
> 種不壞贊（《卍續藏》第一三八冊，頁 596 上）。契嵩的一生致力於
> 弘揚儒釋一貫之通，並考訂禪宗世系譜牒，他的貢獻無論在儒或佛，
> 均應有正面的肯定，在思想史上更有其不可忽視的價值。

第二節　契嵩見存著述考

契嵩一生的著述，根據熙寧八年（1075）陳舜俞《行業記》的記載，當
時確有「凡百餘卷，總六十有餘萬言」，後來由於兵燹戰亂，散落近半，今只

〔註 6〕《五燈會元》二十卷，南宋淳祐十二年（1252），靈隱寺沙門普濟集，收於《卍
　　　　續藏》第一三七、一三八冊。

剩《鐔津文集》十九卷、《輔教編要義》十卷、《傳法正宗記》九卷、《傳法正宗定祖圖》一卷以及《傳法正宗論》二卷等，以下謹將這些著述的內容作一介紹。

一、《鐔津文集》十九卷（二十二卷）

（一）版本流傳

《鐔津文集》今存有兩種版本，其一為《大正藏》本〔註7〕，所採用的是明永樂八年（1410）杭州府徑山禪寺住持文琇的重刻本。其次是《四庫全書》本〔註8〕，所依據的是明弘治十二年（1499）嘉興僧如巹的刻本。此外尚有《四部叢刊》本〔註9〕，係影印自「上海涵芬樓影印常熟瞿氏鐵琴銅劍樓藏明弘治己未刊本」，和《四庫全書》同屬弘治本，且皆為手抄本。此本作「《鐔津集》二十二卷」，其中文十九卷，詩二卷，附他人所作序贊詩題疏一卷。兩本雖然在書名與卷數上有些許差異，但收錄的內容和前後的編次則是一致的，當是弘治根據永樂本的內容與順序，略為調整其卷次，俾使內容相同者儘量集中在同一卷中《詳細差異見後文》，乃擴充十九卷而成為二十二卷本。

《鐔津文集》的前三卷為〈輔教編〉，這是契嵩當時的代表作，原先詔賜入藏的，除了《正宗記》、《定祖圖》外，便只是這一部分而已，陳垣先生說：「《鐔津集十九卷》，明北藏著錄，前三卷即〈輔教編〉重出，蓋萬曆時續入藏者，明南藏及清藏無《鐔津集》」（《中國佛教史籍概論》卷五，頁113）。明北藏既著錄《鐔津文集》又著錄《輔教編》，而明南藏及清藏則只錄《輔教編》，且《輔教編》在宋元明清時期都有單行本，流傳得比《鐔津文集》還要廣。契嵩在呈上《輔教編》之後，蒙詔賜入藏而盛傳一時，但以契嵩文章洗鍊，言簡義豐，因此遂有要求進一步作詳細敷演者，契嵩乃撰述《夾註輔教編要義》十卷以廣流傳。此書於元明時期尚有刊行流傳，明代以後中國本土已不見流行，幸有日僧無隱元晦者，於十四世紀留學中國，就學於天目中峰，由於中峰之勸而將《輔教編要義》帶回日本，並由春屋妙葩於西元1351年刊印發行，就是所謂的「五出版」。之後又經過三百餘年，在西元1695年

〔註7〕 契嵩：《鐔津文集》十九卷，見大正原版《大藏經》第五十二冊，台北：新文豐公司影印，頁646～750。

〔註8〕 契嵩：《鐔津集》二十二卷，文淵閣《欽定四庫全書・集部》第一○九一冊，台北：商務印書館，頁397～639。

〔註9〕 《四部叢刊》廣編，台北：商務印書館，民國70年。

日僧梁嚴湛對《要義》加以詳細的眉註而予以刊行，此即今本的《冠註輔教編》〔註10〕，書首有屏山居士李之全的〈明教大師輔教編序〉（不著年月），以及「壬寅秋七月晦日平陽府十方大梵禪寺嗣祖釋子柔」所做的〈輔教編後序〉，釋子柔〈後序〉稱：

> 今平陽彌陀院遵公敬道重刊板行，乞序於清富。老朽曰：屏山作引，
> 如長庚之橫於晚空，何用更點雲滓耶？

又據梁嚴湛夾註稱：「湛私按云，大元第六祖成宗大德六年歲次壬寅，據之則釋子柔者，蓋元朝之知識乎，未詳師承，請俟後檢。」由此可知此本乃為元成祖大德六年（1302）平陽彌陀院之刊本；而更早之前已有屏山居士李之全作序之刊本。李之全者，即金朝李之純，《金史》本傳稱：「李純甫，字子甫，弘州襄陰人。」又云：

> 晚年喜佛，力探其奧義，自類其文，凡論性理及關佛老二家者，號
> 內稿；其餘應物文字為外稿。又解楞嚴、金剛經、老子、莊子、中
> 庸集解、鳴道集解，號中國心學，西方父教，數十萬言，以故為名
> 教所貶云。（《金史》卷一二六〈列傳〉六十四）

另《佛法金湯篇》卷十五云：「之純字純甫，自號屏山居士。」由此可知「李之全」即「李之純」無誤。此外，耶律楚材《湛然居士集》卷十三有〈楞嚴外解序〉（1234 年作）、〈屏山居士金剛經別解序〉、〈書金剛經別解後〉（皆為1235 年作），卷十四有〈屏山居士鳴道序集〉（1234 年作），凡四篇序文皆是為李之純而作。又據卷十三〈糠孽教民十無益論序〉稱：

> 昔屏山居士序《輔教編》，有云：儒者嘗為佛者害，佛者未嘗為儒者
> 害，誠哉是言也。

此序作為丙戌年，即西元 1226 年，時當金哀宗正大三年，亦即南宋理宗寶慶二年。由此推知，純甫撰〈輔教編序〉的年代應在 1226 年之前。復從釋子柔〈後序〉中「屏山作引，知長庚之橫於晚空」一語推知，《輔教編》曾在此前已有刊行，而該本即屏山為之作序者，兩本刊刻，前後相距約有八十年左右。

　　金元時期的刊刻情形厥如上述，至於明代狀況，在李時恩所著《居士分

〔註10〕契嵩：《冠註輔教編》十卷，新文豐公司印行。關於本書流傳日本之經過，詳
　　　見書首荒木見悟〈序〉（楊白衣譯）。又本書契嵩原名為《夾註輔教編》，梁嚴
　　　湛之眉註乃名為《冠攷輔教編》，故今本之全名應為《冠攷夾註輔教編》。

燈錄》上卷之首，附有宋濂所作的一篇〈夾註輔教編序〉，序中云：

> 宋有大士，曰鐔津嵩禪師，實洞山聰公之法嗣。以二氏末流之弊，
> 或不相能也，取諸書會而同之，曰原教，曰廣原教，曰勸書，曰孝
> 論，而壇經贊附焉。復恐人不悉其意，自注釋之，名爲《輔教編》，
> 若禪師者，可謂攝萬理於一心者矣！

按《居士分燈錄》二卷，作於崇禎四年（1631），本書除著錄宋濂的〈夾註輔
教編序〉之外，下卷之末亦以宋濂燈傳爲終。宋濂（1310～1381），浦江（今
浙江浦江縣）人，元至正末召爲國史院編修官，不就。洪武中，官至翰林學
士承旨，著有《元史》、《宋學士集》等。宋濂在世時期約當元末明初，因此，
《夾註輔教編》至少在明初還見流傳，至於明清之後便不得而知。雖然《夾
註輔教編》在中國已鮮見流傳，但其原作《輔教編》卻仍舊傳布未息。

　　以上是《鐔津文集》和《輔教編》的版本流傳概況，除此之外，部分文
獻上還有一些關於契嵩著作的著錄，在此附帶一述。一是明代王士禎《居易
錄》卷十七云：「鐔津集十五卷（《四庫總目‧鐔津集提要》誤稱十三卷），宋
僧契嵩者。嵩有非韓三十篇在集中。」《居易錄》所稱的十五卷本《鐔津集》
可能是不包括前三卷的《輔教編》以及最後一卷的「附錄諸師著述」，但此本
今已不見，此外，《宋小人集》（宋陳起輯，今藏於國家圖書館）錄有《鐔津
集》五卷；《宋藝圃集》（明李蓘輯，凡二十二卷，《四庫全書》本）卷二十二
收契嵩詩十七首；另有國家圖書管臺灣分館所藏的日本舊刊本《鐔津文集》
存二卷。這些都是目前所知契嵩著述之存佚概況。此外，爲求一致起見，本
文中凡所稱引之《鐔津文集》卷數，蓋以永樂本，即所見之《大正藏》本爲
據，以免產生誤解。

（二）編纂始末

　　現存的《鐔津文集》是懷悟所編，時間是在紹興四年（1134），有關本集
的編纂始末，在卷十九懷悟〈序〉中有詳細的敘述，懷悟說：

> 始余年少時，走四方叢林尋訪師友務道專學，有效古高世僧萬里求
> 師之志，於稠人中沉沉自策其氣志，若上將軍負所欲建立邦家之意，
> 前邁敵國而且戰且行，不遑食息也。聞所謂東山明教禪師之高文卓
> 行道邁識遠，凡獲見其所著文晝莫不錄取而秘藏之，及於錢塘靈隱
> 山，得嘉禾陳令舉所撰師之行業記石刻，末云：「師自《定祖圖》而
> 下，謂之《嘉祐集》，又有《治平集》，凡百餘卷，總六十有餘萬言，

其甥沙門法燈克奉藏之，以信後世。」繼聞其廣本，除已入藏《正宗記》、《輔教編》外，餘皆在姑蘇吳山諸僧室藏之。余故累遣人至彼山諸僧居歷訪之，而寂然無知其所在者，往往所委不得其人失於護藏，而爲好事者竊移他所也。

懷悟對契嵩的「高文卓行，道脈識遠」景仰既久，因此對於所著文畫莫不錄取而秘藏之，可惜只能見到已編入藏的《正宗記》和《輔教編》，至於其他著作則無緣一見。由此可知，懷悟對契嵩著作的收集，即是從《正宗記》和《輔教編》開始著手，懷悟〈序〉又說：

其輔教集舊本以累經鏤板，故雖盛傳於世，而文義脫謬約六十有餘處，今皆以經書考正之。覽者可以古本參讀之，則其疏謬可審矣！今自〈論原〉而下至於〈贊辭〉，約爲十二卷，次前成十五卷，昔題名《嘉祐集》者是也。其〈非韓〉文昔自分三十章，今約爲三卷，次前成十八卷。又得古律及山游唱詶詩共一百二十四首分之爲二，總成二十卷，命題《鐔津文集》。

《輔教編》是《鐔津文集》的首編，但因舊本以累經鏤板，故雖盛傳於世，而文義脫謬甚多，懷悟皆根據經書一一予以考正。從此之後又積極的展開對其他著作的收集。

懷悟第二階段蒐集到的即是契嵩生前所編的《嘉祐集》，那是在大觀初年（1107～1110），懷悟居住在儀眞長蘆的慈杭室，其中有位湖南僧眾名爲景純者，聽說他積極尋訪契嵩遺文，因此就將自己收藏的契嵩全集送給他。這本全集的內容是「自皇極中庸而下總五十餘論，及書啓敘記辯述銘贊武林山志與諸雜著等，約十六萬餘言。」這一部份應當就是原先所謂《嘉祐集》的部份。

第三階段的收穫即是〈非韓〉文的部份。這一部份的獲得也經過了幾番週折，起先是由於周格非出守虔州，任滿時帶回了〈非韓〉文三十篇三萬餘言，可惜不久卻亡於兵火之災，因此無法併入集中。所幸這〈非韓〉文後來又從禦溪東藍彥上人處獲得另一本，經對校韓文條理而正之，終可增入部次。

第四部份的收錄，則是靠懷悟日常之中勤奮的蒐集，包括「自獲石刻而模傳之」者，這一部份的內容有〈天竺慈雲法師行狀曲記〉、〈長水遭勤二師碑誌〉、〈行道舍利述〉、〈匡山遭道者碑〉、〈定祖圖序〉等。此外還蒐得一些

古律及山游唱詶詩共一百二十四首。

　　就在這樣幾番的收集、整理、校勘之下，以《輔教編》和《嘉祐集》爲基礎，懷悟補上了〈非韓〉以及一些石刻碑銘、古律詩等，終於編定了這部《鐔津文集》。

　　（三）內容大要

　　1. 各本分卷異同及補證

　　《鐔津文集》各本的書首均有北宋尙書屯田員外郎陳舜俞的〈鐔津明教大師行業記〉，其次方爲各卷之內容，首先介紹永樂（《大正藏》）本十九卷的內容，分別是：

　　卷一：〈輔教編〉上，含「原教」、「勸書」（并序共四篇）。

　　卷二：〈輔教編〉中，含「廣原教」（并序共二十六篇）。

　　卷三：〈輔教編〉下，含「孝論」（并序共十三篇）、「壇經贊」、「眞諦無聖論」等。

　　卷四：〈皇極論〉、〈中庸解〉（五篇）。

　　卷五至卷七前部分：〈論原〉（共四十篇）。

　　卷七後部分至卷八前部分：雜著，共十二篇。

　　卷八後部分至卷九前部分：書，即〈萬言書上仁宗皇帝〉、〈再書上仁宗皇帝〉二篇。

　　卷九後部分：書啓，共十三篇。

　　卷十：書啓狀，共四十四篇。

　　卷十一：敘，共二十三篇。

　　卷十二：志記銘碑，共十二篇。

　　卷十三：分爲「碑記銘表辭」七篇及「述題書贊傳評」十二篇。

　　卷十四至卷十六：〈非韓〉，三十篇。

　　卷十七：古律詩，共六十首。

　　卷十八：與楊公濟晤沖晦山游唱和詩，共六十九首。

　　卷十九：附錄諸師著述，包括禦溪東郊草堂釋懷悟〈序〉、又〈序〉瑩道溫作、石門惠洪〈禮嵩禪師塔詩〉、楞伽山守端〈吊嵩禪師詩〉、龍舒天柱山修靜贊、靈原臾〈題明教大師手帖後〉、天台松雨齋原旭撰疏語、嘉興都綱天寧弘宗指南序、杭州徑山住持文琇序等。

　　其次，弘治（《四庫全書》）本的分卷與上述稍有差別，它的分卷是：卷

一至卷五和永樂原本相同，卷六以下開始有異。原本卷六自〈物宜〉以下至〈治心〉爲卷七；雜著〈記復古〉以下至〈寂子解傲〉爲卷八；〈萬言書上仁宗皇帝〉并〈再上仁宗皇帝〉二書爲卷九；〈書啓〉共十三篇爲卷十；原本卷十〈書啓狀〉爲卷十一；原本卷十一分開爲兩卷，自〈傳法正宗定祖圖敘〉至〈周感之更字敘〉爲卷十二，自〈送潯陽姚駕部敘〉至〈送眞法師歸廬山敘〉爲卷十三；原本卷十二至〈題荷香亭壁〉爲卷十四，自〈文中子碑〉以下至〈周叔智哀辭〉爲卷十五；之後的「述題書贊傳評」共十二篇爲卷十六；以下原本的卷十四至卷十九，分卷內容無異，只是卷次依序改爲卷十七至卷二十二。弘治本的卷首除了〈行業記〉之外，尚有〈提要〉及沙門如巹的〈鐔津集引〉；而書末又多了一篇明治十二年（1499）吉雲山廣原的〈鐔津集後敘〉。比較永樂本和弘治本的分卷部帙，發現弘治本的卷帙較能慮及同性質的文章歸類至同一卷中，而永樂原本的分卷顯得較無章法。

　　關於懷悟〈序〉之後的一篇〈又序〉，明刻本疑爲瑩道溫所作，陳垣先生曾指出：

> 今卷末附錄諸師著述，有惠洪〈禮嵩禪師塔詩〉，見《石門文字禪》五，而《文字禪》十九有〈嵩禪師贊〉，附錄卻未收。附錄又有無名序一篇，永樂、弘治兩次刊本，均疑爲《湘山野錄》之瑩道溫作，而不知即《文字禪》二十三之〈嘉祐集序〉，亦可見明代僧徒之陋也。
> （《中國佛教史籍概論》卷五）

陳士強先生也持同樣的看法（〈契嵩見存著述考〉上，《內明》二五九期，頁27），但校對之後發現，二文仍有些許文字差異，《鐔津文集》所附者，文首云：

> 師自東來，始居處無常，晚居餘杭之佛日山，退老於靈峰永安精舍，默視其跡，雖或出處不定，然其所履之道高妙幽遠，而末路學者器近不能曉悟……

《文字禪》之〈嘉祐序〉則云：

> 禪師諱契嵩，字仲靈，藤州人也。少從洞山聰禪師遊，出世湖山，乃嗣其法，其道微妙而末法學者器近而不能曉悟……〔註11〕

〔註11〕見《央華大藏經》第二輯第九一九二合冊，頁 38306 下〈嘉祐序〉。釋德洪名覺範，又名惠洪，宋江西筠陽（今江西高安縣）人。著有《林間錄》二卷，《林間錄後集》一卷及《石門文字禪》三十卷。

這是序文開頭若干字句的差異，以下則文字互有增減，大致上文意並無牴忤之處，唯稍後論及〈輔教編〉、〈孝論〉、〈壇經贊〉等各篇之述作因由時，兩篇〈序〉則出現較明顯的前後順序差異，整體看來，前者較詳而後者較略，且後者尚有若干謬字（如「足」誤為「是」、「臣」誤為「呂」）。最後，《文字禪·嘉祐序》尚有「元符元年中秋日高安某序」數語，而《鐔津文集·文序》則付闕如。大體說來，此序為石門惠洪所作，應屬無疑，只是其文字內容則宜參校二本，互為讎對補正，如此或可更見其原貌。又該序作於宋哲宗元符元年（1099），距契嵩逝世（1072）二十七年，又較懷悟作〈序〉及編輯《鐔津文集》（1134）早三十五年，所言應更具參考價值。

《鐔津文集》除了收錄〈嘉祐序〉之外，也收了惠洪的〈禮嵩禪師塔詩〉三十一韻，但是惠洪尚有〈嵩禪師贊〉並未見錄於《鐔津文集》，茲補誌於后，以為參考：

> 歐陽之學，師宗於世，其徒宣闡，攻我以喙，童首於林，氣索力屈。
> 公於是時。粹然一出，天縱之辯，武庫縱橫，璀璨捍我，如護目睛。
> 義如串肉，理如析薪。一時名譽，聳動縉紳，世尊舉身，毛孔俱笑。
> 如公語言，筆下皆妙。六物不壞，未易致詰，豈其踐履，明驗之力。
> 宗教之衰，河壞山摧，冠巾緇衲，其寒如灰，扶拭塵翳，見冰雪容，
> 拜起而唶，涕淚無從。（《石門文字禪》卷十九）

以上是《大正藏》本《鐔津文集》十九卷，和《四庫全書》本《鐔津集》二十二卷的分卷異同及若干補證，接著再把《鐔津文集》的內容要旨及特色作進一步的介紹。

2. 內容要旨及特色

（1）儒釋融會思想之代表作——〈輔教編〉

〈輔教編〉可說是《鐔津文集》中最重要的部分，也是契嵩儒釋融會思想方面的代表作品，他在〈上趙內翰書〉（卷九）說：

> 某嘗以今天下儒者不知佛為大聖人，其道德頗益乎天下生靈，其教法甚助乎國家之教化。今也天下靡然竟為書而譏之，某故嘗竊慢其譏者不惟沮人善，而又自損其陰德，乃輒著書曰〈輔教編〉，發明佛道，欲以勸諷於世之君子者。

〈輔教編〉原由不同時期撰述的「原教」、「勸書」、「廣原教」、「孝論」和「壇經贊」等五篇文章所組成，懷悟在編纂時又增入「真諦無聖論」於「壇經贊」

之後，因此今本〈輔教編〉較原本多出一篇，共有六篇。懷悟〈序〉說：

> 乃以〈輔教編〉上中下爲前三卷，以師所著之文志在通會儒釋以誘
> 士夫，鏡本識心，窮理見性，而寂其妒謗是非之聲也。又以「眞諦
> 無聖論」綴於〈輔教編〉內「壇經贊」後，以顯師之志在乎弘贊吾
> 佛大聖人無上勝妙幽遠淵曠之道，不存乎文字語言，其所謂教外別
> 傳之旨，殆見乎斯作矣！

〈輔教編〉初編收錄的五篇文章，其撰作時間之順序，陳士強先生曾作如下
之考證：（〈契嵩見存著述考〉上，頁 28～29）

①〈原教〉。此論撰出最早，契嵩在卷二〈廣原教・敍〉中說〈原教〉撰
　出七年後，始著〈廣原教〉。而〈廣原教〉撰於丙申歲，即嘉祐元年
　（1056），即〈原教〉成於宋仁宗皇祐二年（1050）。
　案：陳氏推算錯誤，嘉祐元年（1056）前推七年，應該是皇祐元年
　（1049）。

②〈孝論〉。契嵩在卷三〈孝論・敍〉說，在辛卯年後兩年著〈孝論〉。
　辛卯年爲皇祐三年，其後二年便是皇祐五年（1053）。

③〈壇經贊〉。根據卷十一〈六祖法寶記敍〉提供的時間線索推算，它撰
　於至和元年（1054）。

④〈廣原教〉。它撰於嘉祐元年（1056）。

⑤〈勸書〉。它也撰於嘉祐元年（1056），但時間在〈廣原教〉之後。

　　至於各篇的內容要旨，〈原教〉主要是論述佛教的「五戒」、「十善」與儒
家「五常」相通的道理；〈廣原教〉則繼續補充闡揚〈原教〉中已提出的觀
點，更進一步欲調和佛、儒、百家的衝突，達到彼此之間的融合。而〈孝
論〉的主旨乃在強調「孝」不只是儒家獨有的倫理觀念，也是佛教重要的思
想，以此來批駁世人關於出家不孝的非難。契嵩在〈與石門月禪師〉（卷十）
中曾說：

> 近著〈孝論〉十二章，擬儒《孝經》，發明佛意，亦似可觀。吾雖不
> 賢，其爲僧人，亦可謂志在〈原教〉而行在〈孝論〉也。

因此，欲研究契嵩的儒釋融會思想，〈原教〉、〈廣原教〉、〈孝論〉這三篇論述
可說是最重要的原始資料。其次〈壇經贊〉是記敍契嵩讀《壇經》的體會；〈勸
書〉是勸諭君子不要排佛，從這些論述中，也可以透露契嵩對於消除儒釋間
的蕃籬所作的種種努力。

契嵩另有《夾註輔教編要義》之作，主因是奏本的《輔教編》內容較深，對於一般民眾之閱讀頗有不便，契嵩仍有《要義》之作，其內容則註疏頗詳，無論儒學佛學任一名詞均將其出典來源交待甚明，一方面可作爲研究《輔教編》之助，一方面也可藉此瞭解契嵩治學之根柢。

（2）儒家思想之表現——〈皇極論〉、〈中庸解〉、〈論原〉

〈皇極論〉：所謂「皇極」就是「中正」之意，契嵩說：「天下同之之謂大公，天下中正之謂皇極。」將皇極之道貫於三才，又舉〈洪範〉之意，指出「五福六極者，繫一身之皇極也，休徵咎徵者繫一國天下之皇極也。」說明小自個人的禍福吉凶，大至國家天下之強弱安危，皆莫不繫於皇極中正。此外，並論及用人之宜與賞罰之公等治國之大要。

〈中庸解〉：共有五篇，首篇闡釋〈中庸〉與《禮記》同異之辨，標示「夫中庸者，蓋禮之極而仁義之原也；禮樂刑政，仁義智信，其八者一於中庸者也。」第二篇則繼續論述「所謂禮樂刑政，天下之大節也；仁義智信，天下之大教也。」第三篇乃辨明〈洪範〉所稱「皇建其有極」與中庸之道的同異。第四篇爲區分才與性，性與情之有別，以明孔子「唯上智與下愚不移」之意。第五篇則總結中庸之可學而至也，唯何而學？「禮樂修則中庸至矣！」最後仍不離以禮樂爲其所歸。

至於〈論原〉的性質，惠洪曾說：「其明聖賢出處之際，性命道德之原，典雅詳正，汪洋浩渺，尤爲博贍，總號之爲〈論原〉。」（卷十九·序）其內容共有四十篇，分屬卷五、卷六、卷七，包括「禮樂、大政、至政、賞罰、教化、刑法、公私、論信、說命、皇問、問兵、評讓、問霸、異說、人文、性德、存心、福解、評隱、喻用、物宜、善惡、性情、九流、四端、中正、明分、察勢、刑勢、君子、知人、品論、解譏、風俗、仁孝、問經、問交、師道、道德、治心」等諸篇。從這些篇章之中，表現出契嵩儒家思想的一面，對於典章制度、刑法軍事、倫理教化、心性善惡等問題，普遍的加以論述。

從以上三篇論述中，可以瞭解契嵩對於儒家思想之體認，進而可以探討其從事儒釋融會事業的理路與思緒。

（3）對排佛思想之反駁——〈非韓〉

契嵩於篇首自敍云：「非韓子者，公非也，質於經以天下至當爲之是，非如俗用愛惡相攻；必至聖至賢，乃信吾說之不苟也。其書三十篇，僅三萬餘

言。」又第三十篇云：「然今吾年已五十者，且鄰於死矣！」由此推之，〈非韓〉當成於嘉祐元年（1056），五十歲移居靈隱寺之時。

契嵩針對韓愈的〈原道〉、〈原人〉、〈本政〉、〈原鬼〉、〈獲麟解〉、〈對禹問〉、〈與馮宿書論文〉、〈贈絳州刺史馬匯之行狀〉、〈祭鱷文〉、〈與孟簡尚書書〉、〈諫臣論〉、〈歐陽詹哀辭〉、〈論佛骨表〉等文章有關反佛的言論，乃至韓愈的政治理論、哲學觀點、倫理思想以及人品等，都加以犀利的抨擊。

（4）雄偉秀麗的詩文──〈武林山志〉及各體詩作

契嵩除了雄健犀利的文筆，寫出上述諸多議論文章之外，也有部分展露深度文學涵養的作品呈現，其中最具代表的便是〈武林山志〉。懷悟在〈序〉中說道：「其文之高拔勝邁，絕出古今，則見乎〈武林山志〉。故〈後敘〉謂因風俗山川之勝，欲拋擲其才力，以收其景趣也，乃作〈武林山志。〉」契嵩自己帶著所著書論上朝，晉謁天子宰相等朝中上下，凡所見都是呈以《正宗記》、《輔教篇》，唯獨於歐陽文忠公則特別獻以新撰的〈武林山志〉，歐陽修素以文章自任，以師表天下，又以維護儒統不喜佛教，但是見了契嵩的文章，卻也不禁讚歎道：「不意僧中有此郎也！」（卷十九惠洪〈序〉）《四庫全書總目提要》說：「其筆力雄偉，辨論鋒起，實能自成一家之言，蓋亦彼教中之健於文者也。」又說：「王士禎居易錄稱其詩多秀句。」這些重要的文學作品，除了〈武林山志〉之外，尚有其它志記碑銘表辭，以及古律、唱和等詩作，充分表現了契嵩高深的文學涵養。

（5）他人事跡的載錄

《鐔津文集》中不僅記載了契嵩的生平事跡、學術思想、文學涵養等內容，並且也記載了許多他交往的對象，以及這些人物的若干事跡，因此在這些記錄裡便保存著重要的資料。例如〈杭州武林天竺寺故大法師慈雲式公行業曲記〉一文凡三千餘言，此記為天台宗慈雲遵式行業的傳略，作於嘉祐八年（1063），比《佛祖統紀》對遵式行業的載錄早二百餘年，契嵩說：「命曰曲記，蓋曲細而記其事也。」因此，對於慈雲遵式的生平事跡可說巨細靡遺，尤其對他的著作，諸如〈觀音禮文〉、〈誓生西方記〉、〈念佛三昧〉、〈十四大願文〉、〈淨土行法〉、〈野廟誌〉、〈誡酒肉慈慧法門〉、〈天竺高僧傳〉、〈淨土決疑論〉、〈天台四時禮佛文〉、〈圓頓十法界觀法圖注〉、〈南岳思師心要偈〉、〈金園集〉、〈天竺別集〉、〈靈苑集〉等，各編的撰述緣由、內容旨趣，都有詳細的記載，對慈雲遵式的生平行業而言，這確實是一分珍貴的資料。

二、《傳法正宗記》九卷

《傳法正宗記》撰於嘉祐六年（1061），收入《大正藏》第五十一卷。書首附有嘉祐六年十二月契嵩的〈上皇帝書〉（并錄於《鐔津文集》卷九）、〈知開封府王侍讀所奏箚子〉、嘉祐七年三月十七日〈中書箚子許收入大藏〉、同年四月五日〈中書箚子不許辭讓師號〉、治平元年（1064）四月十一日傳法等所作的鏤版後記、（南宋孝宗）隆興甲申（1164）六月於福州開元寺重刊時的佛燈題跋以及同年十一月晉安林之奇題書等。

（一）內容大要

本書是繼北宋道原的《景德傳燈錄》、李遵勗的《天聖廣燈錄》之後的一部禪宗譜系類著作，體裁屬傳記體。所記始於釋迦牟尼，下至大鑒（慧能）第十二世及其所出法嗣。內容大要如下：

卷一：〈始祖釋迦如來表〉，記載釋迦牟尼的家世和生平。

卷二至卷六：〈禪宗三十三祖傳〉。自〈天竺第一祖摩訶迦葉尊者傳〉，到〈震旦第三十三祖慧能尊者傳〉為止，共三十三人之傳記。

卷七、卷八：〈正宗分家略傳〉。其序曰：

> 正宗至第六祖大鑒禪師，其法益廣，師弟子不復一一相傳，故後世得各以為家。然承其家之風以為學者，又後世愈繁。然周於天下，其事之本末以詳於《傳燈》、《廣燈》二錄、《宋高僧傳》，吾不復列之於此，而書者蓋次其所出之世系耳。故分家傳起自大鑒，而終於智達，凡一千三百有四人也。

因此，書中除了青原行思、南岳懷讓、南陽慧忠、荷澤神會、馬祖道一、百丈懷海、臨濟義玄、雲門文偃、清涼文益等九人的事略見錄之外，其餘都僅有人名編於世次之中，除此均無生平之記載。

卷九：〈旁出略傳〉和〈宗證略傳〉。其〈旁出略傳〉序曰：

> 旁出善知識者，已載於他書，此復見之，蓋以其皆出於正宗，嫡庶雖異，其法一也。周封同姓之國，以貴其宗，親親之義，則文武成康為正，方之大迦葉直下之相承者，亦可知矣。其傳起於末田底，而止乎益州神會禪師者，凡二百有五人。

此一部分，只有第二十四祖師子旁出法嗣第二世達摩達尊者一人的事略見錄之外，其餘都僅有人名編於世次之外，其次〈宗證略傳〉序曰：

> 涅槃曰：「復至他方有諸煩惱毒箭之處，示現作祖為其療治。」又曰：

「我有無上正法悉已付囑摩訶迦葉，是迦葉者當為汝等作大依止。」
此吾道之有祖宗尚矣！但支竺相遠，傳之者不真，致令聖人之德不
甚明效，加之暴君嫉善毀棄大教，而佛子不善屬書，妄謂其祖絕於
二十四世，乃生後世者之疑，聖德益屈。余嘗慨之，適因治書，乃
得眾賢所道祖宗之事，凡十家，故并其人，列為宗證傳云爾。

在〈傳法正宗定祖圖敘〉中也有類似的記載說：「又以儒釋之賢其言吾祖宗，
素有證據者十位，列于諸祖之左，謹隨其《傳法正宗記》指闕上進。」這十
位分別是：月支國沙門竺大力、中印度沙門曇摩迦羅、中天竺國沙門支彊梁
樓、中天竺國沙門婆羅芬多、佛馱跋陀羅、僧祐、罽賓沙門那連耶舍、西域
沙門犍那、裴休、劉昫。

（二）本書特色

《傳法正宗記》就一般禪宗譜系類書籍來看，它並無特別之處，唯某些
傳末所附的「評曰」卻可體現契嵩的一些獨特見解。「評曰」計有十五條，分
見於〈始祖釋迦如來表〉、〈天竺第四祖優波趜多尊者傳〉、〈第十一祖富那夜
尊者傳〉、〈第十三祖迦毗摩羅大士傳〉、〈第十四祖龍樹大士傳〉、〈第二十祖
奢夜多大士傳〉、〈第二十四祖師子尊者傳〉、〈第二十五祖婆舍斯多尊者傳〉、
〈第二十七祖般若多羅尊者傳〉、〈第二十八祖菩提達摩尊者傳〉、〈震旦第二
十九祖慧可尊者傳〉、〈第三十祖僧璨尊者傳〉、〈第三十三祖慧能尊者傳〉、〈達
摩達尊者傳〉等處。

禪宗多數史書都是以靈山會上釋尊「拈花」，迦葉「微笑」，作「教外別
傳」的開始，《傳燈錄》則在釋迦佛之前增列了毗婆尸佛等六佛，成為「七佛」，
契嵩並不贊成，因此在〈始祖釋迦如來表〉「評曰」中指出：

他書之端，必列七佛，而此無之，豈七佛之偈非其舊譯乎？曰不然，
夫正宗者必以親師相承，為其效也，故此斷自釋迦如來以降，吾所
以不復列之耳。吾考其《寶林》、《傳燈》諸家之傳記，皆祖述乎前
魏支彊梁樓與東魏之那連耶舍，此二梵僧之所譯也，或其首列乎七
佛之偈者，蓋亦出於支彊耶舍之二譯耳，豈謂非其舊本耶？然《寶
林傳》其端不列七佛，猶吾書之意也。

此外，對於唐代沙門神清在《北山錄》中〈譏異說〉一篇，對禪宗所說的西
天二十八祖及《歷代法寶記》所說的二十九祖的說法提出異議，並且否認其
所謂「以心傳心」的說法，契嵩在卷三〈天竺第十一祖富那夜奢尊者傳〉的

「評曰」中作了批駁，至於其論說之得失留待後文再述。

三、《傳法正宗定祖圖》一卷

本篇之撰述因由俱見於篇首的〈序〉及〈上皇帝書〉中，大抵皆與《傳法正宗記》相同，特別爲當時適逢朝廷頒布〈祖師傳法授衣圖〉於天下，契嵩乃以吳縑繪畫此所謂《定祖圖》一面，並加以文字解說而成《傳法正宗定祖圖》，同《正宗記》一并呈謁朝廷。今《大正藏》本《定祖圖》只存文字而無圖畫，收於第五十一卷，列於《傳法正宗記》之後。而《磧砂藏》本則圖繪甚精，其卷首記云：

> 平江路磧砂延聖寺大藏經局，今依福州開元禪寺校定元本《傳法正宗記》十二卷，重新刊板流通。其明教大師所上之書，及入藏箚子，舊本皆在袞尾，今列於首，庶期展卷，備悉所從。延祐二年乙卯（1315）五月五日，住持傳法比丘清表題。

《定祖圖》所列的入物四十四人，皆承《正宗記》之說而錄。即始祖釋迦牟尼佛，及禪宗三十三祖，另「又以儒釋之賢，其言吾宗祖素有證據者十位，列於諸祖之左。」這十人也就是《正宗記》卷九〈宗證略傳〉中記載的十位，只是前後順序稍有變動。至於文字部分，釋迦佛及三十三祖之介紹均約百餘字，大抵摘取自《正宗記》，且末後皆錄其諸祖之間的「傳法偈」。附列的十人之介紹反而較長，但都是摘錄或全錄自《正宗記》者。

四、《傳法正宗論》二卷

本書共計四篇，契嵩在第一篇末尾說：「與其前後所著之論，凡四十餘篇，并其祖圖，勒爲十二卷，命曰傳法正宗記。」因此，這一篇應即是嘉祐六年（1064）隨《正宗記》、《定祖圖》一并進呈者。而第二篇的標題下有注云：「此篇并後卷二篇是續作」，正文開頭又說：「余昔引《出三藏記》所載四祖師者，以質《付法藏傳》之謬，遂爲書（指第一篇），迄今七年矣！」因此，後三篇應是熙寧元年（1068）時所作〔註12〕，今則與第一篇合爲上下二卷，收入《大

〔註12〕陳士強先生誤以後三篇亦作於嘉祐六年（1061）（〈契嵩見存著述考〉下，《內明》，1993 年，第二〇六期，頁 37，然則與陳氏原先所稱《傳法正宗記》作於嘉祐六年之說矛盾（同前文，頁 33），不符契嵩「迄今七年」之語，故當以嘉祐六年之後，又過七年，即熙寧元年（1068）作《傳法正宗論》的後三篇爲是，如此亦合於〈上皇帝書〉及〈知開封府王侍讀所奏箚子〉中所稱十二卷之數。

正藏》第五十一卷，列於《定祖圖》之後。

　　內容方面，第一篇以僧祐《出三藏記集》的說法爲依據，抨擊《付法藏因緣傳》只列二十四祖之說。第二篇與前篇事隔七年之後，契嵩進一步以東晉佛馱跋陀羅譯的《達摩多羅禪經》和慧觀撰的《修行地不淨觀經序》爲依據，繼續批駁《付法藏因緣傳》中關於師子比丘被殺之後，佛法絕傳之論點。第三篇以設客問答的方式，闡述其爲何取證於《禪經》的「三十七道品、四念處」之原因。第四篇仍以問答方式，闡明「教既載道，何必外教而傳道？」以及「教道相異，豈爲圓乎哉？」等二大問題。總之，所有論說都是爲了《傳法正宗記》及《定祖圖》，而發明其微旨，闡述其大義。

第三章　宋初儒士的反佛思潮

　　佛教自傳入中國之後，雖賴僧俗之傳揚及歷代君臣之弘護，使得法運曾經昌隆一時；但是在其傳揚過程中，卻也不免遭遇阻逆，法運受挫，譬如「三武一宗」之難，可謂佛教史上重大災厄。至於魏晉南北朝以來，遭遇了道徒、儒士等多方面的詰難，也是屢見不鮮；這股排佛聲浪還屢興不減。到了中唐韓愈又帶起了另一波高潮，且其勢力所及，自兩宋以下無不受其影響。

　　宋初的排佛論者，即是繼承韓愈的遺緒而張揚旗鼓，並且大多因為慕其文章，學其古文，而在思想上受其影響，歐陽修便是其代表者。其他重要人物尚有李覯、石介、孫復、宋祁、王禹偁等人，本章便依年代先後，從這些人物的言行中來探討其排佛思想，由此以了解契嵩所處時代的反佛思潮。

第一節　宋祁、王禹偁的排佛說

　　在稍早的反佛人士中，如宋祁曾參與歐陽修《新唐書》之編纂，並曾上疏抑佛；王禹偁曾任諫官而上疏沙汰僧尼；這些事跡對於佛教不無影響，分述如下。

一、宋祁的抑佛主張

　　宋祁（998～1057），字子京，安州安陸（今湖北安陸縣）人，後徙開封之雍邱（今河南杞縣），天聖二年（1024）進士，官至翰林學士，著有《景文集》六十二卷。時朝廷因陝西用兵，調費日蹙，祁乃上疏云：

> 兵以食為本，食以貨為資，聖人一天下之具也。今左藏無積年之鏹，
> 太倉無三歲之粟，尚方冶銅，置而不發，承平如此，已自彫困，良

由取之既殫，用之無度也。朝廷大有三冗，小有三費，以困天下之財，財窮用褊，而欲興師遠事，誠無謀矣！能去三冗，節三費，專備西之屯，可曠然高枕矣！何謂三冗？天下有定，官無限員，一冗也。天下廂軍不任戰而耗衣食，二冗也。僧道日益多而無定數，三冗也。三冗不去，不可為國，請斷自今，僧道已受戒具者，姑如舊，其他悉罷還為民，可得耕夫織婦五十餘萬人，一冗去矣……何謂三費？一曰道場齋醮無有虛日，且百司供億，至不可貲計。彼皆以祝帝壽、奉先烈、祈民福為名，臣愚以為，此主者為欺盜之計爾。陛下事天地宗廟，社稷百神，犧牲玉帛使有司端委奉之，歲時薦之，足以竦明德介多福矣！何必希屑屑之報哉！則一費節矣。二曰京師寺觀或多設徒卒，添置官府，依糧率三倍他處。居大屋高廡，不徭不役，坐蠹齊民，其尤者也。而又自募民財，營建祠廟，雖曰不費官帑，然國與民一也，舍國取民，其傷一焉，請罷去之，則二費節矣！（《宋史》卷二八四〈列傳〉十四）

宋祁這篇奏疏主要是針對國家財源的拮据，又因陝西軍事用度所需，故乃提出「去三冗」、「節三費」的建議。三冗者，一為冗官，二為冗軍，三則謂僧道日多而無所限制，是亦冗也。因此他建議當時已正式受戒者，可存其舊，而其他則悉令還俗，如此便可增加耕織人力達五十萬之多。至於「節三費」者，一是去除道場齋醮的常年法事支出；二是罷去京師寺觀所設徒卒，免除各種費用開銷，這是兩條與佛道相關的建議。宋祁這些對於佛道不利的種種建議，大抵是基於國家財政、經濟上的考量，所提出的抑制主張。

雖然宋祁在公開場合反對佛教，但是私底下宋祁卻不拒絕與佛徒間之酬酢，在《景文集》裡有〈安州景福寺重修鐘樓記〉、〈放生池記〉、〈衡山福嚴禪院二泉記〉、〈復州乾明禪院記〉等關於佛教事物的作品流傳。從記文中所述，亦可看出宋祁對佛典有所涉躐。如〈復州乾明禪院記〉云：

或稱離一切相，是之謂法，依十方佛是之謂宗；予曰不也。夫舍妄求真，必有二體，擯外修內，則立中間，是擾擾之群生，執種種之差別，棄大海之水，誤認一漚，舍如意之珠，更求至寶，乃有三僧祇之辛苦，五濁惡之流浪，無縛求解，捏目取華。由是能仁憫憐，正眼提倡，法無可得，而名說法，言雖終日，而未嘗言，不自階升，徑躋補處。（《景文集》卷四十六）

由這段記文的遣詞御句看來，宋祁的佛學義理造詣已具有相當的深度，較之於李覯的華辭讚詠，逢場戲作，宋祁可說是言之有物者也。其次，在《宋景文公筆記》卷中裡有一則宋祁對佛教的感言：

> 余謂佛，西方之達人也，其言汪茫漫誕，貫生死鬼神，無有濱涯。
> 合萬物之妄，以爲一眞，眞立而妄隨；又去眞培妄，以無修無證爲
> 極，若曰無修乃修也，無證乃證也，雖修而未嘗修，雖證而未嘗證。
> 故舉天下眾生皆入無餘涅槃而滅度之者，如是無量，實無眾生得滅
> 度者。又曰：如來說即非眾生，即名眾生，于以脫滯縛，泯有無，
> 自放於太空無垠之所……佛與中國老聃、莊周、列禦寇之言相出入
> （案：往來也），大抵至於道者，無古今華戎，若符荼然。

此段文字絕大部分是取自《金剛經》之文意以闡發佛法要旨，最後結語則認爲佛法和老莊列子的言論可往來相通（案：後人有將此處「出入」解作牴觸者非也），主要是在論及「道」的領域時，無論古今或是華夷，都有契合之處，這裡面卻也隱約透露出宋祁的佛道融會之看法。

雖然宋祁涉佛頗深，也與佛徒多所往來，但是他卻始終以儒自居，《筆記》卷下有〈庭戒諸兒〉言之鑿鑿：

> 教之持世者，三家而已，儒家本孔氏，道家本老氏，佛家本浮圖氏。
> 吾世爲儒，今華吾體者衣冠也，榮吾私者官祿也，謹吾履者，禮法
> 也，睿吾識者詩書也，入以事親，出以事君，生以養，死以葬，莫
> 非儒也。

此外在〈治戒篇〉裡交待其歿後「不得作道佛二家齋醮，此吾生平所志，若等不可違命作之」。這種堅貞的儒家觀念並不因爲他對於佛學教義的深解而有所改變，或許應是他對自己平生所塑造之儒家形像的維護與堅持，故而臨終時猶不忘訓示子孫堅守其排斥佛道的志願。

二、王禹偁的汰佛說

王禹偁（954～1001），字元之，濟州鉅野（今山東鉅野縣）人。世爲農家，九歲能文，詞學敏贍，遇事敢言，喜臧否人物，以直躬行道爲己任。太平興國八年擢進士，授成武主簿，徙知長洲縣就改大理評事，累遷翰林學士，知制誥。爲文著書，多涉規諷，故屢見擯斥，著有《小畜集》二十卷，《承明集》十卷，《集議》十卷，另有詩三卷。

宋眞宗即位時，禹偁遷秩刑部，會詔求直言，禹偁乃上書言五事，其四曰「沙汰僧尼，使疲民無耗」，內容大云：

> 夫古者惟有四民，兵不在其數，蓋古者耕田之法，農即兵也。自秦以來，戰士不服農業，是四民之外又生一民，故農益困。然執干戈衛社稷，理不可去。漢明之後，佛法流入中國，度人修寺，歷代增加，不蠶而衣，不耕而食，是五民之外，又益一而爲六矣！假使天下有萬僧，日食米一升，歲用絹一匹，是至儉也，猶月費三千斛，歲用萬縑，何況五七萬輩哉！不曰民蠹得乎？臣愚以爲國家度人眾矣，造寺多矣，計其費耗何啻億萬，先朝不豫，捨施又多，佛若有靈，豈不蒙福？事佛無效，斷可知矣！願陛下深鑒治本，亟行沙汰。如以嗣位之初，未欲驚駭此輩，且可以二十載不度人修寺，使自銷鑠，亦救弊之一端也。（《宋史》卷二九三〈列傳〉五）

禹偁所謂的「不蠶而衣，不耕而食」，以及「五民之外，又益一而爲六」等說法，仍舊不出韓愈〈原道〉的論調，其實，社會上「不蠶而衣，不耕而食」者，比比皆是，又何止僧尼而然，若曰彼等皆另有其功於社會，然則若曰佛教於社會竟無絲毫之助益，此又豈能杜天下之口？而佛法又如何能流傳千百年而不衰？此固爲佛教徒所不平者也。

第二節　石介、孫復的排佛思想

石介（1005～1045），字守道，袞州奉符（今山東省泰安縣南）人，進士及第，歷鄆州（今山東鄆城縣）南京推官。有《徂徠集》二十卷傳世。（《四庫全書》第一〇九〇冊）

石介關於排佛的論述有〈怪說〉、〈明四誅〉、〈辨惑〉、〈中國論〉等篇，均見於《徂徠集》。〈怪說〉共有三篇，上篇排佛老，中篇斥楊億，下篇則是其總說。〈怪說上〉云：

> 三才位焉，各有常道，反厥常道則謂之怪矣……夫中國，聖人之所常治也，四民之所長居也，衣冠之所常聚也，而髡髮左衽，不士不農，不工不商，爲夷者半中國，可怪也。夫中國，道德之所治也，禮樂之所施也，五常之所被也，而汙漫不經之教行焉，妖誕幻惑之說滿焉，可怪也。夫天子七廟，諸侯五廟，大夫三廟，庶人祭於寢，

　　所以不忘孝也；而忘而祖，廢而祭，去事遠裔之鬼，可怪也……非
　　此族也，不在祀典，而老觀佛寺遍滿天下，可怪也……甚矣！中國
　　之多怪也，人不爲怪也幾少矣。（卷五）

這段文字大抵就佛教與中國傳統相異的種種習俗來論其怪異，諸如「滅君臣
之道、絕父子之親、棄道德、悖禮樂、裂五常、遷四民之常居、毀中國之衣
冠、去祖宗而祀遠裔、汙漫不經之教、妖誕幻惑之說……」等，舉凡有違中
國固有之冠服居所、儒家祀典之禮儀所宗，以及道德禮樂、倫常思想等，不
論佛、老，都被石介視爲怪異而大加撻伐。其次，〈明四誅〉則說：

　　王制曰：析言破律，亂名改作，執左道以亂政，殺；作淫聲異服，
　　奇技奇器以疑眾，殺；行僞而堅，言僞而辨，學非而博，順非而澤
　　以疑眾，殺；假於鬼神，市日卜筮以疑眾，殺；此四誅者不以聽大
　　哉……夫佛老者異端之人也，而佛老以異端之教法，亂儒者之教法，
　　異端之衣服亂儒者之衣服，異端之言語亂儒者之言語，罪莫大焉而
　　不誅……夫天下皆干乎四誅而不誅，吾故明之。（卷六）

「四誅」是《禮記・王制》所說的四件事，犯之則必殺。但是時日久遠，習
俗澆薄，天下人都已「干乎四誅，無誅之者」，因此石介乃欲昌明「四誅」，
重振習俗。又以佛老爲異端，壞亂儒家種種教法、衣服、言語，「罪莫大
焉」，尤當誅者，卻又不誅，是爲介所痛恨，故而作此〈明四誅〉。又〈辨惑
篇〉說：

　　吾謂天地間必然無者有三：無神仙、無黃金術、無佛。然此三者舉
　　世人皆惑之，以爲必有，故甘心樂死而求之。然吾以爲必無者，吾
　　有以知之，大凡窮天下而奉之者，一人也，莫崇於一人，莫貴於一
　　人，無求不得，其欲無取，不得其志，天地間苟所有者，惟不索
　　焉，索之莫不獲也。秦始皇之求爲仙，漢武帝之求爲黃金術，蕭武
　　帝之求爲佛，勤已至矣！而秦始皇帝遠遊死，蕭武帝餓死，漢武帝
　　鑄黃金不成。推是而言，吾知必無神仙也，必無佛也，必無黃金術
　　也。（卷八）

石介取秦始皇、漢武帝、梁武帝三人爲例，以他們皆是帝王之尊，理當所求
必應，無求不得。但最後死的死，煉金也煉不成，因而推論之曰：「必無神仙
也，必無佛也，必無黃金術也。」但這種推論卻難以說服人心。最後，〈中國
論〉說：

夫天處乎上，地處乎下，居天地之中者，曰中國，居天地之偏者曰
四夷；四夷，外也，中國，內也。天地為之平，內外所以限也……
聞乃有巨人名曰佛，自西來入我中國；有龐眉曰耼，自胡來入我中
國。各以其人易中國之人，以其道易中國之道，以其俗易中國之俗，
以其書易中國之書，以其教易中國之教，以其居廬易中國之居廬，
以其禮樂易中國之禮樂，以其文章易中國之文章，以其衣服易中國
之衣服，以其飲食易中國之飲食，以其祭祀易中國之祭祀。雖然中
國人猶未肯樂焉而從之也，其佛者乃說曰：天有堂地有獄，從我游
則升天堂矣！否則擠地獄。其老亦說曰：我長生之道，不死之樂，
從我游則長生矣！否則夭死……或曰：如此將為之奈何？曰：各人
其人，各俗其俗，各教其教，各禮其禮，各衣服其衣服，各居廬其
居廬。四夷處四夷，中國處中國，各不相亂，如斯而已矣！則中國，
中國也；四夷，四夷也。（卷十）

石介的這種強烈的「中國」主義與民族本位思想，究其淵源應是來自韓愈的
道統觀念，再加上受到孫復的直接影響所致。孫復（992～1057）字明復，晉
州平陽（今山西臨汾）人，著有《春秋尊王發微》十二卷，石介慕之，執弟
子禮甚殷。孫復亦主排佛，作有〈儒辱篇〉，其主旨略曰：

噫！儒者之辱始於戰國，楊朱墨翟亂之於前，申不害韓非雜之於後；
漢魏而下則又甚焉，佛老之徒橫乎中國。彼以死生禍福虛無報應為
事，千萬其端紿我生民，絕滅仁義，以塞天下之耳，屏棄禮義，以
塗天下目。天下之人，愚眾賢寡，懼其死生禍福報應，人之若彼，
莫不爭舉而競趨之。觀其相與為群，紛紛擾擾周乎天下，於是其教
與儒齊趨並駕，峙而為三，吁！可怪也……凡今之人與人爭詈，小
有所不勝，則尚以為辱，矧彼以夷狄諸子之法亂我聖人之教耶，其
為辱也大哉！噫！聖人不生，怪亂不平，故楊墨起而孟子闢之；申
韓出而揚雄拒之；佛老盛而韓文公排之，微三子則天下之人胥而為
夷狄矣！（《孫明復小集》，頁37）

從孫復的〈儒辱篇〉看來，石介反佛的觀點，頗有繼承孫復並加以發揚光大
者，如孫復有「吁！可怪也」一語，石介便發揮其義，成為洋洋可觀的〈怪
說〉；又孫復稱佛老「以夷狄諸子之法亂我聖人之教」，石介則更引申闡述成
為〈中國論〉，結尾更呼應韓愈的主張，「各人其人，各俗其俗，各教其教，

各禮其禮，各衣服其衣服，各居廬其居廬。」由此可見，孫復、石介的反佛思想，與韓愈之間一脈相承的關係，是極其明顯的。

附帶一論者，關於石介在〈怪說〉中把「佛老」和楊億的「輕薄時文」兼列而一并排斥，謂「佛老以妖妄怪誕之教壞亂之（聖人之道），楊億以淫巧浮偽之言破碎之」。後人遂有將文藝輕薄與老佛出世相提並論，歸爲同類者，如錢穆即曾說：「楊億是宋初浮文小藝之代表者，他沿襲晚唐五代進士輕薄的傳統。文藝輕薄與老佛出世，雖成兩流，而常匯歸於一趨。」（《宋明理學概論》，頁 8）錢氏舉楊億爲例，以楊億涉躐佛教，曾受詔勘校《景德傳燈錄》並頒行之，而楊億又是宋初「浮文小藝之代表者」，是所謂「匯歸於一趨」者；又說「從前韓愈闢佛，即提倡古文」，言下之意似乎闢佛及提倡古文，與楊億的事佛及從事浮文，乃具有必然的關係。若果如此，則以曹操、秦檜之大奸，是否其所學之文藝也應受其所累乎？晚唐五代以下，多少高僧大德、儒釋兼治之士大夫，但也並非人人都「輕薄爲文」，因此，這種說法不免有以偏蓋全之虞。

第三節　李覯的反佛觀點

李覯（1009～1059），字泰伯，建昌軍南城人（今江西南城），四十一歲時爲范仲淹所重，薦爲試太學助教，五十歲，除通州海門主簿，五十一歲，權同管勾太學，是歲卒。著有《盯江集》二十卷傳世（見《四庫全書》第一〇九五冊）。

一、批佛言論

李覯對佛教的不滿，主要表現在〈潛書〉、〈廣潛書〉以及〈富國策〉之中。〈潛書〉作於天聖九年（1031），覯時年方二十三歲；隔七年，於寶元元年（1038）三十歲時作〈廣潛書〉；〈富國策〉則作於寶元二年（1039），時年三十一。其〈潛書〉序說：「泰伯閒居有書十五篇，憤弔世故，警憲邦國，遐探切喻，辭不柔伏。噫！道未行速謗，何也？姑待知者而出之乎！乃命曰〈潛書〉。」而〈廣潛書〉序則曰：「心愈苦，言愈多，嗚呼其亦見險而不能止者乎？」可見這前後三十篇之作，皆爲其憂國恤民，憤世疾俗所發出的不平之鳴。

〈潛書〉十五篇中，有第二、第六、第八等三篇言及浮圖；而〈廣潛書〉

十五篇中，則有第五、第六、第七、第八等四篇涉及佛教。〈潛書〉第二云：

> 浮圖以不殺爲道，水飲而蔬食，舉世稱其仁。夫雞豚狗彘待人而後
> 生者也，食人之粟以滋其種類，一日無人則饑而死。然而天下之民
> 所以不愛其資，豢而畜之者，用於其家故也。神靈之祭，賓客之奉，
> 於是乎取之。今且使民無搖手於其間，則何待而粒之哉？吾見其無
> 遺種矣！抑將不殺其身而務絕其類乎？仁者不爲也。抑將奪人之食
> 以飽無用之禽乎，仁者不爲也。嗚呼！浮圖之仁歟！止於是而已矣！
> (《旴江集》卷二十)

此篇所批駁的是佛教的戒殺問題，李覯認爲禽受人豢養，理當祭於神靈，奉
於賓客；如無人類之飼食，彼將無以維生，終必饑餓絕種。倘若只顧餵食，
不忍殺之，則是奪人之糧也。其次，〈潛書〉第十云：

> 事親以孝，事君以禮，聖人以是師天下也。佛之法曰，必絕而親，
> 去而君，剃髮而偏衣，捐生以事我，其獲福不知所盡。此獨何歟？
> 受親之體而不養於其側，食君之田而無一拜之謁。家有叛子而族人
> 愛之，邦有傲民而吏不肯誅，以佛之主其上也。紂爲諸侯逋逃主而
> 諸侯伐之，佛爲天子逋逃主，而天子未嘗怒，哀哉！

此篇乃批駁佛徒舍離君父之不當。又〈潛書〉第十一云：

> 有吏於人上者曰：爾無爲孽，且伏大刑！雖婦人幼子咸信而懼矣！
> 若曰：多賄予，罪大不問。則天子必降誅，時人將指而唾。今浮圖
> 之言曰：人死則爲鬼，善有美報，惡有無極苦。其於訓愚，蓋少附
> 於理，若繼之曰：侈我宇，嚴我像，衣食我徒，雖弒君父，亡所恤。
> 而王公大人反朋而和之，何也？

此篇則指斥一些作姦犯科者，企求以施舍錢財，建寺造像，供養衣食，以爲
可以就此贖罪彌愆，而心無所愧。

李覯以上三篇所非議者，要之都只是就形跡上來譏斥浮圖，仍不能深及
義理。如稱不殺生則是「奪人之食以飽無用之禽」，而譏曰「浮圖之仁歟！止
於是而已矣」，也未免太過淺識；至於釋子之出家修道，舍離君父，有違倫常
之疑議，自魏晉以來早爲僧俗間爭論不已之問題，兩造所持之理由無不各申
其義，這在《弘明集》和《廣弘明集》中已辯之頗詳，此不贅言。李覯再提
斯議，也只是重拾韓愈、李翱之論餘罷。至於第三項之布施彌罪情事，在佛
教盛行之後，容或有此等流弊之產生，縱使高僧大德當也不會允許，而李覯

之反對，自是理所當然。

接著再看〈廣潛書〉中的詆佛觀點，由於文長，但摘錄要點於下。此文中第五、六、七、八等四篇都是批評佛教的，第五篇指出，浮圖之剃髮出家者，不事工作即得飽暖安逸，「是有功於惰也」；而一些狡猾陰賊者，只要供養僧飯，助興佛寺，以示懺悔，便可面無憂色，「是有功於惡也」；為了建造佛寺，必須耗費巨資，窮盡工巧，雕龍畫棟，金碧輝煌，「是有功於末作，且寵奇貨也」；正因為浮圖有這麼多的「貢獻」，故「是天下不可一日而無浮圖也，宜乎其排之而不見聽也。」

第六篇則考慮到須站在「客觀」的立場，不要一味的批評浮圖之非，也該偶及其是，因此便列舉三項世俗所認取的浮圖之益於社會者，但李覯卻又馬上給予反駁否定。例如以「慈悲普濟」之益而言，李覯則認為，若「不以禮節之，六畜蠢動壹意，是不知父子之可親，而他人之可疏也，親疏不別，是夷狄也。」其次，講「善惡報應」之益，可以使人民不敢恣意為惡，李覯則以為「不以信守之，一財媚佛，則反禍為福，是招權鬻獄，污吏事也。」再者為「見性」之說，李覯則謂「不漸諸訓典，左右如其真，是赤子不得成人也。」，蓋因禪家不立文字，但教直指人心，見性成佛；覯則擔憂如此一來，人人不學典訓，「疾子喪心焉，孰謂天下國家也。」

第七篇針對有些從小被父母送去出家，既長而悔，倘若歸俗則衣食又無著落，不得已只好終老於寺。李覯認為此事有虧於男女居室之大倫，並且失於「陰陽之和」也。

第八篇乃不滿於浮圖氏之為民「加持」，使人民但信浮圖而疑於天地神祇。

以上為〈潛書〉及〈廣潛書〉對於佛教的批駁，至於〈富國策〉的部分，在十策之中只有第五是批佛的，而這些看法和〈潛書〉所言其實也無多大差異，〈富國策〉第五說：

> 緇黃存則其害有十，緇黃去則其利有十。男不知耕而農夫食之，女不知蠶而織婦衣之，其害一也。男則曠女則怨，上感陰陽，下長淫濫，其害二也。幼不為黃，長不為丁，坐逃繇役，弗給公上，其害三也。俗不患貧而患不施，不患惡而患不齋，民財以殫，國用以耗，其害四也。誘人子弟以披以削，親老莫養，家貧莫救，其害五也。不易之田，樹藝之圃，大山澤藪，跨據略盡，其害六也。營繕之功，

> 歲月弗已，驅我貧民，奪我農時，其害七也。材木瓦石，兼取並采，
> 市價騰踊，民無室廬，其害八也。門堂之飾，器用之華，刻畫丹漆，
> 末作以熾，其害九也。惰農之子，避吏之猾，以傭以役，所至如歸，
> 其害十也。（《盱江集》卷十六）

李覯上述所謂「十害」之說，即以社會與經濟層面而言，也不盡公允，以寺院之功能來說，它對於宋代的建築、雕刻、印刷乃至文化、公益等事業的提昇與貢獻，後人多持肯定的態度〔註1〕，而李覯則視如「末作」，視之為「害」，難免有以偏蓋全之失。

二、抑佛主張

〈潛書〉和〈廣潛書〉的批佛，正如其序中所言的「憤弔世故」、「心愈苦，言愈多」，都是李覯對於佛教表現在社會上一些偏頗事跡的不滿，但他也只是消極的批評與無奈的感慨。至於如何以具體的作為來取代佛教在人民心目中的地位，李覯除了在〈富國策〉中略有數語之外，其餘也是散見在與友人往來的書信中，或是部分序記文字裡，偶而有些片段的主張，而這些主張則多和歐陽修相近，也是提倡以儒家禮儀來替代佛道。〈富國策〉（第五）說：

> 或曰釋老之弊酷，排者多矣，然以修心養真，化人以善，或以有益於世，故聖賢相因，重其改作，今欲毆緇黃而歸之無，無乃已甚乎？曰，所謂修心化人者，舍吾堯舜之道將安之乎？彼修心化人而不由禮，苟簡自恣而已矣……故韓愈曰：釋老之弊過於楊墨也。然而曰「人其人，火其書，廬其居」則言之太暴，毆之無漸，何者？飽食安居，其習已久，一旦斂數十百萬人而冠之，則驚擾甚矣，故前所謂止度人而禁修寺觀者，漸而毆之之術也。

李覯也不同意韓愈的激烈主張，他的想法是應「漸而毆（同驅）之」，採取儒家的堯舜之道，禮義之教，以循誘百姓，善而導之，久則必能達到驅逐浮圖之效果。其次，在〈答黃著作（漢傑）書〉上說：

> 民之欲善，蓋其天性，古之儒者用於世，必有以教導之。民之耳目鼻口心知百體，皆有所主，其於異端，何暇及哉？後之儒者用於世，

〔註1〕有關宋代佛教的貢獻，可參方豪先生〈宋代佛教對中國印刷及造紙之貢獻〉、〈宋代佛教對社會及文化之貢獻〉、〈宋代佛教對建築的貢獻〉等文，見《宋史研究論集》。

> 則無以教導之。民之耳目鼻口心知百體皆無所主，將舍浮圖何適
> 哉……吾故曰：儒失其守，教化墜於地，凡所以修身正心養生送死，
> 舉無其柄，天下之人若饑渴於飲食，苟得而已。當是時也，釋之徒
> 以其道鼓行之，焉往而不利？（《盱江集》卷二十八）

「吾固曰」以下所引乃〈景德寺重修大殿及造彌陀閣記〉一文之言，李覯認
為浮圖之所以興盛，主要是因為儒學本身的衰墜，導致人民無以解其修身之
需，乃轉而投入浮圖之教；因此務本之道，便是恢復儒之教道。這種說法和
歐陽修〈本論〉中的主張並沒有甚麼差別，此外，他在〈邵武軍學置莊田記〉
裡又說：

> 儒者詬釋氏，為其籠於世也，而不解其所以然。釋之徒善自大其法，
> 內雖不羶，而外疆焉。童而老，約而泰，無日不在於佛。民用是信，
> 事用是立。儒者則不然，其未得之，借儒以干上，既得之，則謂政
> 事與文學異，孳孳唯府史之師，顧其舊如蟬蛻。及其困於淫僻，恤
> 乎罪戾，欲聞性命之趣，不知吾儒自有至要，反從釋氏而求之……
> 噫！釋之行固久，始吾聞之疑，及味其言，有可愛者，蓋不出吾易
> 繫辭、樂記、中庸數句間，苟不得已，猶有老子、莊周書在，何遽
> 冕弁匍匐於戎人前耶？（《盱江集》卷二十三）

這是視佛教為戎夷的民族主義本位思想，縱使佛教有其「可愛」處，他認為
儒家本身就有可以取代的學說，再不然，也還有本土的老、莊可以和它相抗
衡，不需要去向外來的佛教卑躬屈膝，求取心靈上的滿足，這種「吾道自足」
的觀點正顯示出其深度的民族情愫和排外情結。

　　上述兩篇文字，目標是針對那些崇信浮圖的人而提出的大聲呼籲，要他
們認清儒家固有的文化中也具備了他們所想追求的內容。因此，李覯便大力
的從事弘揚儒家學說的著述工作，先後撰寫了〈禮論〉七篇、〈明堂定制圖〉、
〈富國強兵安民〉三十策、〈慶曆民言〉三十篇、〈周禮致太平論〉五十篇等
各類文字，雖然表面上無關排佛，但其思想則與一貫的「弘儒以制佛」作風
相呼應。只是這些帶民族情緒的「排他性」做法，事實上是行不通的，歷史
也證明修、覯的反制不但沒成功，而且還激發了像契嵩輩的反響，因而更加
緊促成了儒釋思想調和的腳步。

三、對佛教的矛盾心態

　　李覯雖然對佛教不滿，也撰寫反佛文字，但是在北宋這種佛道盛行的時

勢下，他也不能自外於潮流，有時不免要與佛徒應酬，因此爲寺院法師撰寫一些記銘之類的文字，實是難免。在《盱江集》中收錄了這方面的文字也滿可觀，總計有：〈太平興國禪院十方住持記〉、〈梓山院修佛殿記〉、〈撫州榮園院記〉、〈白石暹師塔銘〉、〈景德寺大殿及造彌陀記〉、〈太平寺浴室記〉、〈迴向院記〉、〈新成院記〉、〈承天院記〉、〈承天院羅漢閣記〉、〈景德寺修院記〉等十一篇，其它尚有詩作〈怡山長慶寺詩〉等多首。

在〈太平興國禪院十方住持記〉一文中，李覯對佛教予以讚美的口吻說道：

> 佛教初由梵僧至中國，不知其道而務駕其説，師徒相承積數百年，日言天宮地獄善惡報應，使人作塔廟禮佛飯僧而已。厥後菩提達摩以化緣在此土，始傳佛之道以來，其道無怪譎，無玩飾，不離尋常，自有正覺，思而未嘗思，故心不滯於事，動而未嘗動，故形不礙於物；物有萬類，何物而非己？性有萬品，何性而非佛？佛非度我，而我自度；經非明我，而我自明；無緇素才拙，一言開釋，皆得成道。……故崇山廣野，通都大城，院稱禪者，往往而是。廣俾邪妄無識，洗心從學，王臣好事稽首承教，蓋與夫老氏之無爲，莊周之自然，義雖或近，我其盛哉。……逮宋有天下，兵革既已息，禮樂刑政治世之器既已完備，推愛民之心，以佛法之有益也，廣祠度眾，不懈益勤。（《盱江集》卷二十四）

這篇〈記〉作於景祐三年（1036）二十八歲時（見《盱江集·年譜》），而令人詫異的是，這篇〈記〉對佛教的贊揚態度，竟是同出自於〈潛書〉的作者。〈潛書〉作於天聖九年（1031）二十三歲時，〈廣潛書〉則作於寶元元年（1038）三十歲時，從二十三歲到三十歲，前後排佛的觀點是一致的，但是爲何在二十八歲作〈太平院住持記〉時竟一反其態的贊揚浮圖之教，豈非矛盾之至？觀其〈潛書〉謂「浮圖以不殺爲道……浮圖之仁歟止於是而已矣！」譏誚之聲不已；〈廣潛書〉也繼而詆斥道：「六畜蠢動壹意，是不知父子之可親，而他人之可疏也，親疏不別，是夷狄也。」他對佛教的戒殺頗不以爲然，可是〈太平院住持記〉卻說「物有萬類，何物而非己？性有萬品，何性而非佛？」可見他不是不明白佛教「戒殺」的原義，只是站在儒家立場，不得不申明其親疏之別。再看其反佛的論點謂佛徒出家舍離君父有違倫常，實是不當；但〈記〉中卻又說：「其道無怪譎，無玩飾，不離尋常，自有正覺」，豈非前後

標準不一？至於批評「見性」之說的不是，卻又讚頌其「思而未嘗思，故心不滯於事；動而未嘗動，故形不礙於物」，以及「佛非度我，而我自度；經非明我，而我自明」的「見性」之言。更令人不解的是，〈記〉中稱朝廷「推愛民之心，以佛法之有益也，廣祠度眾，不懈益勤」，而〈廣潛書〉則譏稱其「有功於惰也、有功於惡也，有功於末作且寵奇貨也」。

　　綜合以上四點矛盾詞說，吾人對於李覯之主張實不能無惑，唯一可解釋其矛盾者，或許記銘之類文字，大抵皆為應酬，不得已而美言之也。然則一旦形於文字，留予後人觀覽之際，併其同時期言論較之，乃有南轅北轍之差距，終於不免招來質疑。〈太平寺住持記〉因為作於〈廣潛書〉之前，所以其前後立場之矛盾，極明顯的令後人產生疑惑。而自〈廣潛書〉之後，李覯談到佛教問題之時，態度更是明顯的轉變，如前面所舉〈景德寺重修大殿及造彌陀閣記〉和〈邵武軍學莊田記〉都是慶曆七年（1047）時，三十九歲的作品，在〈邵武軍學莊田記〉裡，提到浮圖時已轉變成第三人稱的客觀看法謂「儒者詬釋氏」，而不像昔日的全由本身的主觀出發；同時在〈景德寺大殿記〉中，也是以理性客觀的分析「儒失其守，教化墜於地」才會造成民眾之「舍浮圖將何適哉」。就因為這兩篇文章的緣故，引起了當時同屬反佛派的黃漢傑之質疑，李覯趕忙連修二書作辯解，〈答黃著作書〉說：

> 覯再拜漢傑著作兄足下：前日辱書以覯所為〈景德寺〉及〈邵武軍學記〉言浮圖事來討，覯不肖，然其為文有新意處，恐學者疑，唯欲人問，因詳說之。而讒讒之徒背憎是務，莫肯告者，吾心恨此久矣！今漢傑乃惠然移書使之明辨，不勝幸甚！覯排浮圖固久，於〈潛書〉於〈富國策〉人皆見矣，豈年近於四十，氣志益堅之時而輒渝哉？惟漢傑觀厥二記不甚熟爾，吾於此言乃責儒者之深，非尊浮圖也。……至於敘其傳法始卒甚詳，此文勢不得不然……蓋以釋之言雖有可愛者，亦吾聖人先已言之矣！何必去吾儒而師事戎狄哉？苟不得已，尚不如學老莊，其意亦昭昭矣！（《盱江集》卷二十八）

李覯再三的澄清〈景德寺記〉和〈邵武軍學堂記〉兩篇文章裡面對浮圖事跡的種種敘述，怕人以為他的排佛立場有所動搖，從這封信裡可以看出他是極認真且非常在意別人的質疑，因此表面上他必須維持其在學界所豎立的反佛招牌，另一方面卻又不排斥為佛徒撰寫碑記銘文。針對這點，信中也提到黃漢傑對此的不滿：

> 漢傑罪我不如李習之不爲僧作鐘銘，習之之論信美矣！然使唐來文
> 士皆效習之所爲，則金園寶刹碑版若林，果誰作也？來書謂張景原
> 道頗正，漢傑何不視景集中所記浮圖事凡幾篇？其稱述何如？又謂
> 設不得已，猶可謹歲月誌工用，亦不害於正。若但歲月工用而已，
> 凡人皆能之，何必吾文，吾所是非，灼見如彼，豈嘗害於正哉？……
> 漢傑使我效李習之，膠柱矣！（《盱江集》卷二十八）

李習之排佛立場堅定，而且絕不肯爲僧人作應酬文字，李覯卻反對習之的做
法，他以文豪自負，自稱「吾所是非，灼見如彼」，大有舍我其誰之慨，遂不
吝於爲浮圖作記作銘，也因此而屢有對於佛教大力贊揚的反常之舉。無怪乎
不論當時抑或後人，皆同感疑惑，吾人從一些推崇與贊美的辭藻中，實在很
難相信會是出自李覯的手筆，例如作於康定二年（1041，三十三歲）的〈修
梓山寺殿記〉就贊頌道：

> 噫！佛以大智慧，獨見性情之本，將毆群迷納之正覺，其道深至固，
> 非悠悠者可了。若夫有爲之法，曰因與果，謂可變苦而樂，自人而
> 天，誠孝子慈孫所不能免也。（《盱江集》卷二十四）

同樣的，〈白石暹師塔銘并序〉（慶曆五年，1045，三十七歲作），也是贊揚
說：

> 佛法之行於中國豈不雄健不校矣哉！天之生民靡不有事，賢者效
> 志，愚者效力，以有貿無，孳孳蚤夜而鮮能得志。唯佛之徒，去離
> 遠甚，安樂無筭，王臣所嫗覆，士女所合湊，生則得其奉，沒則得
> 其歸，而況人材有以超類者，惟其心之所之而已。（《盱江集》卷三
> 十一）

從這些贊頌語看來，再比較一下他的排佛論調，實在很難令人認同他對黃漢
傑所辯解的種種說辭。《佛祖歷代通載》卷十九有段契嵩與李覯會面的記載：

> 是時歐陽文忠公慕韓昌黎排佛，盱江李泰伯亦其流。嵩乃攜所業三，
> 謁李泰伯，以儒釋吻合，且杭（抗）其說。李愛其文之高理之勝，
> 因致書譽嵩於歐陽。（《大正藏》第四十九卷，頁 668 下）

諸如此類的記載，一般正史或儒籍很少會加以保留，因此多存錄於釋氏傳記
之中，然而有時難免誇大其實；而此段之記言則尚屬平實無華，而應可提供
參考價值，且對李覯既主張排佛卻又不厭贊佛的「雙重性格」，或可得到些許
同情之了解。

第四節　歐陽修的排佛始末

　　歐陽修（1007～1072）字永叔，廬陵（今江西吉安縣）人。熙寧四年以太子少師致仕，五年卒（與契嵩同年生，又同年卒），諡曰「文忠」。前面曾約略提及歐陽修的排佛是直接承受韓愈的影響，據《宋史》本傳說：

> 宋興且百年，而文章體裁猶仍五季餘習，鎪刻駢偶，淟涊弗振，士因陋守舊論卑氣弱。蘇舜元、舜欽、柳開、穆修輩，咸有意作而張之而力不足。修游隨得唐韓愈遺稿於廢書簏中，讀而心慕焉，苦志探賾，至忘寢食，必欲并轡絕馳而追與之。（《宋史》卷三一九〈列傳〉第七十八）

由於歐陽修在文章方面對於韓愈的極度崇仰，也因此而追隨韓愈的排佛行徑，一向對佛教鮮存好感，以下便略述其排佛思想。

一、排佛論述

　　歐陽修的排佛論點主要表現在〈本論〉篇章之中，《佛祖統記》卷四十五「慶曆元年」下云：

> 諫議大夫歐陽修慕韓愈斥佛老，著〈本論〉三篇，其略曰：佛法為中國患千餘歲，世之卓然不惑而有力者，莫不欲去之，已去矣而復大集，遂至於無可奈何云云……（《大正藏》第四十九卷，頁 410 上）

這是佛教內部史書對於歐陽修撰寫〈本論〉詆佛的記載，如其年代不誤，則慶曆元年（1041）時歐陽修三十五歲。

　　〈本論〉原有三篇，今存《歐陽修全集》（河洛圖書公司本）卷一《居士集》中收錄「中、下」二篇，另在卷三《居士外集》裡收有「上篇」，并附小注云：「中下篇已載卷一居士集，此乃公晚年所刪上篇」。《四庫全書》本《文忠集》卷十七也同樣只錄〈本論中〉和〈本論下〉兩篇。今考其三篇之內容，只有「中、下」二篇是言及排佛的問題，至於「上篇」則並無涉及佛教事務。「四庫本」的《歐陽文粹》（宋陳亮編）卷一，也只錄兩篇，而稱其為「本論上」、「本論下」，且後有附云：

> 俗本有〈本論中篇〉云：「天下之事有本末，其為治者有先後，堯舜之書略矣……與後世之治者大抵同也。」雖非歐陽氏之書，其可錄者如此。」（《四庫全書‧集部》第一一〇三冊，頁 652～653）

陳亮認為俗本的〈中庸〉（即前述之〈上篇〉）並非歐陽修所作，故只錄了二二五字（全文一六五六字），蓋「其可錄者如此」罷。錢穆先生則認為其「本論共三篇，上篇晚年刪去，載外集，多言理財治兵。」（《宋明理學概論》，頁10）由此可見，今所見的〈本論〉「中、下」篇，內容表現歐陽修排佛思想者，應是原來三篇中僅存的二篇，至於另一篇〈本論上〉，內容與佛教無關者，應該不是原來的〈本論〉三篇之一，至於是否為歐陽修所作，此處暫略而不考。

歐陽修〈本論〉中的排佛思想，主要是闡述「修其本以勝之」的觀點，而所謂「本」者為何？即「禮義」是也，他說：

> 堯舜三代之際，王政修明，禮義之教充於天下，於此之時雖有佛無由而入。及三代衰，王政闕，禮義廢後，二百餘年而佛至乎中國。
> 由是言之，佛所以為患者，乘其闕廢之時而來，此其受患之本也。
> 補其闕，修其廢，使王政明而禮義充，則雖有佛，無所施於民矣。

修並舉戰國之時楊墨之說盛行為喻，孟子提倡仁義之說而楊墨之學廢；又以董仲舒昌明孔子之道，遂使百家爭鳴暫息，藉此二事來說明「此所謂修其本以勝之之效也」。這就是歐陽修基於儒家立場，認為只要恢復三代之禮義教化，吾道自足，自然可以誘導人民之心術，當然也就不需要外慕於佛教了。修主張以漸進的方式，引導民族回歸禮義，「使民皆樂而趨焉」，不像韓愈那麼的激烈，「奚必曰火其書而廬其居哉？」在做法上，歐陽修雖是比較緩和，但是言詞上，卻也毫不留情的指責「今佛之法可謂姦且邪矣」，可見歐陽修對於佛教是多麼的深惡痛絕！

雖然歐陽修以他在朝廷和學界的崇高地位來倡導反佛，但是終究不能抵擋時勢之所趨，因他所處的朝代，主要是真、仁二宗，兩位帝王都是極力的擁護佛教，使得歐陽修的主張無法獲得支持。再者，他的反佛論點，實際上並無多大深刻思想，非但無法說服佛教信徒，就連儒家學者也不滿意，稍後的朱熹就批評他「排佛就禮法上論」，未「捉得正贓」（《朱子語類》卷一二六）。朱熹的反佛層次乃將其提昇到義理深部，較之於韓、歐的專就社會、經濟層面排佛，有更往內探索的進展，這是因為朱熹曾經「出入佛老」，相較於歐陽修的始終不屑之態度，迥然有別。

二、與佛教之因緣

歐陽修一生信誓旦旦，唯儒家道統是護，唯韓愈馬首是瞻，對於佛教向

無好感，但是《佛祖統記》裡面載有兩則他與佛教關係密切，一反常態的記錄，一則是慶曆四年（1044）的記載：

> 諫議歐陽修爲言事者所中，下詔獄窮治，左遷滁州，明年將歸廬陵，舟次九江，因託意遊廬山，入東林圓通謁祖印禪師居訥，與之論道。師出入百家而折衷於佛法，修肅然心服，聳聽忘倦至夜分不能已，默默首肯，平時排佛爲之內銷，遲回踰旬不忍去，或謂此與退之見大顛正相類……（《大正藏》第四十九卷，頁410中下）

以下尚有八百餘言有關二人「論道」的詳細事跡，大抵是針對韓愈闢佛的是非功過，祖印和歐陽修展開一場論辯，祖印列舉韓愈因闢佛而遭致「天刑人禍」之後果以示修，並藉言修撰寫《本論》之不當，終於使得「修大驚報，爲之謝曰：修胸中已釋然，將何以見教？」祖印遂乘機示以「誠能運聖凡平等之心，默默體會，頓祛我慢悉悔昨非，觀榮辱之本空，了死生於一致，則淨念當明，天眞獨露，始可問津於此道耳！」記載中還說歐陽修「及後入參大政，美譽於公卿之前，歲時書問未嘗絕。」關於「歲時書問未嘗絕一語」，今考《全集》中則只見有〈贈居訥禪師〉詩一首，書信則未之見也，其詩如下：

> 方瞳如水衲披肩，邂逅相逢爲洒然，五百僧中得一士，始知林下有遺賢。（《全集》卷二《居士外集》，頁231）

由此可見修與居訥交往之事確實存在，但是否「歲時書問未嘗絕」，則因無具體證具故但存疑。另一則是在熙寧五年（1072），對於歐陽修逝世之記載：

> 七月，歐陽永叔自致居永穎上，日與沙門遊，因自號「六一居士」，名其文曰《居士集》，息心危坐，屏卻酒餚，臨終數日，令往近寺，借《華嚴經》讀至八卷，倏然而逝。（《大正藏》第四十九卷，頁414中）

以上兩則都是志磐選自《歐陽外傳》之記載〔註2〕，此外檢視《歐陽修全集》中，其平生所作各類文字，除了部分的制誥之類文書涉及佛教之外，他與僧人交往的詩文在全集中也不多見，經統計顯示，他與正僧人的交往詩有〈酬學詩僧〉、〈智蟾上人遊南嶽〉、〈送琴僧知白〉、〈聽平戎操〉、〈題淨慧大師禪

〔註2〕 志磐自注云：「蜀沙門祖秀，記歐陽子見訥禪師事，作《歐陽外傳》，後湖居士蘇庠養直魏公張浚爲序。秀住潭州上封，得法於黃龍新禪師，自號藏六庵。」

齋〉、〈贈廬山僧居訥〉等五首；文僅有〈釋秘演詩集序〉、〈釋惟儼文集序〉
及〈湘潭縣藥師院佛殿記〉等五首；文僅有〈釋秘演詩集序〉、〈釋惟儼文集
序〉及〈湘潭縣藥師院佛殿記〉三篇。比起其他宋儒來說，數量算是少的。
這或許是他自己刻意的避免瓜葛；劃清彼此吧！但是在《集古錄》中他卻是
無法割捨的蒐錄了不少佛教金石文字，吾人正好可以從這些收藏記載當中看
出，他對於佛教文物事跡有所斥、有所不斥的微妙心態，以下便探討他排佛
心態的始末。

三、排佛心態始末

　　歐陽修內心既不喜佛，但是面對許多關涉佛教的金石文字，卻又因書寫
精妙而愛不忍釋，在這種處境下，歐陽修既難以割捨，又要與佛教劃清界限，
於是就只好一再的藉其〈集古錄跋尾〉的文字以表明心跡，這種情形在《集
古錄》裡真是屢見不鮮，茲摘錄數則，以見一斑：

（一）〈梁智藏法師碑〉

　　右梁智藏法師碑，梁湘東王蕭繹撰銘，新安太守蕭幾作敘，尚書殿
　　中郎蕭挹書，世號三蕭碑。法師者，姓顧氏，幾挹皆稱弟子，衰世
　　之弊，遂至於斯。余所集古錄而不忍遽棄者，以其字畫粗可佳，舍
　　其所短，取其所長，斯可矣。嘉祐八年五月晦日書。

（二）〈隋太平寺碑〉

　　此碑在隋，尤為文字淺陋者，疑其俚巷庸人所為，然視其字畫，又
　　非常俗所能，蓋當時流弊，以為文章止此為佳矣。文辭既爾無取，
　　而浮圖固吾儕所貶（集本作鄙），所以錄此者，第不忍棄其書爾。治
　　平元年三月十六日書。

（三）〈唐德州長壽寺舍利碑〉

　　碑，武德中建，而所述乃隋事也。其事跡文辭皆無取，獨錄其書爾。

（四）〈唐顏師古等慈寺碑〉

　　其寺在鄭州汜水。唐太宗破王世充竇建德，乃於其戰處建寺，云為
　　陣亡士薦福。唐初用兵破賊處多，大抵皆造寺……太宗英雄智識，
　　不世之主，而牽惑習俗之弊，猶崇信浮圖，豈以其言浩博無窮而好
　　盡物理為可喜邪？蓋自古文姦言以惑聽者，雖聰明之主，或不能免

也……治平元年後一日書。

（五）〈唐鄭預注多心經〉

此經字體不減三記，而注猶精勁，蓋他處未曾有，故錄之而不忍棄。
矧釋氏之書，因字而見錄者多矣，余每著其所以錄之意，覽者可以
察也。治平元年夏至日大熱，翫此以忘暑，因書。

（六）〈唐圭峰禪師碑〉

右圭峰禪師碑，唐相裴休撰并書。其文辭事跡無足採，而其字法，
世所重也，故錄之云。

（七）〈唐百巖大師懷暉碑〉

右百巖大師懷暉碑，權德輿撰文，鄭餘慶書，歸登篆額，又有別
碑，令狐楚撰文，鄭絪書。懷暉者，吾不知為何人，而彼五君者，
皆唐世名臣，其喜為之傳道如此，欲使庸愚之人不信不惑，其可得
乎？民之無知，惟上所好惡是從，是以君子之所慎者，在乎所學。
楚之文曰：大師泥洹荼毗之六年，余以門下侍郎平章事攝太尉。「泥
洹荼毗」是何等語？宰相坐廟堂之上而口為斯言，告皋夔稷契，居
堯舜之朝，其語言尚書轉之矣，異乎此也。治平元年七月十三日雨
中書。

（八）〈唐放生池碑〉

易大傳曰：庖犧氏之王也，能通神明之德，以類萬物之情，作結繩
而為網罟，以佃以漁，蓋言其始教民取物資生，而為萬世之利，此
不以為聖人也。浮圖氏之說，乃謂殺物者有罪，而放生者得福，苟
如其言，則庖犧氏遂為地下之罪人矣。治平元年八月十日書。

吾人從上面所舉的八段跋語中，可以很明顯的看出歐陽修對待佛教的態度，
他對於蕭幾和蕭悟在智藏法師面前自稱弟子，深以為不齒；又以唐太宗的英
雄智識卻也深信浮圖，而深表遺憾！尤其對於令狐楚以宰相之尊，竟以懷暉
「泥洹荼毗」[註3]之年起計其居官攝事，而大感不可思議！處處都透顯出歐
陽修對於佛教的鄙夷心態，並且一再表明所以收集這些遺文，絕對不是對佛
教存有好感，乃「其事跡文辭皆無取，獨錄其書爾！」他在意的只是這些文

〔註 3〕梵文「泥洹」又作「涅槃」，譯為寂滅、不生、無為、安樂、解脫等。「荼荼
毗」又作「奢維」，譯為焚燒，猶言火葬，僧死火化也。

字的書寫功夫罷了。再從這些跋語的寫作年代來看，除了〈隋太平寺碑〉和〈唐寺峰禪師碑〉兩篇不記年月外，〈梁智藏法師碑〉是嘉祐八年（1063）所寫，其餘五篇都是治平元年（1064）所記，在這前後兩年之間，歐陽修適值五十七、八歲。而《佛祖統紀》所記修與祖印居訥相會論道之事，據〈文忠集年譜〉（《四庫全書》第一一○二冊，頁 14），歐陽修謫滁是在慶曆五年（1045），與祖印會面也應是在這一年，當時修三十九歲。因此《統紀》所稱的「修肅然心服」、「平時排佛爲之內銷」，這兩句話恐有待商榷，如果說歐陽修當下對於祖印居訥禪師「肅然心服」或許有之，這可以從前面所錄《全集》中〈贈居訥禪師〉一詩獲得證明。至於「平時排佛爲之內銷」一語恐不盡然，從前述《集古錄跋尾》八則跋語的態度看來，歐陽修自從與祖印居訥禪師會談之後，雖有一時的「肅然心服」，但是二十年後，他對佛教的態度卻仍然是那麼的鄙夷。而且歐陽修和宋祁所編的新《唐書》，硬是要把《舊唐書》所載的有關釋道之事全部刪去〔註 4〕，新《唐書》成於嘉祐四年（1059），也是在會祖印之後多年。從這兩件事看來，歐陽修心目中對佛教的排斥，幾乎可說是根深柢固，因而所謂的「平時排佛爲之內銷」這句話，恐怕只是《統紀》作者志磐一廂情願的認爲罷了。又其所謂「及後入參大政，美譽於公卿之前，歲時書問未嘗絕。」今考《歐陽修全集》中，除了前面所錄的〈贈居訥禪師〉詩一首之外，並未發現任何書信往返之記錄，由此可見《統紀》關於歐陽修因與祖印禪師會面論道之後，排佛的思想的轉變一說是不正確的。

既然歐陽修心中對於佛教的排斥到了五十八歲都還那麼的深固，因而《統紀》（摘自祖秀《歐陽外傳》）有關他六十六歲臨終時，讀誦《華嚴經》「倏然而逝」的記載，不由得令人也深感懷疑，以歐陽修六十歲以前仍然堅固不移的排佛思想，要在六年後臨終之時頓改初衷，歸心於《華嚴經》，果眞是「人之將死，其言也善」乎？而志磐對於歐陽修最後的評論是這樣的：

> 居士者，西竺學佛道者之稱。永叔見祖印，排佛之心已消，故心會
> 其旨，而能以居士自號，又以名其集，信道之篤於茲可見。然其傳
> 六一，謂以一身老五物之間，五物者身外之餘物，豈足以寓其道，
> 則知居士之稱，或近於濫，蓋好名而失其實者也。（《大正藏》第四

〔註 4〕據《佛祖統紀》卷四十五（《大正藏》第四十九卷，頁 412 下）皇祐五年：「詔
歐陽修同宋祁范鎮修唐書，如高僧玄奘、神秀諸傳及方傳乃至正觀爲戰士建
寺薦福之文，並削去之。有淨因自覺禪師，初學於司馬光，聞其言曰：永叔
不喜佛，舊唐史有涉其事者必去之。嘗取二本對校，去之者千餘條。」

－72－

十九卷，頁 414 中下）

志磐稱修「排佛之心已消」，前面已辨其非，至於「六一居士」之稱號，誠然是「身外之餘物，豈足以寓其道」，因此，歐陽修之自稱「居士」，本質上應是「好名而失其實」的成分較多。後世佛門人物著書，對於前代排佛者倘有些許轉圜處，或者隨喜贊歎處，每每多所牽合，援以為例，甚至將其名列為佛門人物之中，用心誠屬良苦，但是可能有悖於史實，徒增後人之疑惑也。清彭際清《居士傳‧發凡》便說：

> 宗門冒濫者多……如韓退之、李習之、周茂叔、歐陽永叔諸先生，
> 平生願力全在護儒，一機一境偶然隨喜，不足增重佛門，豈宜附會
> 牽合莊點門庭，反成謬妄，此於教理違背非小，故予是書持擇之間
> 頗存微旨，不敢將就影響以誣古人，以誣自心，以誣教理。（《卍續
> 藏》卷一四九，頁 792）

彭氏作《居士傳》擇之甚嚴，如前所列具爭議性人物，絕無取之以莊點門庭者也，這種態度確實較諸冒濫者為正矣！若歐陽修者，其晚年《集古錄跋尾》之詆佛心態已召然若揭，後人豈能無視於此而強謂其「排佛之心已消」，寧非自誣誣人乎！

第五節　宋初排佛論之旨趣與特色

宋代初期主張排佛之重要人物與思想皆已列舉如上，而他們的排佛論述主要還是繼承韓愈而來，多屬社會與經濟層面，甚少進入哲學或義理的深層去探討。茲將宋初的排佛論之要點與特色綜合歸納如下，以為本章之總結。就排佛之內容與目的而言，約有三項：

一、捍衛儒家道統，強調華夷之辨

儒家的「道統說」創始於韓愈，他在〈原道〉中說：「斯吾所謂道也，非向所謂老與佛之道也。堯是以傳之舜，舜以之傳之禹，禹以是傳之湯，湯以是傳之文武周公，文武周公傳之孔子，孔子傳之孟軻，軻之死，不得其傳焉。」韓愈乃慨然以道統之傳承為己任，因此有〈原道〉之作。宋初諸儒也大都以韓愈之信徒自居，而大力發揚其道統說。如孫復便以孟子闢楊墨、揚雄距申韓與韓愈排佛老等三事，稱其為捍衛道統之三大功臣，「微三子則天下之人胥為夷狄矣」（《復明復小集‧儒辱》）。石介的〈尊韓篇〉更明白宣稱「孔子後，

道屢塞，關於孟子而大明於吏部」，尊崇韓愈為道統之繼承人，信守莫移。歐陽修則一方面作為韓愈古文運動的繼承及復興者，一方面對儒家道統與學術更不遺餘力的維護與發揚。也基於維護儒家道統的用心，為防止佛老之道一旦興盛，儒家的道統學術恐有衰微之虞，因而乃起而衛道，此即為何排佛老者必須標舉儒家道統傳承之故也。

隨著道統觀的影響，「尊王攘夷」思想也就被推衍到排佛的理論之中，因而遂有「夷狄」與「中國」之辨，此即石介作〈怪說〉和〈中國論〉的理論依據所在。然而由於歷史的演變與時代的遞嬗，各民族之間的融合是必然而且不可避免者，因此「夷夏之辨」固有其時代背景之需求，但若站在學術文化交流的觀點，固步自封與畫地自限，又豈是民族發展與社會進步之良獻？因此，以「夷夏之辨」作為排佛之訴求，在外患頻仍的宋代，或許較易激發民族自尊心而產生一時的抑制之效，但是終究無法面對歷史潮流的更迭，也抵擋不住思想交流後的融合力量。尤其愈到近代，不只是宗教的交流，更有科學技術、政治思想與經濟體制等等各種不同的文化刺激，如果仍舊一味的固步自封，排外守舊，那麼這個民族又將如何生存？如何發展？

二、維護儒家倫理，鞏固社會次序

儒家的倫理思想主要是以「五倫」關係為其架構，這是中國倫理社會中最為根深柢固的思想，佛教戒規卻與此有所牴忤，因而影響了五倫關係的運作。例如東晉慧遠法師作〈沙門不敬王者論〉（《弘明集》卷五），其主張已經危及傳統君王的權威，歷來每遭受儒臣強烈的質疑，而佛教與朝廷的關係也幾度呈現緊張，因此其中也不無妥協之時，後世有「臣僧」之稱號，也是妥協下的權宜之計。

除了君臣之道外，儒士所指責的尚有出家與孝道之間衝突的問題。對於「孝道」的定義，佛家自有一套理論，僧眾對於出家修行與克盡孝道二者間如何尋求一個圓滿解決之道，契嵩的《輔教編》裡有〈孝論〉之作即是專門針對這個問題做深入探討以尋求解決之道，並消除世間人的疑惑。

三、整治社會民生，提振國家經濟

佛教興盛之時，各地廣建寺廟，朝廷也廣度僧眾。排佛論者指責僧眾「不蠶而衣，不耕而食」，至於寺廟之建造，則以為是「興末作，寵奇貨」。總之，僧眾被認為是無功於社會，卻有蝕於民生，無疑是經濟衰退的罪魁禍

首。尤以宋代外患頻仍，軍備之需不時擴增，民生經濟逐不得不有撙節，朝廷策士無不百般獻計。佛老寺觀，僧道產業，自然成為削減對象。據《佛祖統紀》之載，眞宗天禧五年（1021），「是歲天下僧數三十九萬七千六百十五人，尼六萬一千二百四十人。」到了仁宗景祐元年（1034），已減少為「僧三十八萬五千五百二十人，尼四萬八千七百四十人」；又過三十餘年，到了神宗熙寧元年（1068），便只剩下「僧二十二萬六百六十六人，尼三萬四千三十人」，在這將近五十年間，僧尼人數遽減了一半以上，可見朝廷的政策確實發揮了抑制佛教發展的作用，但是對於社會經濟是否有具體的助益，卻是不得而知了。

佛教對於社會果眞如排佛人士所稱的無功而有蠹乎？此亦不盡然。雖然其教義宗旨主要在於出世了生脫死，免除輪迴之苦，但佛教的叢林寺院本身也是一種社會團體結構，它的興衰其實也和當時的社會經濟息息相關。而且由於佛教興盛所帶來的各項製造業的繁業，諸如建築、造紙術、印刷術的發達；以及文學、雕塑、書法、繪畫等藝術的蓬勃發展；乃至對於造橋、修路、養老濟貧、賑災救護等公益事業的推動，也發揮相當大的貢獻〔註5〕。因此，排佛論者但見其消極性的影響，卻避而不談其積極貢獻之一面，對整個佛教的功過毀譽實有失客觀與公允。

以上為宋初排佛論者的理論所據及其得失之評斷，此外，這時期的幾位排佛儒士所表現出來的作風，也都各有其特色，這種特色或許並非他們所獨具，但卻也多少影響宋初的學術風氣，因此特為略述一二。此期的排佛論者具有二種特色：

第一，排佛的做法，有的主張激進，有的則較緩和。先前韓愈的主張是「人其人、火其書、廬其居」，石介即是承其說並廣大之，乃主張「人其人，各俗其俗，各教其教，各體其體，各衣服其衣服，各居廬其居廬」，這一類是屬於激烈派的排佛者。另一派主張較為緩和者有歐陽修和李覯。歐陽修說：「奚必曰火其書而廬其居哉？」他主張以漸進的方式，引導民眾回歸禮義，「使民皆樂而趣焉」。李覯也贊成歐陽修的看法，他認為應該「漸說衋之」，只要停止度人、禁修寺觀，讓它數十年之後逐漸衰微，便可達到驅逐浮圖的目的了。這是兩派激、緩不同的主張。

〔註5〕 參見黃敏枝《宋代佛教社會經濟史論集》，第四、五章有關佛教寺院與社會經濟的關係，以及第十章「宋代佛教寺院與地方公益事業」。

　　第二，同樣是標榜崇儒排佛，有人與佛徒鮮相往來，有人則與佛徒酬酢頻仍。歐陽修和石介二人的作風是比較固守者，其文集中與佛徒酬酢之作並不多見，略有唐代李翱的硬頸作風；而李覯和宋祁兩個人對佛徒的酬酢顯然要多些，甚至李覯的既褒又貶，兩面其辭的作風也引起他人的質疑，而李覯卻仍然無法忘情於「文名」之縈繫，堅持所為而不改。至於宋祁，雖然大部分言論都傾向排佛，偶而卻有調融思想流露於筆下，但為顧及後人的觀感和歷史道統的評價，遺訓中仍不得不設法鞏固其儒家地位，堅持其排佛形相。由此亦可略見部分排佛人士的錯綜微妙心理。這種作風與心態，在後來的儒家人物中卻也不乏其人，究其原因，仍不外是道統思想與現實環境之不能妥協所致罷。

第四章　契嵩對排佛言論的反響
——護法思想

　　契嵩在〈廣原教敘〉中說:「余昔以五戒十善通儒之五常爲〈原教〉,急欲解當世儒者之訾佛。」他明白的指出,〈原教〉的撰述動機乃是爲了化解當世儒者對佛教的排詆言論,事實上,整部《輔教編》的撰寫也都是基於這個護法動機而發的。至於他的化解之道,一方面是針對排佛言論予以駁斥並闡述佛法有益之處,另一方面則是極力提倡其儒釋一貫之道,說明儒釋相通之理,藉以顯示出排佛言論之不當,有破也有立,充分表現出契嵩擅於辯論之才能。因而契嵩的「護法衛教」與「和會儒釋」,實乃一事之二端,一體之兩面,本文雖分兩個部分來敘述,事實上二者應當合併起來看待。

　　本章論其護法思想,重點有二,其一爲對於當時一般排佛言論的訾應,其二爲專門針對韓愈而發者,分述如下。

第一節　契嵩對當時排佛論之訾應

　　前一章有關「宋初儒士的反佛思潮」部分,已對當時的反佛言論做過分析探討,本節則進一步論述契嵩如何針對這些言論予以反駁。

一、有關儒家道統思想者——夷狄與中國之辨

　　當時排佛論者爲了捍衛儒家的道統思想,特挑起夷狄與中國之區辨,認爲佛教是夷狄之法,異端之教,不可使其壞亂中國禮樂常道,石介的〈怪說〉和〈中國論〉便是基於這個論點來排斥佛教的,甚至主張「三教可一」的文

中子也曾認爲佛乃「西方之教也，中國則泥」〔註1〕。契嵩對於這種論調，提出他的反駁說：

> 今曰：佛西方聖人也，其法宜夷而不宜中國，斯亦先儒未之思也，聖人者，蓋大有道者之稱也，豈有大有道而不得曰聖人，亦安有聖人之道而所至不可行乎？苟以其人所出於夷而然也，若舜東夷之人也，文王西夷之人也，而其道相接紹行於中國，可夷其人而拒其道乎？況佛之所出非夷也。（〈原教篇〉）

《孟子‧離婁篇》說：「舜生於諸馮，遷於負夏，卒於鳴條，東夷之人也。文王生於岐周，卒於畢郢，西夷之人也。」契嵩特以舜和文王都是夷服之人，但二人都成爲中國的聖人而傳續其道，豈可以其爲夷人而廢棄其道乎？況且以佛教的宇宙觀看來，佛所出生之國乃是南閻浮提〔註2〕天地之正中，從這一角度來看，並不是邊夷之地，佛法也不是夷狄之教，這是契嵩對「中國」的另一種定義，因此又舉史書對「夷狄」與「中國」之定義云：

> 傳謂彼一天下其所統者，若中國之所謂其天下者殆有百數，而中國者以吾聖人非出中國而夷之，豈其所見之未博乎？《春秋》以徐伐莒不義，乃夷狄之，以狄人與齊人盟于刑得義，乃中國之。《春秋》固儒者聖人之法也，豈必以其所出而議其人乎？（〈廣原教〉）

契嵩舉釋迦牟尼佛時代，彼中天竺國所統理之「天下」，亦有近百之數，彼亦堪稱爲「中國」，何必唯有此中華之國方謂之「中國」乎？這種觀點在傳統衛道的儒士看來，不啻是一種高度的挑戰，因此契嵩又舉治史者之筆法以證其說。《公羊傳‧文公七年》經云：冬，徐伐莒」，何休注曰：「謂之徐者，前共滅王者，後不知尊先聖法度……故復狄徐也。」先前於〈僖公十五年〉「楚人敗徐于婁林」一節，何休已指其「謂之徐者，爲滅杞不知尊先聖法度，惡重故狄也。」這是說明不義之國，雖處中國，而孔子仍是以夷狄視之。另一方面，〈僖公二十年〉經云：「秋，齊人狄人盟于邢。」何休注曰：「狄稱人者，能常與中國也。」齊人與狄人盟誓于邢爲得義，故孔子乃書之以中國。由此

〔註1〕 文中子《中說‧周公篇》云：「或問佛，子曰：聖人也。曰：其教何如？曰：西方之教也，中國則泥，軒居不可以適越，冠冕不可以之胡，古之道也。」（《子書二十八種》第五冊，《文中子》卷四，頁9）唯《文中子》（即《中說》）一書後人有疑其僞者，詳參張心澂《僞書通考》，頁641～648。

〔註2〕 南閻浮提又名南贍部州，佛教稱吾人所居之三界中，位在須彌山南方鹹海中者，是爲南閻浮提，乃吾人所住之處。詳參本書第六章第一節。

可見，聖人之論人法度豈必以其所出之國土而取舍其人乎？契嵩乃歸結其論，謂：

> 然類不足以盡人，跡不足以盡道，以類而求乎聖人，不亦繆乎？以
> 跡而議夫聖人之道不亦妄乎？（〈廣原教〉）

此意乃謂彼排佛者動輒以非我族類而相斥，或時以中國自居而鄙視佛為夷狄之教，這些都是不解聖人之道者，蓋《春秋》華夷之辨，關鍵乃在其文化之高低；苟其道為至要可行，其人為至義可取，又何必論其出身而妄自予奪？此為駁斥彼稱佛為夷狄之教，不可行於中國之論者所發之說也。

二、與家庭倫理相違者——出家無後之說

排佛論者站在家庭倫理的立場，對於佛教僧徒的剃髮毀形，出家修道，背離父母兄弟，乃至不娶無室，未能傳衍後嗣等行為，提出強烈的質疑，認為其大違中國傳統人倫之道，契嵩則化解之云：

> 曰為佛者齋戒修心，義利不取，雖名亦忘，至之遂通於神明，其為
> 德也抑亦至矣！推其道於人，則無物不欲善之，其為道抑亦大矣！
> 以道報恩，何恩不報？以德嗣德，何德不嗣？己雖不娶，而以其德
> 資父母，形雖外毀而以其道濟乎親。泰伯豈不虧形邪？而聖人德
> 之；伯夷叔齊豈不不娶長往於山林乎？而聖人賢之。孟子則推之
> 曰：伯夷聖之清者也。不聞以虧形不娶而少之，子獨過吾徒耶？
> （〈原教篇〉）

契嵩一方面以僧眾出家具有遠大目標，其持齋守戒，以修心為要，雖於義可得之利，猶且不取，雖有為善之名，亦乃忘之；以此淨修而至其道者，可通貫於天地神明，亦可謂至德也已。進而將其所修之道推施於人，則不論幽冥人畜，無一物不欲以善加之，則其為道抑亦廣大矣。以此廣大之道來報答親恩，以此殊勝之德來紹繼親德，雖然身不婚娶，但以其所修道德而資延父母之慧命，其形貌雖毀而卻以所行廣大之道以資濟於其親，此即契嵩所以試圖化解出家所帶來對於世俗親情倫理的衝突，以彌補其缺憾也。除了作以上之陳述，契嵩更反質難者，歷史上的吳泰伯不亦紋身毀形？伯夷叔齊不亦不娶？然而孔子稱其德譽其賢，孟子亦推其為聖之清者；汝何為不責彼，反獨過吾僧眾乎？唯伯夷叔齊是否不娶，史書未見明證，不知契嵩所據為何。

除了上述論理與反詰外，契嵩又進一步闡述其所謂「大本」、「大成」之

說，顯示出「聖人以性嗣」的更深廣之涵義。契嵩指出「善不修則人道絕矣，性不明則神道滅矣」，意謂父母雖生我之身，然而此生若無修善，則難保來生之繼續爲人；人之所以爲萬物之靈，在於其神靈之性也，若其性不明，則其神靈之道亦將滅絕。因此契嵩說：

> 聖人重人道，所以推善而益之也，聖人重神道，所以推性而嗣之也。人者天者聖人者，孰不自性而出也？聖人者天者人者，孰不自善而成也？所（以）出者固其本也，所（以）〔註3〕成者固其教也。眾成之，大成者也；萬本之，大本者也。聖人以性嗣，蓋與天下厚其大本也，聖人以益善，蓋與天下務其大成也。（〈廣原教〉）

契嵩所言，實際上就是強調「慧命」重於「身命」之意，聖人者，天者，人者，皆是秉此「性」而出，修此「善」而成，故其「慧命」即由此而得滋長。此慧命中之性與善，即是天下之大本、大成，聖人（佛）犧牲小我「身命」之延嗣，轉事於此天下眾生共同「慧命」之延續，此謂之「性嗣」，是即厚大本、務大成之謂。至於得自父母之「身命」的延嗣，契嵩謂其爲「次本」、「次成」，他說：

> 父母之本者次本也，父母之成者次成也。次本、次成能形人而不能使其必人也，必人必神，必先其大本、大成也，而然後及其次本次成，是謂知本也。夫天下以父子夫婦爲人道者，是見人道之緣而不見其因也，緣者近也，因者遠也。夫天下知以變化自然爲乎神道者，是見其然而不見其所以然也，然者顯也，所以然者幽也，是故聖人推其所以然者，以盡神道之幽明也，推其遠而略其近者，以驗人道之因果也。聖人其與天下之終始乎！聖人不自續其族，舉人族而續之，其爲族不爲大族乎哉！聖人不自嗣其嗣，舉性本而天下嗣之，其爲嗣不亦大嗣乎！

契嵩超脫了儒家傳統君親爲重之觀點，提出了佛家三世因果的理論，將人之所以爲人的「因緣」做了剖析，亦即佛教所謂過去世修持五戒爲遠因，遂感得此世投生得爲人身，而父母夫婦者，皆是人道之近緣也。而其所以爲善者，乃是本於性中神道之幽明變化而來，故佛之教化即是指示眾生此性之大本，

〔註3〕 「所以出者固其本也，所以成者固其教也」，句中兩「以」字，《大正藏》本無之，茲據《夾註輔教編》稱：「印本輔教編『所出所成』各脫以字，今補之。」

教導眾生務其善之大成。這種洞徹三世果報之說若明，則所謂「無後」或「絕嗣」之顧慮，契嵩認為已不足為憂，如佛雖不自續其族，然今之僧眾一皆以釋為姓，是則其族豈不更廣？而佛之世俗血緣身命雖無傳嗣，但以其廣度眾生，使之普明心性，這種無形「慧命」之承嗣，豈不較諸有形的身命傳嗣更大乎！

三、對社會民生有害者──四民之說與利害之辨

歐陽修作〈本論〉開頭便說「佛法為中國患千餘歲」，李覯的〈富國策〉也說「緇黃存則其害有十」，這些排佛論者認為佛教有害於中國者，除了上述的道統與倫理問題之外，主要的便是針對其所造成國家社會與民生問題的影響而發。契嵩對此則深不以為然，他說：

> 今曰「佛為害於中國」，斯言甚矣！君子何未之思也，大凡害事無大小者，不誅於人必誅於天，鮮得久存於世也。今佛法入中國垂千年矣，果為害則天人安能久容之如此也？若其三廢於中國而三益起之，是亦可疑其必有大合乎天人者也。(〈勸書第二〉)

契嵩質疑歐陽修「佛法為中國患千餘歲」的說法，若是真正有害於中國，必定早已受誅於人，不誅於人亦必誅於天，又豈能留傳千餘年之久？這種講法也是基於儒家「福善禍淫」的觀點，直接挑出歐語中的矛盾，可見契嵩之善於辯論。此外他又舉出佛教雖然經歷了「三武之禍」，可是卻未曾被這些力量所滅絕，稍廢之後又更加興盛，正如《文中子‧問易篇》所言：「真君建德之事，適足推波助瀾，縱風止燎耳。」因此契嵩認為佛教的思想義理，必有大合乎天人者，否則豈能容於天地，又得流傳千餘年之久？

其次，針對難者所指佛徒不在四民之列，卻需衣食於人，不為困於天下已屬幸矣，又何能補其治世而致福於君親？契嵩為此，特申其「論德義而不計工力」之說云：

> 夫先王之制民也，恐世敝民混而易亂，遂為之防，故四其民使各屬其屬，豈謂禁民不得以利而與人為惠？若今佛者，默則誠語則善，所至則以其道勸人，舍惡而趨善。其一衣食待人之餘非齦也，苟不能然，自其人之罪，豈佛之法謬乎？孟子曰：於此有人焉，入則孝出則悌，守先王之道以待後之學者，而不得食於子，子何尊梓匠輪輿而輕為仁義者哉？儒豈不然邪？堯舜已前其民未四，當此其人豈

盡農且工？未聞其食用之不足，周平之世，井田之制尚舉，而民已匱且敝，及秦廢王制而天下益擾，當是時也，佛老皆未作之，豈亦其教加於四民而為癘然邪？人生天地中，其食用素有分，子亦為世之憂太過，為人之計太約。（〈原教篇〉）

韓愈〈原道篇〉說：「古之為民者四，今之為民者六，古之教者處其一，今之教者處其三，農之家一而食粟之家六，工之家一而用器之家六，賈之家一而資焉之家六，奈之何民不窮且盜也。」前述難者之詞蓋本於韓愈的論調，契嵩因指出，文王之時為恐後世衰敝，民相混淆而易致暴亂，故分布編戶以為四類之民，使其各係於所屬，然此並非禁止人民不得以財利而施惠於人。而韓愈的論調，乍看之下似有幾分道理，使人覺得天下困窮之原因當歸咎於佛老之徒的不事生產，只是純粹的消費者。但是韓愈似乎不解經濟繁榮的道理，豈有消費者眾多，反而會使農工商更加凋敝困窮之理？後人不察，但知襲用其論調以排佛，契嵩遂反過來質疑彼等，未必要人人盡為農工，如《孟子‧藤文公篇》所稱許行之待倡導躬耕以自養，然而其餘的衣冠釜鬵、陶治械器等，又何嘗不是取於他人所供給？故曰「一人之身而百工之所為備也」，蓋勞心與勞力者不等，食人與食於人者互惠，此乃天下之通義也。佛徒之為教者，亦皆以道勸人舍惡趨善，與儒者之教化百姓萬民，同致其功，同趨其治，故其以勞心者而食於人，又有何不可？契嵩更指明天下之窮富興敝自有其相關因素，未可全然怪罪在佛老之上，這就是契嵩的申辯。

契嵩既反駁佛法對社會有害之說，之後更進而闡述佛法之有益於社會人生。他舉出宋初的楊億為其例，楊億在〈與李維內翰書〉中自言其少盛之時勇銳求於仕進，汲汲勤切若有物為礙於心胸之間，及其參學釋氏禪要之法，而心中之滯塞遂暴然破散，不復更有障礙而安泰自若。楊億藉此禪法正治其心，遂為忠良之臣純孝之子，而天下之人傳其有忠孝大節〔註4〕。接著又舉祥符天禧之間的謝泌與查道，二人皆對佛法禪要之道頗為通達，故其為人能仁善賢明，其臨官為政則崇尚清淨無為以德化民，所治理之處皆有能名善跡〔註5〕。到後來謝泌臨終之時，則沐浴莊嚴其衣冠，無疾端坐而終。此外又舉尹師魯死時「其神不亂」之事，蓋亦得益於佛法之故，凡此種種皆足以證明

〔註4〕 《宋史‧列傳》第六十四卷云：「楊億字大年，建州浦城人……性耿介，尚名節，多周給親友，故廩祿亦隨而盡，留心釋典禪觀之學。」
〔註5〕 謝泌字宗源，歙州歙縣人，事跡詳見《宋史‧列傳》第六十五卷；查道字湛然，歙州休寧人，事跡見《宋史‧列傳》第五十五卷。

佛法不但有益於人之生，並且更有益於人之死也，孰謂佛法無益乎？爲了使質難者更加認識佛法之有益於社會國家，契嵩乃列舉唐代的多位王臣名儒，以說明其奉佛之事跡與對國家社會的貢獻，契嵩說：

> 夫爲天下而至於王道者，孰與太宗，當玄奘出其眾經，而太宗父子
> 文之曰〈大唐聖教序〉。相天下而最賢者，孰與房杜姚宋邪，若房梁
> 公玄齡則相與玄奘譯經，杜萊公如晦則以法尊於京兆玄琬，迨其垂
> 薨乃命琬爲世世之師。宋丞相璟則以佛法師於雲一，裴晉公勳業於
> 唐爲高，承相崔群德重當時，天下服其爲人而天下孰賢於二公？裴
> 則執弟子禮於徑山法欽，崔則師於道人如會惟儼。抱大節忠於國家
> 天下死而不變者，孰與顏魯公，魯公嘗以戒稱弟子於湖州慧明，問
> 道於江西嚴峻。純孝而清正孰與魯山元紫芝，紫芝以母喪則刺血寫
> 佛之經像（原注：以上之事見於劉煦《唐書》又本朝所撰《高僧
> 傳》）。自太宗逮乎元德秀者，皆其君臣之甚聖賢者也，借使佛之正
> 而善惑，亦烏能必惑乎如此之聖賢邪？（〈勸書第二〉）

契嵩對太宗之贊揚可從其〈唐太宗述〉（《文集》卷七）一文以見知，此處復稱其以賢君之尊而擁護佛法，親撰〈大唐聖教序〉。雖然李唐之朝推尊老子而崇奉道教，但是對於佛教也一併獎勵提倡，佛教在有唐之世得以大放異彩，朝廷王臣之大力護持實是居功厥偉。契嵩所舉的房玄齡、杜如晦、姚崇、宋璟、裴度、崔群、顏魯公、元德秀等人，皆是唐代有名之賢臣，這些名臣和佛教都具有深厚的關係，契嵩標舉這些王公名臣的用意，正是在杜塞彼詆佛爲患於中國者之口，藉由這些人物奉佛的事跡來證明佛教非但無害，甚且有益，小而益於一己之死生，大而助於家國之善治，如此以證明佛之不可排，佛之不可毀。契嵩又舉韓愈之不肯爲史，「蓋懼其褒貶不當而損乎陰德也」，因此，若因對佛法未有深解遂致率而排之毀之，恐將有傷乎其陰德也，反佛者豈能不有深思乎？契嵩不忘以「陰德」之說來提醒，其用心亦可謂深矣！

第二節　契嵩對韓愈的批判

韓愈在中唐時期倡導古文運動並自許爲道統之傳承者，他的〈論佛骨表〉、〈與孟尚書書〉、〈原道〉等排佛言論流傳之後，唐宋以下的排佛人士大都深受其影響，因此，韓愈儼然成爲後世排佛者的精神領袖。宋初幾個有力的排佛健將，諸如歐陽修、石介、孫復、李覯等人，莫不皆是韓愈的忠實信

徒。契嵩爲要化解排佛的聲浪，除了對於當時的排佛言論給予反駁之外，進一步則追本溯源，針對其源頭——韓愈，進行批判駁斥，因此就在他完成〈廣原教〉、〈勸書〉的同年，即嘉祐元年（1056）五十歲時，也撰成〈非韓子〉三十篇，凡三萬餘言，除了針對韓愈的排佛思想予以反駁外，尙且更進一步向韓愈的「道統」與「文統」地位展開批判與挑戰。他在篇首〈敘〉中說：「非韓子者公非也，質於經以天下至當爲之，是非如俗之愛惡相攻，必至聖至賢，乃信吾說之不苟也。」其自信也如此。另又於最後的第三十篇說到當時聽說蜀人有爲書而非韓子者〔註6〕，所非約有百端，但契嵩並未見到其書，本來不擬撰寫〈非韓〉諸文，怕有相重者。但由於太多的文士因爲學習韓愈的文章，連帶的也受其思想所影響，遂隨之興起排佛詆佛之言行，故契嵩說：「吾嘗不平，欲從聖賢之大公者辨而裁之，以正夫天下之苟毀者而志未果。」因此方纔有此〈非韓〉之作。

今歸納〈非韓〉三十篇之要旨，契嵩所批判韓愈之「不至」者，主要有五大項，以下乃一一敘述之。

一、排佛老之言論不當

韓愈是唐宋以來排佛論者的宗主，針對其反佛老的論說，契嵩都不厭其詳的一一予以剖析反擊：

（一）佛老與楊墨之比

韓愈〈原道篇〉裡對老與佛一併排詆，他譏評老子小仁義爲「坐井觀天」，稱自己所講的道德之說爲「天下之公言」，而老子的道德之說爲「一己之私言」，又說：「周道衰，孔子沒，火于秦，黃老于漢，佛于晉魏梁隋之間，其

〔註6〕 《佛祖統紀》卷四十一云：藏六祖秀禪師作《歐陽外傳》，記祖印與永叔論道，因錄古人非韓者，略出王荊公、蘇東坡、龍先生、嵩明教之說……西蜀龍先生作《非韓》百篇，其略有云……今錄十許條云：佛老大聖，斥爲夷狄（原道）；孔墨異道，今云本同，反盂詆孔（讀墨子）；道本同，教常異，儒教經世，佛老教出世，退之主經世廢出世，未足知道（原道）；性本一，今言三品五性，未足知性（原性）；人爲貴，今以夷狄禽獸同人乎（原人）？先朝迎佛骨，而升退近於辛災（直諫表）；左遷潮陽，而勸封禪，近於獻諂求入（賀尊號表）；畏修史之禍，而勇於排佛（答劉秀才書）；爲駁雜之說而好爲博塞（駁雜如毛穎傳、送窮文之類，博塞見張籍書）。」契嵩所稱蜀人，當即指龍先生之謂，案：龍先生即龍昌期，陵州人，好排斥先儒，且敢非聖人，詳參葉國良先生《宋人疑經改經考》，頁 144～145。

言道德仁義者，不入于楊，則入于墨，不入于墨，則入于老，不如于老，則入于佛；入于彼，必出于此，入者主之，出者奴之；入者附之，出者汙之。」言下之意頗有認為佛老之思想就如同楊墨思想之為害一般，因此契嵩特起而反駁，不止為佛教抗辨，抑且替老子作辯護，他說：

> 老子曰：「失道而後德，失德而後仁，失仁而後義，失義而後禮。」
> 此誠不毀小仁義也，蓋為道德與仁義為治有隆殺，而其功有優劣耳。
> （〈非韓第一〉）

契嵩並舉孔子《禮記・禮運篇》天下為公的大同思想來說明「大道與德為治而優」，然大道既隱，天下為家，各親其親各子其子，乃興仁講義而為小康之治，故曰道德之治優於仁義之治。契嵩認為韓愈自忽儒經而輕誚老子，殊為不當。因而更進一步探溯其源，將老子與儒家合為一體，稱老子為古之儒人，契嵩說：

> 夫老子之所言者大道也，果道私乎？所謂大道者，豈獨老子之道，
> 蓋三皇五帝列聖之大道也。韓子不知，徒見老氏道家自為其流與儒
> 不同，欲抑而然也。夫目老氏為之道家者，其始起於司馬氏之書而
> 班固重之，若老子者其實古之儒人也，在周為主藏室之史，多知乎
> 聖人神法之事，故孔子於禮則曰：吾聞諸老聃。是蓋老子嘗探三皇
> 五帝之書而得其大道之旨，乃自著書發明之。韓子不能揣本齊末，
> 徒欲排之而務取諸儒名，不亦易乎！（〈非韓第一〉）

契嵩認為《老子》之書亦為發明三皇五帝大道之旨者，而三皇五帝之書莫至於《易》，以《易》與《老子》相較，其道不異也。如〈繫辭〉曰：「天下之動，正乎一者也。」而《老子》曰：「王侯得一以為天下正。」班固《漢書・藝文志》也說：「道家者流，蓋出於史官……合於堯之克讓，易之謙謙。」是故契嵩說：「老子之道德者，實儒三皇五帝道德仁義之根本者也。」因而韓愈之排老，譏諷《老子》為一己之私言，間接的也就等於否定了《易》和〈禮運〉，可見韓愈是未能深思而探其本者也。

排老既屬不當，那麼韓愈在〈與孟尚書書中〉一再的贊揚孟子距楊墨之功勞不在禹下，進而說「釋老之害過於楊墨」；〈原道〉則說「入于彼，必出于此；入者主之，出者奴之；入者附之，出者汙之。」契嵩乃指責韓愈「何其出言之不遜也如此！」「佛老豈致人惡賤之如是耶？」契嵩說，一個誠心入道的信佛者，「遠則成乎殊勝之賢聖，近則乃身乃心潔淨慈惠，為上善人。」

其出處閭里則人敬之而不敢欺，安有出者奴之汙之之辱？韓愈或以少數之敗德者而毀詆全體之佛徒，是難免有以偏蓋全之失也。

　　韓愈既排斥楊墨佛老，但其〈師說〉中卻稱「孔子以禮師老聃」；〈讀墨子〉一文卻又一再稱讚墨家思想，遂曰「儒墨同是堯舜，同非桀紂，同修身正心以治天下國家，奚不相悅如是哉！」甚至說「孔子必用墨子，墨子必用孔子，不相用不足為孔墨。」這段前後矛盾的說詞，適留予後人諸多的質難〔註7〕，不只是契嵩對其不滿而已，因此契嵩說：「韓子何其是非不定，前後相反之如是耶？此不唯自惑，亦乃誤累後世學者矣！」

（二）六民三教之說

　　〈原道〉說：「古之為民者四，今之為民者六；古之教者處其一，今之教者處其三。」關於四民之益為六民，契嵩在〈原教篇〉中已論辨其原委，至於古今設教之因由，契嵩主張教之所設，乃聖人適時合宜而為之以資乎治體者，未必有其定數，且古今迭變，時異差益，未必一教而能周其萬世之宜也。因而探索天下有教之起始，蓋自舜之時也，舜當五帝之末，其時漸薄，其人漸偽，舜乃設五教制五刑，各命官尸之，而契為司徒，專布五教（見《尚書・舜典》），此乃天下有教之始也。到了周公之世，已是三王之際，其時益薄，其人益偽，天下益難治，因此聖人宜之遂廣其教法而備之天下，此即儒者之教自周公起也。周公之後則有孔子集大成而儒之教益振。然周季政弊，天下恃術積偽，傷性而不知自治，老子乃宜其時更以三皇五帝道德之說以救其弊，天下遂有老子之教，於是乎教有二焉。到了兩漢之際，較諸周末則愈薄愈偽，賢愚智詐紛然相半，雖習於老子之說而不能通乎性命之奧旨，當此之際，佛法適時傳入，天下遂興佛之教，於是乎教有三焉。契嵩認為這種因應於時俗變化，自然而生的教化救世之教道，豈可拘於其數，謂可一而不可二三哉？因乃駁斥韓愈云：

> 韓子泥古不知變而悟佛教適時合用，乃患佛老加於儒，必欲如三代而無之，是亦其不思之甚也。夫三皇之時無教，五帝之時無儒，及

〔註7〕《韓昌黎集・文集校注》引嚴有翼曰：「墨子之書孟子疾其兼愛無父，力排而禽獸之……今退之謂孔子必用墨子，墨子必用孔子，抑何乖剌如是耶？若以孔墨為必相手，則孟子距之為非矣！其與孟簡書則又取孟子距楊墨之說，以謂向無孟氏，皆服左衽而言侏離矣！故推尊孟子以為其功不在禹下，意以己之排佛老，可以比肩孟氏也，殊不知言之先後自相矛盾，可勝其說哉？」此亦對韓愈前後言詞反覆之質疑者也。

其有教有儒也，而時世人事不復如古。假令當夏禹之時，有人或曰
古之治也有化而無教，化則民化淳，吾欲如三皇之世用化而不用教，
當此無教可乎？當周秦之時，亦有人曰古之爲治用教也簡，今之爲
治用儒也煩，煩則民勞而苟且，吾欲如二帝世用教而不用儒，當是
時無儒可乎？然以其時而裁之，不可無教無儒必也矣！比之韓子之
說，欲後世之時無佛無老，何以異乎？（〈非韓第一〉）

契嵩特以人心風俗之退化與時勢教道之演化理論，來抨擊韓愈的「泥古不知
變」，以爲佛老二教的興起尋求理論依據。此外契嵩又運用了以其矛攻其盾
的方法，執韓愈〈原道〉的話語：「今其言曰：曷不爲太古之無事，是亦責冬
之裘者曰，曷不爲葛之之易也；責飢之食者曰，曷不爲飲之之易也。」用以
反詰韓愈既知後世不可專用太古之道，而其排斥佛排老之舉措不亦不知時
宜哉？這是契嵩所擅長的，專挑韓愈言詞上的矛盾處以質疑其排斥佛老之不
當。

（三）事佛致禍說

韓愈〈論佛骨表〉一文中列舉黃帝、少昊、顓頊以及嚳、堯、舜、禹、
商湯、周文王等古代帝王之運祚興亡與年壽長短作比較，認爲在彼等無佛的
時代裡壽祚較長，而自從漢明帝以後，佛法傳入，便「亂亡相繼，運祚不長」；
更以梁武帝事佛而遭侯景所逼餓死臺城，遂得其結論云「事佛求福，乃更得
禍，由此觀之，佛之不足事亦可知矣」。

契嵩的〈非韓第二十五〉是專門針對此論及其諫迎佛骨之事而駁者。關
於韓愈所列舉的古代帝王壽祚綿長之例，以及梁武帝與侯景之亂的事跡，契
嵩直指其爲韓愈片面之陳述，非爲公平之論，他說：

當南北朝時，獨梁居江表，垂五十年，時稍小康，天子壽八十歲，
其爲福亦至矣！春秋時殺其君者謂有三十六，彼君豈皆禍生於事佛
乎？韓子不顧其福而專以禍而誣佛，何其言之不公也？

梁武帝事佛所得的福善之一面，韓愈略而不提；春秋時代無佛，卻也有三十
六君王不得善終者，這又是因爲何故？韓愈這種避重就輕的說詞，無怪乎
契嵩對其大表不滿。究竟禍福之所以然者爲何？契嵩指出其根本乃在於善惡
之因也，而且佛教所倡言的禍福果報與善惡因緣，乃是通徹三世以論其因果
報應，非僅以一世而觀之也。倘若但以其壽命與國祚之短暫，便說事佛無
效，那麼儒家的〈洪範〉之教亦可質疑矣！因其五福六極思想也是同樣的主

張合極則福而壽，反極則禍而凶。然漢代的文景二帝何嘗不是有道之君，而文帝在位二十三載，年四十七而薨；景帝在位十六載，年四十八而死。二帝在位皆不及一世，壽考也不及下壽，然則可因此而謂孔子所說無驗而不從其教乎？因此契嵩說「聖人為教設法，皆欲世之為善不為亂，未在其壽祚之短長也。」

　　韓愈提出事佛致禍之論，主旨乃在勸諫憲宗之迎奉佛骨，在韓愈的眼中，視佛骨與一般凡人無別，因而認其為「凶穢之餘」。然而佛骨（舍利）在佛教徒心目中卻是至尊貴、極崇高之物，乃佛的智慧功德之象徵與代表，韓愈認識不清，竟膽敢冒其大不諟諫迎佛骨，又批評事佛者反招短祚之禍，果觸憲宗之怒而遭貶謫，契嵩認為韓愈之諫已屬不當，又使其文章傳世，「抑留其說以自彰其識智膚淺，播極醜于後世也。」可見契嵩對韓愈之詞說，實已痛惡之極！

　　契嵩對韓愈排斥佛老言論的反駁，大致如上所述，其它尚有夷狄與中國之辨者，前節已備述之，此處不再贅述。〈非韓〉三十篇除了上述反駁韓愈的排佛言論外，其它絕大部分則是對韓愈整體思想言行的批判，嚴格說來應是與反佛思想無直接關聯，惟尚有間接影響者，茲仍列舉敘述之。

二、儒道心性體認不深

　　韓愈既排斥佛老又以弘揚儒家道統之說自命，並儼然以道統之傳人自居，但後儒對韓愈所發表有關儒家道德仁義及心性諸說卻也未必認可。而契嵩對於韓愈的儒學思想更是嚴加撻伐，〈非韓〉諸篇中有針對其道德心性之說加以剖析批判，而認為其對於儒家道德心性之體認不深者，以下列舉四項分述之。

（一）關於「道德仁義」之說

　　〈原道〉說：「博愛之謂仁，行而宜之之謂義，由是而至焉之謂道，足乎己無待於外之謂德。仁與義為定名，道與德為虛位。」這就是韓愈的仁義道德說之要點。然韓愈所稱「仁與義為定名，德與道為虛位」一語，伊川先生亦不認可其說〔註8〕，契嵩則更早於伊川之前而指出其非，〈非韓第一〉云：

〔註8〕《河南程氏遺書》卷十九云：「韓退之言『博愛之謂仁，行而宜之之謂義，由是而至焉之謂道，足乎己無待於外之謂德。』此言極好；只云『仁與義為定名，道與德為虛位。』便亂說。」

韓子議論拘且淺，不及儒之至道可辨。予始見其目曰〈原道〉，徐視
其所謂「仁與義爲定名，道與德爲虛位」，考其意正以仁義人事必
有，乃曰仁與義爲定名；道德本無，緣仁義致爾，迺曰道與德爲虛
位，此說特韓子思之不精也。夫緣仁義而致道德，苟非仁義自無道
德，焉得其虛位？果有仁義以由以足，道德豈爲虛耶？道德既爲虛
位，是道不可原也，何必曰原道？〈舜典〉曰「敬敷五教」，蓋仁義
五常之謂也，韓子果專仁義，目其書曰原教可也。是亦韓子之不知
考經也。

契嵩挑出韓愈文中的弱點，認爲其說自相矛盾，既然由仁義而致道德，豈可
又稱道德爲虛位？既是虛位，復有何可原？蘇轍也批評韓愈只是工於文者，
非是知道者；張芸叟（舜民）也指稱「其原道也，大抵言教；其原性也，大
抵言情。」﹝註9﹞因此，契嵩說其篇名宜命曰「原教」，亦是所見略同也。契
嵩不僅是對其「虛位」、「定名」之說不予苟同，甚且對其將道德仁義四者之
次第改動而深所不滿。蓋韓愈是先仁義而後道德，契嵩則以爲先道德後仁義，
前後有序，不可改易，並廣引典籍所出莫不依「道德仁義」之序而立言，諸
如《禮記‧曲禮》曰：「道德仁義非禮不成。」《論語‧述而》曰：「志於道，
據於德，依於仁，游於藝。」（〈禮運〉云：「義者藝之分，仁之節也。」）以
老子的講法也是依此次序，《老子》第三十八章云：「故失道而後德，失德而
後仁，失仁而後義，失義而後禮。」由此以示儒道二家之說不異，聖人所見
略同，獨韓愈妄以己見改易其次序，實爲對四者體認不深之故。

　　接著，契嵩更進一步據〈中庸〉「率性之謂道，修道之謂教」的論理，以
釐清道德與仁義之間的關係，並藉以批駁韓愈之說。契嵩說：

　　然是道德在《禮》則中庸也，誠明也；在《書》則〈洪範〉皇極也；

　　在《詩》則思無邪也；在《春秋》則列聖大中之道也。

由於《論語》中孔子曾說過「吾道一以貫之」，而曾子也說「夫子之道忠恕而
已矣」，因此後人便以「忠恕」即是所謂的「一貫之道」，契嵩反對此說，認
爲曾子乃是以〈中庸〉所謂「忠恕去道不遠」之意語其弟子，蓋弟子小子未
足以盡道，故以近道者論之，後人乃誤以忠恕即是一貫之道。然則道者唯何？
契嵩以爲《禮記》的「中庸誠明」，〈洪範〉的「皇極中正」，《詩》的「中正
無邪」，《春秋》的「大中」，此皆是道，要之，道者即中道是也。而韓愈所說

────────────

﹝註9﹞ 蘇轍、張芸叟二子之說俱見於《韓昌黎文集校注》，頁 11 引。

的「博愛之謂仁，行而宜之之謂義」，這些都是落在「情」字上面而論，《易‧繫辭上》云：「仁者見之謂之仁，知者見之謂之知，百姓日用而不知，故君子之道鮮矣。」既有仁智之分別見解，斯則於道有所執滯矣。契嵩以為韓愈局仁義而為道德之說，正是〈繫辭〉所患的仁智之見，是見情而不見性，論教而非論道者也。

（二）關於「道統」傳承之辯

〈原道〉說：「斯道也，何道也，斯吾所謂道也，非向所謂老與佛之道也。堯以是傳之舜，舜以是傳之禹，禹以是傳之湯，湯以是傳之文武周公，文武周公傳之孔子，孔子傳之孟軻，軻之死，不得其傳焉。」這就是韓愈所創立的「道統」之說，後世尊之者有之，疑之者有之，契嵩亦反對其說，乃云：

> 按韓子此文乃謂堯舜禹湯文武周公孔子孟子九聖賢，皆繼世相見以仁義而相傳授也，若禹與湯，湯與文武周公，周公與孔子，孔子與孟子者，烏得相見而親相傳棗耶？哂韓子據何經傳輒若是云乎？孟子曰：舜禹至乎湯，五百有餘歲，湯之至乎文王，五百有餘歲，由孔子而來至今百有餘歲。而禹湯文武周公孔子孟子，其年世相去賒邈既若此矣！而韓子不顧典籍，徒尊其所傳，欲其說之勝強，而不悟其文之無實得不謂謾亂之也，而韓子之言尚可信乎？（〈非韓第一〉）

近人陳寅恪先生有文章論及韓愈道統說之形成，稱其受新禪宗法統觀念所影響〔註10〕，而契嵩曾作《傳法正宗記》，對禪宗西天二十八祖之說採自釋迦牟尼佛為始，不採計前六佛之說，正是因為六佛之時去世遠邈，未有親面相傳之故，不得列為法統之相傳世系。因此契嵩對韓愈的道統相傳之說也是據此觀點來評論，必得「相見親相傳」方為其數。據此觀點，則唯有堯舜禹三人始有相傳之實，而禹至湯，湯至文武周公，文武至孔子，其間都相距五百餘歲，孔孟之間也相距百餘年，何得相見而親相傳？「傳」之意義當是以上傳下，而「承」者為以後承先，若堯、舜、禹之世固可稱之為傳，《論語‧堯曰篇》說：「堯曰：咨爾舜，天之曆數在爾躬，允執厥中，四海困窮，天祿永終。舜亦以命禹曰……」云云，此即其證。然自湯以下，亦只能以先聖之「文」

〔註10〕 《陳寅恪先生論文集‧論韓愈》說：「退之自述其道統傳授淵源固由孟子卒章所啓發，亦從新禪宗所自稱者摹襲得來也。」

而承續之，如《孟子‧盡心篇》云：

> 由堯舜至於湯，五百有於歲，若禹、皋陶則見而知之，若湯則聞而
> 知之。由湯至於文王，五百有餘歲，若伊尹、萊朱則見而知之，若
> 文王則聞而知之，由文王至於孔子，五百有餘歲，若太公望、散宜
> 先則見而知之，若孔子則聞而知之。

孟子也是以「見而知之」與「聞而知之」來區別其不同，並不稱其爲「傳」。
韓愈之意當亦是以其文傳於後世之謂也，故稱之曰「禹以是傳之湯，湯以是
傳之文武周公」云云，然契嵩則以其佛教禪宗「傳心」之觀點立論，必當以
親面相傳爲是，據此以責韓愈之文不實，其言不可信，顯然是觀點不同所致
耳。唯契嵩據上述〈堯曰〉之語以詰韓愈，謂堯傳舜時所言者爲「允執厥中」，
不只仁義之言而已，至於商湯文武周公孔孟，亦皆以「中道皇極相慕而相承」，
契嵩也是以「承」字爲言，不言「傳」也，由此可見韓愈以「仁義」之說而
論道統傳承，實有語焉未詳之處，而契嵩以皇極中道補充說明先聖先賢傳承
之道，所言並無違背；只是韓愈此一「道統」之說既出，雖然後人對於韓愈
本身的傳承地位有疑，然大抵亦能接受此一道統觀，契嵩雖不滿於韓愈，然
對此道統之傳承觀念卻也無法全然否定。

（三）韓愈不解性、情之辨

韓愈根據孔子「唯上智與下愚不移」（《論語‧陽貨》）以及「中人以上可
以語上也，中人以下不可以語上也」（《論語‧庸也》）二語而作〈原性篇〉，
曰「性之品有三，而其所以爲性者五；情之品有三，而其所以爲情者七。」
所謂性之三品，即「上焉者，善焉而已矣；中焉者，可導而上下也；下焉者，
惡焉而已矣。」而所以爲性者五，即「仁禮信義智」是也。至於七情者，即
喜怒哀懼愛惡欲是也，而其三品者，「上焉者，之於七也，動而處其中；中焉
者，之於七也，有所甚有所亡，然而求合其中者也；下焉者，之於七也，亡
與甚直情而行者也。」韓愈並認爲孟子、荀子、揚子三人之論性，皆是「舉
其中而遺上下者也，得其一而失其二者也」，最後復總結其論性蓋有異於佛老
之言者也。

由是觀之，韓愈之論性固有別於佛老之論性學說，然則其論性即合乎孔
子之本旨乎？此乃契嵩反復詰辯之問題所在。〈非韓第三〉說：

> 夫孔子所謂「唯上智與下愚不移」者，蓋言人之有才智與聰明及愚
> 冥而無識耳，非言性也。夫智之與愚乃其性通塞之勢耳，非性命之

本末，若夫性者即在物靈焉而有知者是也。今天下之人靈然利至而知趨，害至而知避，孰不皆然？豈有上下之別耶？但其所知有遠近，其能有多寡，是蓋通塞之勢異爾。《論語》所謂「性相近」者，蓋言其性則同也，曰「習相遠」者，蓋言其因學習故，則人善惡異矣。其後曰「唯上智與下愚不移」也者；是亦承會前語之意耳，謂人苟不爲不善之習所移易者，唯是上智高才者也，不爲善習而率易者，亦唯是下愚絕頑者也，此外罔不由其所學習而爲善爲惡也，是亦聖人篤於勸教而化之也。

同樣是孔子的話，韓愈和契嵩卻做了不同的詮釋，韓愈避開孔子的「性相近也」一語不談，卻直接將「唯上智與下愚不移」一語引申爲其「性有三品」之所據，遂稱「上之性就學而愈明，下之性畏威而寡罪」，如此則上下之別豈非更遠，反而是孔子所謂的「習相遠也」，而與「性相近」之說豈不大悖乎？怪哉韓愈之性、習不別也。因此契嵩乃針對此說予以反斥，他指出「上智」與「下愚」就是承著「習相遠」一語而來，至於「不移」者，乃謂上智高才者不爲惡習所移易，而下愚絕頑者亦不爲善習之所移易，其他的「中人」則多可經由學習而導趨善惡也。契嵩進一步又批駁韓愈「其所以爲性者五」之說，契嵩云「夫仁義五常，蓋人情之善者也，而韓子不審知，乃曰：所以爲性者五。」韓愈但見五常乃出於性者，遂以之爲性，殊不知出於性者，是所謂情也。契嵩認爲五常仁愛與七情愛惡之愛並無差異，五常中的好仁義之好，與七情喜好之好也無不同，因此韓愈所謂的五常和七情，都只是圍繞著「情」字而論，其實並未涉及「性」也，可見韓愈對孔子的心性之說並不了解。至於孔子心性之說爲何？契嵩舉《易·繫辭上傳》的「寂然不動，感而遂通天下之故」，以及〈中庸〉的「喜怒哀樂未發謂之中，發而皆中節謂之和，中也者天下之大本也，和也者，天下之達道也。」藉以說明性與情之別，並以指責韓愈只爲求異乎佛老之說，乃混淆情性，合爲一談，亦只徒增後人之困惑耳。

三、經史識見不足

契嵩譏評韓愈的經史識見方面有所不足，主要是針對其〈對禹問〉、〈處州孔子廟碑〉、〈黃陵廟碑〉等諸篇文字所載內容有所質疑而發。

韓愈〈對禹問〉云：「禹之傳子也，憂後世爭之之亂也。」契嵩則稱禹並

未傳位於其子，並據《孟子‧萬章篇》云：

> 禹薦益於天，七年禹崩，三年之喪畢，益避禹之子於箕山之陰，朝
> 覲訟獄者不之益而之啓，曰：吾君之子也。謳歌者不謳歌益而謳歌
> 啓，曰：吾君之子也。

又引《史記‧夏本紀》云：「十年，帝禹東巡狩，至于會稽而崩，以天下授益，三年之喪畢，益讓帝禹之子啓。」韓愈無視於這兩段歷史記載，竟稱禹之傳位于子，乃爲憂後世爭之之亂也，既昧於史實又謬發議論，故契嵩直譏之云：「韓子之說無稽，何嘗稍得舜禹傳授之意歟，惡乎謬哉！」

此外，〈黃陵廟碑〉一文記載虞舜二妃之事，契嵩則以爲其事跡只是世俗雜家辭志相傳而已，非六藝所備載，不得據以爲信，因指韓愈自負師經爲聖人之徒，既未執經以正其世之疑訛，反而事之禱之益爲其說，殊爲不當。又〈處州孔子廟碑〉一文中，韓愈以社稷與孔子並論，且以其「不屋而壇」，未若孔子之「用王者事，巍然當座，以門人爲配，自天子而下，北面跪祭，進退誠敬，禮如親弟子者。」藉此以彰顯孔子之盛德。然契嵩直斥其比喻之不倫也，乃云：

> 夫社稷者，用其達天地之氣，正以不屋而壇爲尊，唯喪國之社乃屋，
> 示絕陽而通陰，戒之也。故社稷屋之乃其辱耳，韓子欲以社稷之無
> 屋與孔子較其榮，何其不知經之如此耶！

古來對於韓愈文章大多就其文筆之百變而盛贊其法度，鮮有針對其所言所論進一步考校是非者，契嵩不隨潮流俯仰，一方面固因彼此道不相同，另一方面則契嵩本身對經史之博涉亦不無其功也。正如此處社稷之「不屋而壇」方爲其尊，韓愈不解，竟以爲非榮，而欲以與孔子相比，契嵩斥其爲不倫，又譏其不知經，斯亦其宜也。

四、德行言行有虧

韓愈既自許爲道統之繼承者，又作〈師說〉倡言師道，因而後人對其道德操守不免從嚴要求，契嵩也是以此標準來檢視韓愈，因此認爲他有許多德行不全之處。例如韓愈作〈上宰相書〉三函，以爲自薦，求用於宰相，契嵩乃認爲此事不合於禮，應「待而不求，貴義而守道」，不當以書自舉而求用，甚且以躁忿而非詆他人之政績，尤屬不當也（〈非韓第八〉）。其次，契嵩指其〈上襄陽于相公（頔）書〉稱頔有德且有言，然與其列傳相反，可見韓愈之

諂諛也（〈非韓第二十六〉）。又批評其作〈毛穎傳〉云：「《書》曰：德盛不狎侮。又曰：玩人喪德，玩物喪志。韓子非侮乎玩耶？謂其德乎哉？」（〈非韓第二十四〉）

此外，韓愈〈與馮宿論文書〉謂揚雄文章不止與老子爭彊而已，甚且勝過《易》經，契嵩本即不贊同揚雄作經之行舉，故對於韓愈之稱譽揚雄殊難苟同，乃曰：「吾恐以文爭強而後生習爲輕薄，人人無謙敬之德，未必不自韓子而造端也。」（〈非韓第十一〉）而〈答崔立之書〉中韓愈自稱將「求國家之遺事，考賢人哲士之終始，作唐之一經，垂之於無窮。」契嵩復針對其「作唐之一經」一語譏其爲「狂妄」（〈非韓第二十八〉）。凡此種種都是契嵩於韓愈文章中挑剔所出，認爲其德行言行有所缺失者，有些指責尚稱客觀，蓋後世也有和契嵩觀點類似者。然有些則不免有主觀好惡因素介入，例如同爲作經，揚雄作《太玄》則貶之，而文中子作《元經》則贊其「能續孔子六經，蓋孔子之亞也」（《鐔津文集》卷十三〈書文中子傳後〉），因此其批評韓愈欲「作唐之一經」固屬不當，然較諸其對於文中子的贊揚態度，難免令人有不公之感。

五、不善著書爲文

韓愈是公認的古文家之宗師，後世之爲古文者，莫不以其爲師法，然而契嵩卻直接挑其權威，硬是指其不善著書爲文，所據爲何？細說如下。韓愈〈原人〉一文中云「形於上者謂之天，形於下者謂之地」，又說「命於其兩間，夷狄禽獸皆人也」，雖韓愈亦稱「然則吾謂禽獸人可乎？非也。」但契嵩仍是批評云「噫！韓子何爲言之不辨也，謂韓子善著書，吾不知也。」契嵩認爲韓愈只是爲了避免和佛教所稱的眾生皆有佛性之說相似，故而立說如此，然則無異於狙公「朝三暮四」之技也，因此契嵩乃爲其改正云：「當曰人者夷狄禽獸之同其生也，同生而暴其生者，不得其所以爲生之道也。如此則庶幾可乎！」（〈非韓第四〉）既然認爲其不善著書，索性爲之改正，其率然也如此。

此外，批評〈本政〉之作，曰「韓子爲書何其不思不審而如此也，使學者何以考而爲法？」（〈非韓第五〉）批評〈原鬼〉之作，曰「韓子之爲言，不唯悖先王之道，抑又昧乎孔子之意也，謬乎甚哉若此也。」（〈非韓第六〉）批評〈爭臣論〉云：「怪韓子議論不定而是非相反，夫是必是之，非必非之，何

其前後混惑如此？」（〈非韓第十八〉）批評〈送窮文〉云：「孔子曰：大人不倡游言，韓子如此何以教人耶？」（〈非韓第二十一〉）批評〈歐陽生哀辭〉云：「韓子稱詹之孝隆，不亦以私其黨而自欺乎！不亦不及敬姜之知禮乎！」（〈非韓第二十二〉）

　　以上諸多譏評，大抵都針對其文章內容之觀點與立場而言，至於韓愈之文筆技法，乃歷來眾所公認之古文大家，因此契嵩所謂的「不善著書」，乃另有所指，否則以韓愈之文筆，諒亦非契嵩所能及之，而契嵩所舉諸例亦僅是部分事跡耳，苟欲以此書而否定韓愈之文名，是亦不可能之事，吾人固不須以韓愈之盛名而護其微眚，亦不必以契嵩之指責而否定其文章，如是方稱公允。

　　總之，韓愈之是非功過歷史自有客觀公正之論斷，而契嵩的〈非韓〉三十篇之所論評，固然是站在護衛佛教的立場而發，然其批判韓愈的排佛思想，從義理方面作更深入一層的分析，亦可以使一般膚淺排佛論者有所反省。而韓愈對於儒家心性思想的體認深度，歷來也有不同的評價，藉由契嵩的剖析亦可提供另一角度的參考價值。至於契嵩所批評有關韓愈的經史識見、德行言行以及著書為文方面的缺失部分，有些確實為契嵩獨到之見，有些卻也不免為契嵩一己之主觀好惡所使然，吾人於此褒貶之際，當知所取捨，務求其客觀公正方不失其宜也。

第五章　契嵩儒釋融會思想的理論基礎（上）──儒學篇

　　欲研究契嵩之儒釋融會思想，首先當分別探討其儒釋思想之理論基礎，本章先討論其儒學思想之本質，藉以瞭解其思想在儒釋融會中的運用。

　　儒家之學術思想，向來是以經學作爲其主張，因此，契嵩的儒學思想也不離以經學爲其宗，《鐔津文集》中有通論五經之相關問題者，有單獨探討《尚書·洪範》思想的〈皇極論〉與發揮《禮記·中庸》思想的〈中庸解〉，此外尚有論《易》、論《春秋》的單篇之作，以及有關知人論世、文章經國等片論，諸多述作皆足以顯示其儒學方面之所涉躐，及其見解之梗概。以下各節之論述，乃根據《文集》中的〈論原〉四十篇，并〈皇極論〉、〈中庸解〉及部分雜著中相關篇章釐析而成，期能藉此析論，對於契嵩儒釋融合思想中的儒學學理論基礎有所瞭解。

第一節　經學觀點綜論

　　經術不但爲儒家思想之根本，亦爲中國傳統政治之所依歸。契嵩的主要經學觀點大抵涵蓋於〈問經〉一篇，茲分述其要旨如下。

一、論五經之根本

　　〈問經〉之作，乃啓於有客問曰：「史謂易與春秋天道也〔註1〕，則然春

─────────────────

〔註1〕錢穆先生〈讀契嵩鐔津集〉說：「史字疑誤。」見《中國學術思想史論叢》（五），頁37。然文中子《中說·述史篇》有云：「春秋其以天道終乎，故止於獲麟。」或即其說所自出。

秋易尤至於詩書禮經乎？予欲尊而專之，子謂之何如？」契嵩回答說：

> 曰豈然乎？五經皆至也。奚止乎易春秋邪？夫五經之治，猶五行之
> 成陰陽也，苟一失則乾坤之道謬矣！乃今尊二經而舍詩書禮，則治
> 道不亦缺如？

契嵩認爲五經的地位同等重要，尤其五經之於治道，更是各有功用，不得偏失，因舉「五行之成陰陽」以譬之，孔穎達《尚書正義》云：

> 《易·繫辭》曰：「天一地二天三地四天五地六天七地八天九地十」
> 此即是五行生成之數，天一生水，地二生火，天三生木，地四生金，
> 天五生土，此其生數也。如此則陽無匹陰陽耦，故地六成水，天七
> 成火，地八成木，天九成金，地十成土。於是陰陽各有匹耦，而物
> 得成焉，故謂之成數也。（卷十二，頁 169）

此即所謂的「五行之成陰陽」，契嵩以之喻於五經與治道關係之密切，因此對於欲「尊二經而舍詩書禮」，契嵩並不贊同，並進而闡述五經之根本，以證明彼此地位之等同重要，他說：

> 禮者皇極之形容也，詩者教化之效也，書者事業之存也，易者天人
> 之極也，春秋者賞罰之衡也。故善言春秋者，必根乎賞罰，善言易
> 者必本乎天人，善言書者必稽乎事業，善言詩者必推於教化，善言
> 禮者必宗其皇極。

「皇極」一語蓋出於《尚書·洪範》，其云：「天乃賜禹洪範九疇，彝倫攸敘……次五曰建用皇極。」契嵩另有〈皇極論〉（《文集》卷四，詳參後文）稱：「天下同之之謂大公，天下中正之謂皇極。」又說：「禮者皇極之容也。」此處亦呼應其說法云「禮者，皇極之形容也」，意即禮之根本乃在於「中正」，《禮記·樂記》云：「中正無邪，禮之質也。」鄭玄注：「質，猶本也。」此皆契嵩所言之據也。此外，《史記·滑稽列傳》云：「孔子曰：六藝於治一也，禮以節人，樂以發和，書以道事，詩以達意，易以神化，春秋以義。」（卷一二六）司馬遷引孔子之言以論「六藝於治一也」之旨，而契嵩論「五經之治」（缺《樂》），大體說來亦本於前說而略加發揮，例如言《禮》，既不離「節人」之義，更擴充之而以「皇極」中正爲所宗；言《詩》，除「達意」之旨外，更推而至於教化之效；言《書》，同秉於「道事」，而必稽乎事業之存；言《易》，參以「神化」，而本乎天人之極；言《春秋》，同遵於「義」，而根乎賞罰之衡。凡諸論述，皆可以見其言而有據，並能推陳出新也。

二、論五經之致用與廢失

宋代經學既注重經義闡發，同時亦強調通經致用。契嵩既論五經之根本，然後當必探求五經之致用問題。因此他說：

> 夫知皇極，可與舉帝王之制度也；知教化，可與語移風易俗；知事業，可與議聖賢之所爲；知天人，可與畢萬物之始終；知賞罰，可與辨善惡之故也。

將這段話和《禮記・經解》中的說法比較一下，便可察知契嵩所言與其間之關係，〈經解篇〉說：

> 孔子曰：入其國其教可知也，其爲人也，溫柔敦厚，詩教也；疏通知遠，書教也；廣博易良，樂教也；絜靜精微，易教也；恭儉莊敬，禮教也；屬辭比事，春秋教也。

契嵩所論之效用，蓋承前面五經之根本而來，而〈經解篇〉言「禮教」謂「恭儉莊敬」，乃就一人之修身而言，契嵩則擴大及於國家帝王之典章制度來立論。至於「詩教」之「溫柔敦厚」與「移風易俗」，乃一靜一動，其旨不異也。而「書教」之「疏通知遠」，至其究竟處，即「可與議聖賢之所爲」矣。「易教」之「絜靜精微」，實不異於「畢萬物之始終」也。「春秋教」之「屬辭比事」，鄭玄注云：「春秋多記諸侯朝聘會同，有相接之辭，罪辯之事。」契嵩則謂「可與辨善惡之故也」，主旨亦無悖也。整體看來，契嵩論五經的效用觀點，應是承襲〈經解篇〉之說，略加以發揮闡述而成。此外，〈經解篇〉接續還有論及諸經之「失」者：

> 故詩之失，愚；書之失，誣；樂之失，奢；易之失，賊；禮之失，煩；春秋之失，亂。其爲人也，溫柔敦厚而不愚，則深於詩者也；疏通知遠而不誣，深於書者也；廣博易良而不奢，則深於樂者也；絜靜精微而不賊，則深於易者也；恭儉莊敬而不煩，則深於禮者也；屬辭比事而不亂，則深於春秋者也。

關於六經之「失」，鄭注曰「失謂不能節其教者也……言深者既能以教又防其失。」而契嵩則從另一角度來申論，他說：

> 是故君子舍禮則偏，舍詩則淫，舍書則妄，舍易則惑，舍春秋則亂，五者之於君子之如此也，詩書禮其可遺乎？

〈經解篇〉的「愚、誣、奢、賊、煩、亂」與契嵩的「淫、妄、惑、偏、亂」，雖同屬其「失」，但〈經解〉所言是無「節」之「失」（從鄭注），意爲五經之

用若無節度，則有偏失也。契嵩所言則是「舍遺」之失，意即棄舍五經則將各有所失。然則二者之失便有些許之差異，如「愚」與「淫」、「賊」與「惑」，此二語於義較遠；而「誣」之於「妄」、「煩」之於「偏」，其義則略近；至於「春秋之失，亂」與「舍春秋則亂」，二說乃相同也。從以上之分析看來，契嵩對於五經之致用之說，其觀點所自，乃承《禮記‧經解》的思想而來，然雖是據陳言以立說，卻又推陳而出新也。

三、評諸儒說經之得失

〈問經篇〉除了以上有關五經之根本與致用的理論外，最後還有一段對於歷代諸儒說經的得與失，雖僅簡單數語之評，但是若非經過詳實批覽，細閱各家所著，又豈能遽下如此論斷？茲以各經為次，錄其所評，以見其觀點所存。

（一）論《春秋》者

所評有孟子、王通、范甯等三家，其說如下：

> 孟子言《春秋》之所以作，見作之之權也。文中子言《春秋》之所以起，見作之之心也。范甯折中於聖人，睹《春秋》之理也。

《孟子‧藤文公下》說：「世衰道微，邪說暴行有作，臣弒其君者有之，子弒其父者有之。孔子懼，作《春秋》。《春秋》，天子事也。」作《春秋》本為天子之事，孔子以布衣而作之，契嵩故曰孟子「見作之之權也」。又《孟子‧離婁》篇說：「王者之跡熄而詩亡，詩亡然後春秋作。」文中子（王通）《中說‧禮樂》篇也說：「小雅盡廢而春秋作矣！」故云文中子「見作之之心」。

范甯《春秋穀梁傳集解‧序》云：「左氏豔而富，其失也巫；穀梁清而婉，其失也短；公羊辯而裁，其失也俗。」又說：「凡傳以通經為主，經以必當為理。夫至當無二，而三傳殊說，庸得不棄其所滯，擇善而從乎？既不俱當，則固容俱失，若至言幽絕，擇善靡從，庸得不並舍以求宗，據理以通經乎？」朱彝尊《經義考》說：「杜預注左氏，獨主左氏；何休注公羊，獨主公羊；惟范甯不私於穀梁，而公言三家之失。」（卷一七四引黃震說）此亦即所謂的「折中於聖人，睹《春秋》之理」者也。

（二）論《易》者

所評亦三家，即王通、揚雄、王弼等，其說如下：

> 文中子見《易》之所存，故振之也；揚子雲見《易》之所設，故廣

之也；王輔嗣言天而不淫於神，言人而必正於事，其見作《易》者
之心乎！

文中子《中說·問易篇》云：「劉炫問易，子曰：聖人於易，沒身而已，況吾
儕乎？炫曰：吾談之於朝，無我敵者。子不答，退謂門人曰：默而成之，不
言而信，存乎德性。」劉炫但能談《易》之文，自謂無敵；王通則訓勉門人，
易乃存乎德性，著乎其身者也，非只是口中健談而已。

　　揚雄《法言·吾子第二》云：「君子之道有四易，簡而易用也，要而易守
也，炳而易見也，法而易言也。」子雲蓋深知於《易》之所以施設之道，於
是將《易》之理推廣爲君子「四易」之道。

　　王弼（輔嗣）注《易》，強調義理，盡去象數，更附以老、莊之玄義，然
契嵩則贊其「言天而不淫於神，言人而必正於事」，並稱許其爲「見作《易》
者之心矣！」

　　此外，《文集》卷八尚有〈易術解〉一篇，乃評述時人之作，雖不在〈問
經篇〉內，然同屬論《易》之作，並附論於此。此篇乃因子郝子（生平未詳）
治《易》有得，謂「聖人所以作易在治道」云云，著書以求教於契嵩，嵩乃
觀其書而嘉許之，謂「雖古之善治《易》者，不過是也。」並爲其補充云：「然
其法非聖人作君不能張之，聖人非以是不能王之，故易與聖人而相須也。」
子郝子又以爲〈雜卦〉之說煩且重，殆非聖人之意，乃削之並離〈序卦〉爲
上、下篇，仍合「十翼」之數，以徵契嵩之可否。契嵩引揚雄之言「學者審
其是而已矣」，亦贊同其作法，因答云：「子非之果是，而排其瀆聖人之言者，
宜之何必疑之？」蓋疑經改經之風氣自唐以來便已啓之，到了宋代，其風更
盛，葉國良先生作有《宋人疑經改經考》論之頗詳，可以藉此一窺有宋一代
疑經改經的相關事跡。在此風氣之下，契嵩對於經書文句之有疑者，亦贊成
辨其是非以定去舍，不必苟同於前人，由此可見契嵩也是難以避免此一風氣
之影響。

（三）論《詩》者

　　此一部分評述子夏、孟子論詩之著眼點，並比較毛公與鄭玄之得失，其
說如下：

子夏序〈關睢〉之詩，知詩之政（原注：或無政字）爲教也；孟子
之言詩，見詩之所爲意也；毛萇之言詩，詩之深也；鄭玄之言詩，
詩之淺也，說詩不若從毛公之爲簡也。

關於詩序作者誰屬之問題，歷來多所爭議〔註2〕，契嵩這裡係依鄭玄、毛公之說，以爲子夏所作。〈關雎序〉云：「關雎，后妃之德也，風之始也，所以風天下而正夫婦也，故用之鄉人焉，用之邦國焉。風，風也，教也；風以動之，教以化之。」故云子夏「知詩之政爲教也」。《孟子‧離婁篇》說：「王者之跡熄，而詩亡。」此謂春秋中世，周室衰而采詩之制度廢，風雅頌不再有人收集，故詩亡，意即詩之所以作，乃爲美刺時政，使「言之者無罪而聞者足以戒」（〈關雎序〉）。至於比較毛公、鄭玄說詩之淺深，契嵩的立場顯然是站在教化之觀點而言，由於毛傳對於《詩經》中的訓詁名物之解釋明確而扼要，而說詩則純粹以宏揚儒家政治教化的立場，以傳布聖功王道之思想；鄭玄雖也多以申釋毛傳爲主，但對於名物訓詁的解說卻比毛傳更爲繁瑣，此或許即爲契嵩所不欣賞，故而判其毛深鄭淺，並主張「說詩不若從毛公之爲簡也」。

（四）論《書》者

此一部分但評〈五行傳〉與僞〈孔傳〉之失，其言曰：

> 〈五行傳〉作，《書》道之始亂也；皇極義行，書道之將正也。孔安國釋訓而已矣，聖賢之事業則無所發焉。

陰陽五行之說盛行於漢世，班固《漢書》中乃有〈五行志〉，其略云：

> 漢興，承秦滅學之後，景武之世，董仲舒治《公羊春秋》，始推陰陽，爲儒者宗。宣元之後，劉向治《穀梁春秋》，數其禍福，傳以〈洪範〉，與仲舒錯。至向子歆治《左氏傳》，其《春秋》意亦已乖矣；言〈五行傳〉，又頗不同。

因此，班固乃援引董仲舒陰陽之說，別列劉向、劉歆之〈五行傳〉，並載錄眭孟、夏侯勝、京房、谷永、李尋等人所陳行事，訖於王莽，舉十二世以附於《春秋》，著於篇帙，而成其〈五行志〉。此外，〈藝文志〉並著錄有「劉向《五行傳記》十一卷」及「許商《五行傳記》一篇」。而契嵩所謂的「《書》道之始亂也」，蓋即指稱當時〈五行傳〉的盛行，災異之說大興其道，遂使〈洪範〉本義不彰，意爲「皇極」之義方是〈洪範〉五行的眞旨，而《尚書》之經義微旨也因〈洪範〉皇極流行而得彰顯。

〔註2〕 〈詩序〉之作者，約之概有三說，第一說謂序出於子夏，第二說謂序出於衛宏，第三說謂序出於國史所爲。詳見王禮卿先生著《四家詩恉會歸‧卷首》〈毛詩序考論〉，頁1－20。王先生認以第三說爲是。

　　至於孔安國釋訓，應即是指今通行的偽《孔傳》，契嵩亦譏其但釋名物訓詁而已，對於書中的聖賢事業，精微之處，仍無所發明。

（五）論《禮》者

　　此處所舉爲戴聖、鄭玄、游吉等人對於「禮」的釋訓與得失，其說曰：

　　　　戴氏於禮未得禮之實也；鄭氏釋禮，又不如子大叔之知禮也。

二戴之中，載德有《大戴禮》之作，戴聖有《禮記》之作。《大戴禮》不在十三經之列，故此處所指應爲戴聖。至於子大叔，即春秋時鄭國之游吉，他對於周禮知之頗詳〔註3〕，《左傳・昭公三十年》載云：

　　　　夏六月，晉頃公卒。秋八月，葬。鄭游吉弔，且送葬。魏獻子使士
　　　　景伯詰之，曰：悼公之喪，子西弔，子蟜送葬。今吾子無貳，何故？
　　　　對曰：諸侯所以歸晉君，禮也。禮也者，小事大，大字小之謂。事
　　　　大在共其時命，字小在恤其所無。以敝邑居大國之間，共其職貢，
　　　　與其備禦不虞之患，豈忘共命？先王之制：諸侯之喪，士弔，大夫
　　　　送葬；唯嘉好、聘享、三軍之事於是乎使卿。晉之喪事，敝邑之間，
　　　　先君有所助執綍矣。若其不間，雖士大夫有所不獲〔禮〕數矣。大
　　　　國之惠，亦慶其加，而不討其乏，明底其情，取備而已，以爲禮也。
　　　　靈王之喪，我先君簡公在楚，我先大夫印段實往，敝邑之少卿也。
　　　　王吏不討，恤所無也。今大夫曰：女盍從舊？舊有豐有省，不知所
　　　　從。從其豐，則寡君幼弱，是以不共，從其省，則吉在此矣。唯大
　　　　夫圖之！晉人不能詰。

《左傳》的這段記載，足以作子大叔知禮之最好注腳，契嵩所指想必便是從這件事所作的論斷，而其所稱鄭玄之釋禮，或即未能如子大叔之深入故也。

四、附論《易》與《春秋》

　　契嵩在經學整體方面有關問題的見解，俱已陳述如前，至於他對於五經的個別論述，在《尚書》方面有〈皇極論〉一篇，《禮記》方面有〈中庸解〉一篇，這兩個部分在後文都有專門章節討論，此處不再重複。至於《詩》方面，在〈論原〉四十篇中只有偶見引證者，此外並無專篇之論；而《易》與

〔註3〕楊伯峻《春秋左傳注》昭公元年云：「大叔即游吉，爲游氏之宗主。」（頁1213）
　　　關於子大叔之事跡，具見於《左傳》襄公二十八年、三十年，昭公元、三、
　　　六、七、八、九、十、三十年等。

《春秋》方面之思想，尚有若干篇章的討論，此處乃略述其觀點。

（一）述《易》義二篇

〈論原〉中有〈巽說〉與〈人文〉二篇，乃契嵩對於《易經》的內容僅有的說解。〈巽說〉蓋言「行權」之問題，〈人文〉則論「觀乎人文而化成天下」之思想。分述於下：

1.〈巽說〉

巽卦乃《易經》六十四卦中之第五十七，〈巽說〉云：

> 易曰：「巽以行權」，何謂也？曰君子乘大順而舉其事者也，時不順，雖堯舜未始為也。重巽順之至也，陽得位而中正當位也，剛正以用巽，用之當也，故君子為之也，乘其順履其中效其用，其道莫不行也，其物莫不與也。

「巽以行權」蓋出於〈繫辭下傳〉，王弼《注》云：「權，反經而合道，必巽順而后可以行權也。」孔穎達《疏》云：「巽，順。以既能順時合宜，故可以權行也，若不順時制變，不可以行權也。」契嵩根據「巽以行權」一語而發揮其義，指出君子必乘其大順之時以行其全權，倘時不得順，雖堯舜亦不能有為也。接著又說：

> 然則時之順必大權，然後帥其正也，權之作必大人，然後理其變也，權也者適變之謂也。夫大人其變也公，小人其變也私，權也者，治亂安危之所繫也，故權也不可以假人也。

唯大人始可適其變，可理其變，而且其所變者一皆以公為則，絕無其私焉，所謂「大人」必其才、德、時、位俱備乃可稱之，故又云：

> 至順者，大有為之時也，位中正者，君之位也。剛正則用巽，天下之大權也，唯天子居其位行其權以順其時也。

巽卦以重巽故至順也，亦得時之大有為，能順時合宜，故能行權也。其次，中正之位，即君位也，〈彖〉曰：「重巽以申命，剛巽乎中正而志行，柔皆順乎剛，是以小亨，利有攸往，利見大人。」意即以君之位，又能順時合宜，剛正用巽，此乃行其權之至當時機也。然則抑有不適行權者乎？依六爻之象觀之，初六、九三、六四皆非其位，固已不可行；至於九二雖得中位，然失其正；上九處巽之極，皆非其時也，故又云：

> 九二曰：「巽在床下」，蓋言卑而失其正也，不可以用巽也，用巽則物不與而且亂也。上九曰：「巽在床下，喪其資斧其貞凶。」蓋言過

其時則用斷不可，是失其權也。九五曰：「先庚三日，後庚三日。」
蓋言慎其出號令也，故號令不可輕發而屢改也。是故用巽不宜在九
二也，上九用巽固不可也，九五其用巽者也，宜專乎號令者也。

《易》云：「九二，巽在床下，用史巫紛若，吉，無咎。」九二以陽居陰亦失
位，雖居內卦之中，得吉無咎，然亦不能行權。又云：「上九，巽在床下，喪
其資斧，貞凶。」上九以陽處陰位，當巽順之極，易受侵凌，故必喪失其資
財及斧斤之護衛，故爲凶。六爻之中唯九五爲貞吉，故《易》云：「九五貞吉，
悔亡，無不利，無初有終，先庚三日，後庚三日，吉。象曰：九五之吉，位
正中也。」九五以陽處中得正，又居順巽之時，是正而且吉，無後悔無不利，
雖有時初始不佳，但必有善終。王弼注云：「申命令謂之庚，夫以正齊物不可
卒也，民迷固久，眞不可肆也，故先申三日，令著之後，復申三日，曰然後
誅而無咎怨矣。」此即所謂九五用巽之時，而又當慎其號令之出，亦所以行
權者也。

　　2.〈人文〉

　　〈人文〉一篇之作，蓋發揮〈賁卦〉「觀乎人文以化成天下」一語之要義
者也，其內容重點如下：

　　（1）「人文」與「言文」之別

　　契嵩曾說：「歐陽氏之文，言文耳！天下治，在乎人文之興。」（〈文說〉）
其爲區別「人文」與「言文」之異，主旨與此略同。所謂「文言」或「言文」，
蓋指文章之形式部分，即辭藻與技巧也，〈人文篇〉云：

> 辯者曰：是世文隆，天下其將成乎？其隆者文言也，而文言烏足以
> 驗乎天下成耶？何文其可驗乎？曰必也人文也。易曰：觀乎人文而
> 天下化成，斯之謂也。

有宋一代輕武右文，無怪乎其世之文章興隆，然而契嵩所重者並非此等「言
文」，因其無濟於天下之化成也。然則何者可爲？其必有待於「人文」而可也，
故又云：

> 曰何謂人文乎？曰文武王之道也。文武相濟，以賁人道，故曰人文
> 也。文者德也，武者刑也，德以致大業，刑以扶盛德，德其至也，
> 刑其次也，會文武者所以以文總之，故曰人文也。

契嵩所謂的「人文」乃指文德武刑相濟，以賁飾於人之道者，亦即文章之內
容與思想部分。《論語・憲問》曰「子路問成人，子曰：若臧武仲之知，公綽

之不欲，卞莊子之勇，冉求之藝，文之以禮樂，亦可以爲成人矣。」子路所問爲「成人」，孔子答以「卞莊子之勇，冉求之藝」，此爲「武」，再加上禮樂之「文」，此即文武並濟者也。〈賁卦〉之「賁」與「文之以禮樂」之「文」，都含有「飾」之意，文武之道亦不外禮樂政刑，其所以教化天下者，皆不外於此也，人民以此爲飾身之教，故謂之人文。《易·賁》象曰：

> 賁，亨；柔來而文剛，故亨；分剛上而文柔，故小利有攸往，天文也。
> 文明以止，人文也。觀乎天文以察時變，觀乎人文以化成天下。

此亦即今所謂「文化」一語之源，即是「人文化成」之意也。〈賁卦〉所謂的「觀乎人文以化成天下」，所觀者亦即是此文武禮樂之道的興衰，天下之化成與否也。契嵩遂舉歷代之文治武功，以觀其興衰之例云：

> 吾觀周文，文武之至也；宣其甚刑而平其德衰也。吾觀漢文，高文
> 僅至也；惠其減德，武其多兵。吾觀唐文，文皇大正而小繆也。

文王武王之世，堪謂周文之至盛者，宣王之時，刑罰已多用之矣！到了平王東遷，其德之衰不待言已。自此而下，以迄漢唐，亦皆各有所觀感也，此即所謂「觀乎人文以化成天下」者也。

（2）文質之相成

孔子曾云：「質勝文則野，文勝質則史，文質彬彬，然後君子。」（《論語·庸也》）此雖指君子個人之修爲，然其於國家社會之典章制度亦同，故契嵩又云：

> 曰三代之道有質焉有文焉，曰文而亡質，王道其可盡乎？故曰質文
> 者聖人之所以適變而救敝也，質文本正而末敝也，質如不敝何以文
> 爲？文如不正，何以質爲？故吾所謂文者，蓋言文治之正也，孔子
> 曰：虞夏之質，殷周之文至矣！

契嵩之意蓋以爲文之所以倡，乃爲救質之敝也，然文盛之後苟無質以爲其實，則亦何以文爲？而文質之相須相輔，自不待言矣！

（3）「人文」與「言文」之相需

前面曾辨別「人文」與「言文」之差異，謂「言文」不足以驗乎天下之成，然則彼即無用乎？契嵩云：

> 曰言文將無用乎？曰孰不用也？人文至焉，言文次焉，以言文而驗
> 其人，人其廈哉？以人文而驗其世，世其廈哉？故人文者，天下之道
> 之所存也，言文者，聖賢之志之所寓也。先天下而後聖賢者，聖賢

發己矣，天下至公也，故公者至而己者次也，孰曰言文其無用乎？
白居易〈與元九書〉也說：「夫文尚矣！三才各有文，天之文，三光（日月星）
首之；地之文，五材（金木水火土）首之，人之文，六經首之。」白氏所稱
之「人文」謂「六經之文」，此雖亦屬契嵩所謂之「言文」，然契嵩所稱的「人
文」又是指「文武王之道」，此亦不離「六經之文」的要旨，兩者所欲彰顯之
目標係一致也。可知二者皆有用於世不可以言廢也。

（二）述《春秋》經傳意三篇

〈論原〉中有〈問兵〉、〈評讓〉、〈問霸〉三篇，觀其內容乃為發揚《春
秋》之義者，故歸之於此并論之。分述如下：

1.〈問兵〉

兵旅之事對於契嵩而言，確為難題，一則以其為方外僧人，一則以儒家
孔子向亦少言，《論語·衛靈公》篇說：「衛靈公問陳於孔子，孔子對曰：俎
豆之事，則嘗聞之矣，軍旅之事，未之學也。明日遂行。」然既有客問，契
嵩不得已乃據乎仁義而答之也。他說：

> 兵者刑也，發於仁而主於義也。發於仁，以仁而憫亂也；主於義，
> 以義而止暴也。以義而止暴，故相正而不相亂；以仁而憫亂，故圖
> 生而不圖殺。是故五帝之兵謂之正刑，三王之兵謂之義征，義征舉
> 而天下莫不懷也，正刑行而天下莫不順也。

儒家提倡文武之道，而兵者乃武之效也，契嵩說：「真兵亦仁義而已矣！」發
於仁主於義，以憫其亂而止其暴，誠所謂仁義之師也。《左傳·宣公十二年》
云：

> 潘黨曰：君盍築武軍而收晉尸以為京觀？臣聞克敵必示子孫，以無
> 忘武功。楚子曰：非爾所知也。夫文，止戈為武……夫武，禁暴、
> 戢兵、保大、定功、安民、和眾、豐財者也。

此即是楚莊王所強調「武」的真義，契嵩所謂的憫亂、止暴、圖生也是本於
此意。而三王五帝之兵事，謂之義征、正刑，故天下莫不懷，莫不順也。到
了後世，「周衰而兵道一變，所謂仁義者遂妄矣！」因此，原以禁暴之兵武，
今則發於暴而至於詐，強國以兵旅橫掠，大國以兵旅驕縱，貪國以兵旅侵略，
天下就此大亂矣！故契嵩又說：

> 夫兵，逆事也，無已則君子用之，是故聖人尚德而不尚兵，所以明
> 兵者不可專造天下也。穀梁子曰：「被甲嬰冑非所以興國也，則以誅

暴亂也。」文中子曰：「亡國戰兵，霸國戰智，王國戰仁義，帝國戰
德，皇國戰無爲。」聖王無以尚，可以仁義爲，故曰仁義而已矣！
孤虛詐力之兵而君子不與，吾其與乎？

兵旅軍陣之事若不合前述仁義之質，便是違逆之事，非至不得已，君子不用，故曰「聖人尚德不尚兵」，《穀梁傳・僖公二十二年》說：「古者被甲嬰冑非以興國也，則以征無道也。」（契嵩所引略誤）《文中子・問易篇》說：「強國（契嵩作亡國）戰兵，霸國戰智，王國戰仁義，帝國戰德，皇國戰無爲。天子而戰兵，則王霸之道不抗矣，又焉取帝名乎？」這些都是發揮《春秋》師出以仁義之思想者。

2.〈評讓〉

此篇所論乃針對歷史上諸多讓位者之事跡，以評其得失影響者也。契嵩說：

世所謂讓者宜有輕重，而學者混一而論之，於禮無別則後世何所取法乎……夫讓也，有以時而讓者，有以義而讓者，有以名而讓者，有以勢而讓者，有以苟而讓者。以時讓者仁，以義讓者勸，以名讓者矯，以勢讓者窮，以苟讓者亂。

契嵩共列舉五種不同情況之讓，分別有「時、義、名、勢、苟」之異，而各種讓亦皆有不同之因由，如堯舜以大同之時而禪讓，天下皆稱其仁；泰伯、伯夷以賢相推讓，是以義讓而可以勸百世；吳季札、曹子臧生當列國相爭而父子交殘之世，以讓名而思奮矯時弊；漢之孝平迫于強臣之勢不得不讓，蓋以其身窮而不能振也；至於矣魯隱公之不以正道而讓非其人，苟去其位，終於導致淫亂之果，莫不各有因由也。是以讓之得其正，則其禮可取也，若讓之不得其正，則後世何所取之乎？因此又說：

如堯非其時，則豈肯以天下讓于他人乎？使禹得堯之時，而天下豈及其子乎？所謂堯舜禹其奮於萬世之上者，正以其時而爲之者也，堯舜禹其聖之時者也。嗚呼後世者，其人自私甚乎禹之時也，而傳授者不能本禹，曰吾慕堯舜爲之禪讓，是亦妄矣，其知時乎？〔註4〕

〔註4〕《大正藏》本《鐔津文集》所標之句讀，謬誤百出，不勝枚舉。此段所標尤爲失當，原句讀爲：「嗚呼後世者其人自私甚乎。禹之時也而傳授者不能本。禹曰吾慕堯舜爲之禪讓。是亦妄矣。其知時乎。」徇此意則非但文義不通，尚且將誣禹爲妄矣，是豈非大違契嵩之本意乎？

契嵩以為堯舜之禪讓與禹之傳子，乃各以其時之宜也，故曰「堯舜禹其聖之時也」。只可惜後世之人，其自私有更甚於禹之時者，不得已而或有以勢讓、乃至以苟讓者，不克傳位於其子孫，卻美其名曰：「吾慕堯舜為之禪讓」，此乃是大妄言也，彼等豈知「時」之大義哉？

　　3.〈問霸〉

　　《春秋》之大義蓋以王為尊，然其世諸侯卻紛紛以稱霸為所業，此亦孔子所以周遊列國，栖栖惶惶席不暇暖，以傳播其王道思想禮樂之治的因由，然而孔子終不得申其志，乃退而刪詩書、訂禮樂、作春秋，以明王霸之分夷夏之防。契嵩〈問霸〉之作，亦為發明春秋王霸之辨者也。嵩云：

> 王尚德，霸尚功。夫王有權，王者以權而行德也；霸有權，霸者以權而取功者也。取功故其權未必不私也，行德故其權未必不公也，故公者為權，而私者為詐也。王有信，誠信也；霸有信，假信也。假信故愈久而愈渝，誠信故愈久而愈信。

王道之所行必以德服人，霸業之所圖必以功取人；王霸皆有權，王者之權係以公而行其德，故為權之宜，霸者之權乃以私而遂其功，故為權之詐也。王霸亦皆有信，然王者之信誠，霸者之信假，真假之間，日久則見其情矣。《論語·憲問篇》云：「子曰：晉文公譎而不正，齊桓公正而不譎。」晉文公召天子而使諸侯朝之，故稱其譎而不正；齊桓公伐楚以公，丈義執言，故曰正而不譎。然桓公之信不能久，終究亦有所渝而不能久信，故齊桓晉文雖其所由不同，然皆歸於霸也。因此契嵩又說：

> 子曰：管仲之器小哉！卑霸之道也。中古之霸，有異禮而無異道，後古之霸，有異道而無異禮。守職命而不擅征，不亦有異禮乎？信征伐而尚詐力，不亦有異道乎？故曰霸非古也，亂王政自桓文始也。

孔子曾說：「桓公九合諸侯，不以兵車，管仲之力也，如其仁！如其仁！」又說：「微管仲，吾其被髮左衽矣！」（《論語·憲問》）孔子既許其仁，又盛讚其功，然而卻又譏其「器小」，何以故？蓋嘆其既可以相桓公而九合諸侯，卻不能導桓公以致王道，徒令其成霸業為霸主，殊為可惜也！孔子之尊王賤霸，意已甚明，故乃譏管仲之器為小也。然而後世之人乃有斷取孔子之意者，遂謂管仲相桓公霸諸侯一匡天下為「霸道適變，治者不可不用。」似有違孔子之本意，契嵩又為之辯云：

噫！致合天下之猖狂詭譎，傳會于孫子吳起之說，淫溺而不反者也，此誠愚者之言，烏足以知聖人之意邪？所謂適變者，蓋君子因事而正之以義者也，豈曰以智詐而變正道者也，春秋之譏變古，正以諸侯用私而變公者也。夫至道之世不顯權，至德之世不懷功，懷功恐其人因功而競利也，顯權恐其人因權而生詐也，是故堯舜之化淳而文王之化讓。漢氏曰：吾家雜以王霸而治天下，暫厚而終薄，少讓而多諍。

《公羊傳‧桓公十一年》曰：「權者何？權者反於經然後有善者也。權之所設，舍死亡無所設。行權有道，自貶損以行權，不害人以行權；殺人以自生，亡人以自存，君子不為也。」權之所施必以有善果者乃為正，否則即為詐也。適變之義亦然也，春秋之世爾虞我詐，習以為常，故視智詐者以為適變之常，為治者亦多用之而不以為忤，諸侯一以己之私利而害王者之公義，乃詭稱其為變古之權者，此皆為《春秋》大義所不容，是以譏之也。故堯舜至道之世不顯權不懷功，唯恐人民因而競利生詐，後世之霸主則莫不懷功而行權詐，於是焉天下刻薄而寡厚，屢諍而不讓，此皆因不明王霸之辨，私以己意濫行權術詐偽之所致也。契嵩〈問霸〉之作，蓋深有所感者矣！

第二節　《尚書‧洪範》的政治思想

契嵩著有一千五百餘言的〈皇極論〉，專門闡發《尚書‧洪範》的政治思想，〈洪範〉之內容共有「九疇」〔註5〕，原是記載周武王滅殷之後，訪於商之遺臣箕子，箕子向武王陳述治國安民的大法，偽《孔傳》云：「洪，大；範，法也；言天地之大法。」「建用皇極」乃其中之第五疇，關於九疇之大要，箕子於〈洪範〉中皆有進一步之闡發，而對於「皇極」則敘述尤詳，可見「皇極」在九疇中地位之重要。契嵩〈皇極論〉的內容，主要也是依據〈洪範〉「皇

〔註5〕〈洪範〉「九疇」之內容，第一為「五行」，即水、火、木、金、土；第二為「敬用五事」，即貌、言、視、聽、思；第三為「農用八政」，即食、貨、祀、司空、司徒、司寇、賓、師；第四為「協用五記」，即歲、月、日、星辰、曆數；第五為「建用皇極」，即皇建其有極；第六為「乂用三德」，即正直、剛克、柔克；第七為「明用稽疑」，即卜筮；第八為「念用庶徵」，即雨、暘、燠、寒、風；第九為「嚮用五福威用六極」，「五福」者，謂「壽、富、康寧、攸好德、考終命」，「六極」者，乃「凶短折、疾、憂、貧、惡、弱」等六事也。

極」之經文與注疏推闡而來，此外，〈論原〉中尚有多篇繼續闡發〈皇極論〉的未盡之意，以下謹將其內容要旨分項作一敘述。

一、述治道之本與得失之鑑

（一）治道之根本

契嵩首先於〈皇極論〉之開宗明義即對「皇極」一語作明確之提綱云：

> 天下同之之謂大公，天下中正之謂皇極。中正所以同萬物之心也，非中正所以離萬物之心也，離之則天下亂也，同之則天下治也。善為天下者，必先持皇極而致大公也，不善為天下者必先放皇極而廢大公也。是故古之聖人推皇極於人君者，非他也，欲其治天下也；教皇極於人民者，非他也，欲其天下治也。

皇極中正乃治國理天下之根本大道，是故古之聖人推皇極於人君，教皇極於人民者，目的無非為天下得治也。朝廷國家欲其強，天下社會欲其富，其道無它，亦惟皇極中正而已。善於治天下者，必先持皇極以致大公，然何為大公者？〈論原‧大政篇〉說：「大公者何？推至誠而與天下同適也。」又說：「誠也者天道也，公也者人道也；聖人修天道而以正乎人道也，誠者不見也，公者見也，由所見而審不見，則聖人之道明矣！」故由皇極中正之道開始，以盡人之道，使天下趨乎大公，天下大公則天道之誠明亦可見之矣！《中庸》云：「誠者天之道也，誠之者人之道也。」亦是此意也。

大公既為皇極中正之效，然則天下大公之時，即天下無私者乎？非也，契嵩有〈公私篇〉以論之云：

> 公道者導眾也，私道者自蹈也。公私者殊出而共趨也，所謂共趨者趨乎義也，公不以義裁，則無以同天下，私不以義處，則無以保厥躬，義也者二道之闔闢也，公私之所以翕張也。是故君子言乎公則專乎公道，言乎私則全乎私道也，不叛公而資私，不效私而亂公，故率人而人從，守己而己得。

由此乃知，大公者公私分明，一切以義裁處，不叛公而資私，不效私而亂公，此即為大公矣！《中庸》云：「誠則明矣，明則誠矣。」大公則誠，誠則公私分明，其理亦由此而顯。

（二）得失之殷鑑

〈皇極論〉又舉古來以公治國而深得天下人心之例云：

夫古之人君，其有爲也，舉皇極而行之，故不遲疑不猶豫，不稽於神不裁於人。雖堯以天下與其人，而天下之人不以非其親而怨堯；雖禹以天下及其子，而天下之人不以私其親而怨禹。湯一征自葛始，而天下信之，東面而征西夷怨，南面而征北狄怨，曰奚爲後我？民望之若大旱之望雲霓也，而天下亦不以勞其征伐而怨於湯，蓋與天下公也。舜以匹夫而受人天下，周公以天下封其同姓者五十餘國，而舜、周公未嘗以私己而疑乎天下，而天下亦以舜、周公公於天下也。

此段言以「公」治國必得人心之道理，以呼應其「善爲天下者，必先持皇極而致大公」之說，由此以證明治國之程序，必先行皇極中正以同萬物萬民之心，俟民心皆一同之後，天下便可稱爲大公。堯、舜、禹、湯、周公等聖王，無不皆以皇極之道先行之，終而必能獲得公於天下之美稱。〈皇極論〉又說：

朝廷國家者，天下之大體也，富貴崇高者，天下之大勢也。持之得其道則體勢強，持之失其道則體勢弱，道也者非他道也，皇極之道也。

天下之得治與否既繫於皇極之能行與否，而天下之體勢何以觀之哉？即朝廷國家與其富貴崇高者也，皇極得行，則其體勢強，否則即其體勢弱也。契嵩並舉周朝爲例，其文武立國之初，能夠「戡削禍亂，恢大王業，富貴崇高而父子相繼。」古往今來未有如其功德聲名之昭赫者，理由無它，主要乃在治國得其中正之道也。至於後來，夷、平、莊、敬諸王之世，「下堂而致禮諸侯，東遷而苟避戎狄，列國強橫而不能制，富貴崇高而不能尊，岌岌乎將墜其先王之鴻業也。」主因乃在於「持之失其道者也」。由此可知，皇極中正既爲治國首要之務，周代興衰之鑑又歷歷在前，因此爲人君者豈能不知皇極之理哉？

二、論皇極貫三才而通九疇

（一）皇極貫三才

〈皇極論〉又闡述其貫於三才之道云：

或曰：皇極何道也？曰天道也，地道也，人道也，貫三才而一之。曰何謂也？曰天道不中正，則日月星辰不明，風雨霜雪不時，五行

錯謬，萬物不生；地道不中正，則山嶽丘陵其廟，江淮何瀆其凝，草木百實不成，城隍屋廬皆傾；人道不中正，則性情相亂，內作狂妄，外作禍害，自則傷其生，他則傷其人也。故雖天之高明廣大，微皇極孰爲天乎？雖地之博厚無疆，微皇極孰爲地乎？雖人得秀氣而靈於萬物，微皇極孰爲人乎？故皇極非聖人爲之也，蓋天地素有之理也，故人失皇極而天地之變從之，聖人者先吾人而得皇極也，故因而推之以教乎其人也。

天道雖高明廣大，地道雖博厚無疆，人雖居其間以爲萬物之靈，然而皆不能稍離於皇極中正之理，故人事倘失其中正之道，而天地之變乃從之。此非關災祥也，睽諸當今，由於人爲疏失，濫墾山坡地，破壞水土，加以大氣之污染，臭氧層之破壞，一旦天災降臨，風襲水掩，土崩樹倒，屋廬埋沒，人畜傷亡，怵目驚心者，比比皆是，固非危言悚聽也。故契嵩前言所論，雖今科學昌明時代，亦可得而證之，是以契嵩乃云：「聖人者其先覺之謂也。」一國家社會苟無先覺者，則人民失其中正而不覺，狂妄禍害相繼起作而不知，如此則不僅傷己，甚且傷人，終致舉國上下皆亂而不可收拾，其害也何如！是以契嵩乃云：「故聖人之所以謹於皇極者，其汲汲之於爲人，其憂天下之甚也何哉！」此外契嵩另有〈明分篇〉進一步以明三才之各有其分，不能相亂者也，乃云：

萬物有數，大小有分，以數知變化之故，以分見天地之理，是故君子於天道無所惑焉，於人道無所疑焉。氣凝而生，生則有飲食，氣散而死，死則與土靡，是人道之分也。穹隆無窮，日月星辰而已，餘物不容，是天道之分也。載山振水，資生金石草木，是地道之分也。人數極，雖天地不能重之；天地變，雖人不能與之，此又天地之定分也。

前文曾說：「人失皇極而天地之變從之」，這是從人事上的施政作爲而言，若其偏離中正之道，那麼也會感應於天地，使天地間產生變化。但此處又說：「人數極，雖天地不能重之；天地變，雖人不能與之。」這又是從三才既定之分上來說，意爲人之生死有數，當其數已極，其命亦盡，不可以昇天遁地而有所改變。這是針對部分執著於神仙道術，企求長生不死者所給予的警斥，故〈明分篇〉又說：

天道大公也，人道大同也，同者同其死生也，公者公其與人相絕也。

苟其公眾人而私一人，孰謂天乎？苟其同形生而獨不死，豈謂人乎？
是故聖人皆罕語天道，蓋不以天而感人者也，嘗正祭祀，蓋不以人
而瀆神道者也。

儒家向來是以人生當前現世為所重，故孔子說：「未知生，焉知死。」（《論語·
生進》）又說：「生事之以禮，死祭之以禮，葬之以禮。」（〈為政〉）因而子貢
乃說：「夫子之文章可得而聞也，夫子之言性與天道，不可得而聞也。」（〈公
冶長〉）這些都是孔子所以強調人本之精神，不多涉天道，以免民眾疑惑，捨
人而趨鬼神；但又不廢應有之祭祀，以正其慎終追遠之美德，故謂「祭之以
禮」。這些都是使三才各安其分，百姓之日常云為與為政者之一切舉措均能謹
守皇極中正之道，則天地順泰，人民安居，三才各適其所，無所逾其分而亂
無由生也！

（二）皇極通九疇

皇極之道不僅貫串三才，亦且通達九疇，〈皇極論〉接著又明其與「九疇」
相通之理說：

舜禹之後，其世益薄，囂囂栗栗人孰無過，小者過於其家，大者過
於其國又大者過於其天下。皇極於是振之，乃始推行於九疇，武王
得之以造周之天下，天下既大且久也。所以五福六極者，繫一身之
皇極也，休徵咎徵者，繫一國一天下之皇極也，皇極其可離乎？

天下之所以不定，國家社會之所以不安，蓋起於人心之失於常道，常道者何，
亦即皇極中正之道也。因此，〈洪範〉九疇之政，一一皆是治國安民之良方，
而一一都不可稍離於中正，彼此之間也是息息相關，互為因果。例如貌、言、
視、聽、思之「五事」與正直、剛克、柔克之「三德」，此為個人一身之德行
言行修養，倘其修為皆得中正之道，如此即得「五福」之祐；若是其人德行
未能中正，如此便會得到「六極」之殃，此即契嵩所謂「五福六極者，繫一
身之皇極也」。又如「五行」、「八政」、「五紀」、「稽疑」等，此乃國家社會之
政治措施，倘其所有施政皆以中正之道導之，無有偏差之事，如此必得雨、
暘、燠、寒、風之「休徵」；若是舉國上下之作為皆有違皇極之道，那麼所見
必將是其「咎徵」，此亦即所謂「休徵咎徵者，繫一國一天下之皇極也」，故
云皇極之道貫通九疇也。

關於禍福與善惡之間的關聯，契嵩又有〈存心篇〉以闡述其中之細微之
關係。〈存心篇〉說：

> 教人者正所存，能教也；存心者省其所感，能存也。存心乎善，則
> 善類應之，存心乎惡，則惡類應之。心其非定象也，在其所存者也；
> 應之非定名也，在其所感者也，其所感苟存，而應之豈不速乎，而
> 感應之數未始跌也。

為政者負有教化之責，善教者應知以端正人民之存心為要，存心之正否有賴
於省察以明其心之所感，以善心感者，則有善類以應之；以惡心感者，則有
惡類以應之，《易‧文言》云：「同聲相應，同氣相求。」〈繫辭上傳〉也說：
「方以類聚，物以群分，吉凶生矣。」故感應之說非釋氏之專也，儒家本已
有之。前面曾說孔子罕言天道，而《易》則及於天道者也，非有大聖明者，
不易深入其道。故其或於個人修身，或於國家天下，莫不有吉凶禍福之驗也，
〈存心篇〉又說：

> 休徵者所以應其善政之所感也，咎徵者所以應其惡政之所感也；五
> 福者，善人所存，吉之驗也；六極者，惡人所存，凶之驗也。天人
> 相與未嘗睽也，吁！豈天為之，人實召之。夫政者，示天下之同之
> 者也，萬民之所由也，政之善惡民之所以而從之者也。故驗之雨暘
> 燠寒風五者，示天下之同之者也。人者一身之自也，人之善惡，身
> 所以而振之者也，驗之福極者，示一身之自之者也。

此段所言乃呼應〈皇極論〉所說的：「五福六極者，繫一身之皇極也，休徵咎
徵者繫一國一天下之皇極也。」而這裡則更進一步說明休徵乃是善政所感而
來，咎徵則是由惡政所感而來。五福與六極之吉凶，也是由個人之存心善惡
所致，此乃理之所必然者，非關乎鬼神不測也。因此，倘若為政不善，有違
皇極中正之道，而萬民亦從其逆而不知，或逆自然而行之，或違天道而蹈之，
則其驗於雨暘燠寒風之徵也，得無咎乎？故無論為政之善惡，或其一己存心
之善惡，皆由一身從而行之，善者由其身而振之，不善者亦由其身而弊之，
語云「國者人之積，人者心之器」，人心之不善，肇致社會風氣之隳壞，進而
更影響國家體勢的強弱，為政者豈可不慎焉？

　　契嵩以上有關「治道之本」與「皇極貫通九疇」兩點之論述蓋皆依據〈洪
範〉「建用皇極」的前段經傳及孔《疏》推闡而來，〈洪範〉云：

> 皇建其有極，斂時五福，用敷錫厥庶民，惟時厥庶民，于汝極，錫
> 汝保極，凡厥庶民，無有淫朋，人無有比德，惟皇作極。

偽《孔傳》云：

> 大中之道，大立其有中，謂行九疇之義。斂是五福之道以爲教，用
> 布與眾民使慕之。君上有五福之教，眾民於君取中，與君以安中之
> 善言從化。

《尚書》經文深奧難解，僞《孔傳》乃略發其旨，但仍未能淺明，茲將孔穎
達《疏》義摘要述之，其文或可易解也。《疏》云：

> 大中者，人君爲民之主，當大自立其有中之道，以此施教於民，當
> 先敬用五事，以聚斂五福之道。用此爲教，布與眾民，使眾民慕而
> 行之……凡行不迂僻則謂之中，《中庸》所謂從容中道，《論語》允
> 執其中皆謂此也。九疇爲德皆求大中，是爲善之摠，故云「謂行九
> 疇之義」，言九疇之義皆求得中，非獨此疇求大中也……五福生於五
> 事，五事得中，則福報之，斂是五福之道，指其敬用五事也，用五
> 事得中，則各得其福。

以上所引大抵即契嵩論述之所據，而契嵩除〈洪範〉本文及傳疏之義外，尚
有自己所發揮者，觀其前面所述諸義，皆以發揮〈洪範〉之意爲旨也。

三、明用人之計與先後之宜

（一）用人之大計

治國之道既以大公中正爲主，然而一切政治措施之根本猶不離人也，故
用人之得當與否，又爲國政成敗之關鍵，不可不慎也，〈皇極論〉說：

> 周有亂臣十人，而其國治；紂有億兆夷人，而其國亡，何哉？用得
> 中正，故不必多也。用不中正，雖多奚益？曰何謂用得中正？曰大
> 才授大事，小才授小事，堪大事者不可以小失棄之，宜小事者不可
> 以大成託之。詩曰：山有榛，隰有苓，云誰之思，西方美人。彼美
> 人兮，西方之人兮。蓋思周之用人大小得其宜也。

國家欲興，人才固爲其本，然人才之用必得其宜，否則雖有人才，若置非其
所，仍無法發揮所長，故必須「用得中正」，具體言之，即揆其才而授其事，
並且無以小眚而忽其大才，無以大任而託於小器者，凡此皆是用人之重要原
則也。因而契嵩更有〈喻用篇〉之作，以水火之喻來顯示用人之不可輕率，
乃說：

> 水固勝火，而善固勝惡，苟用之不得其道，雖水火善惡亦不可得其
> 勝矣。水之制火必於火之方然，而水可勝矣。善之制惡，必於惡之

> 未形，而善可勝矣。及其惡至乎不可掩，而欲推善以救惡，火至乎
> 不可熄，而欲激水以沃火，其勢可勝之乎？君子小人者，其善惡之
> 所出者也，是故君子用則其政善，小人用則其政惡也。斯欲政善而
> 專用小人，暨其惡熾至乎暴戾上下，欲君子而拯之也，是奚異乎激
> 水而沃者耶？雖有彥聖之人如彼堯舜禹，吾知其無如之何也。

前面但言「大才授大事，小才授小事」，以及「堪大事者不可以小失棄之，宜
小事者不可以大成託之」，這是中正的原則，然而更重要的是君子與小人之
辨，若欲政治善明，必用君子之人；倘其所用者為小人之輩，使之危亂天下，
禍國殃民，到此地步時，不只君子不可救之，連堯舜之聖也莫可奈何矣。由
此可知，用人之不可不慎也。

（二）先後之權宜

　　用人之道，君子固所當重，然則小人乃永不得用乎？亦不盡然也，契嵩
以為尚有權變之計，〈喻用篇〉又說：

> 故古之善用人者，用君子必先而小人必後，君子先用，善得以而制
> 惡也，小人後使，惡得以而遷善也。禮不容小人而加乎君子，不使
> 不肖而高於其賢，所以隆善而沮惡也……雖小人之道不能，不加於
> 盛德之家；雖君子之道不能，不沮於已破之國，用舍之政然也。一
> 小人壞之于前，雖百君子莫能修之于其後；一君子治之于其上，雖
> 百小人莫能亂之于其下，邪正之勢然也。

契嵩此說不啻為古今之君人者開一權變之用人大計，蓋天下眾民大抵君子難
得而小人易致，倘人才之不可多得，而略有小眚者非用不可之時，即當堅守
此一原則，務期君子先而小人後，君子上而小人下，如是則以君子而推行善
政，奠定其堅固之基業，乃不懼其後來者或下位之小人矣。萬物反其道而行，
否則，政之亂必可期也。

　　君子既不可多得，小人亦復不可輕棄，然則人才之難，遂無以為繼矣乎？
是以契嵩乃示其人才栽培之道，而培育之前必先由知人始，故〈知人篇〉又
論之云：

> 知其人而不能育之，非智也；愛其人而不能教之，非義也；善其人
> 而不能試之，非信也；任其人而不能全之，非仁也。育賢者智之實
> 也，教賢者愛之正也，用賢者善之效也，全賢者任之功也。任而無
> 功，孰為仁乎？善而無效，孰為信乎？愛而不正，孰為義乎？育而

無實,孰爲智乎?……故曰:知賢不如養賢,養賢不如教賢,教賢
不如用賢,用賢不如成賢;成賢者終也,知賢者始也,終始者,天
地四時存而不忒也,人其不慎乎?與其失始寧得其終,又不若終始
之爲休也。

人才難得,故主政者當勤訪可造之才以培育之、教養之、任用之,既用之則
當信任之,疑之不用,用人不疑,有始有終,此乃成就賢才之善道也。古來
有不能始而能終者,齊桓公之於管仲是也;有能始而不能終者,漢文帝之於
賈生是也;而殷高宗之用傅說,始於刑人而受知,得以任用爲相,終而資以
治天下,可謂能始能終者矣。由此可見,知人善用果眞不易者也。契嵩此段
知人用人之論點仍是據〈洪範〉而闡述其義者,〈洪範〉云:

凡厥庶民,有猷有爲有守,汝則念之。不協於極,不罹于咎,皇則
受之。而康而色,曰予攸好德,汝則錫之福,時人斯其惟皇之極,
無虐煢獨而畏高明。人之有能有爲,使羞其行而邦其昌,凡厥正人,
既富方穀,汝弗能使有好于而家,時人斯其辜。于其無好德,汝雖
錫之福,其作汝用咎。

經文所強調者亦是對於「有猷、有爲、有守」的優秀人才,爲君者理當予以
重用,若不能用之,人才終必託罪離去。至於彼「不協於極,不罹於咎」者,
謂稍有小失,雖不合於中道,但也尚不致罹於咎惡者,不妨亦使其有機會得
進於中道,此即荀子所謂「蓬生麻中,不扶而直」,亦爲契嵩所謂「君子先用,
小人後使」之權宜大計也,唯用人者當謹守其先後上下之序,無使小人而凌
駕於君子之先,如是則其政乃得善也。若其用人之道非所宜,亦只增添其國
家社會之危亂而已,天下如何其興昌哉?

四、別賞罰黜陟與號令刑法

用人之道既明,而人才既爲所用,則不免有其功過是非,有功當賞,有過
當罰,善者宜陟,惡者宜黜;然而行其賞罰黜陟之前,必先有明徹之號令刑
法,使有所依循也。凡此種種皆是爲政者所不可苟者也,故〈皇極論〉說:

賞罰黜陟者,君人之大權也,號令刑法者,君人之大教也。教不中
正則其民疑,權不中正則其勢欺。曰何謂權與教之中正也?曰賞者
所以進公也,不以苟愛而加厚;罰者所以抑私也,不以苟惡而增
重;黜者所以懲其過,不以貴賤二其法;陟者所以陟其道,不以毀

> 譽考其人；號令者所以定民，不可輕出而屢改，刑法者所以約民，
> 不可多作而大謹。多作大謹則人煩而無恩，輕出屢改則人惑而無
> 準，以毀譽考其人，則愛惡者得以肆其言；以貴賤二其法，則高明
> 者得以恃其勢；以苟惡而增重，則失在不仁；以苟愛而加厚，則失
> 在非禮。

契嵩將「賞罰黜陟」與「號令刑法」並舉，一曰權，一曰教。然民必先有教，而後方可施之以賞罰黜陟，否則「不教而殺謂之虐，不戒視成謂之暴」（《論語・堯曰》），暴虐之政，即有違皇極中正之道也。因此，號令刑法明示在先，有以為之教，而且其教必以中正為所依，號令不可輕出屢改，使民無所適從；刑法不可繁瑣而酷嚴，令民厭煩而怨忿。如是先有教而後行賞罰，賞罰黜陟仍是一以中正為依歸，獎賞必公，不因一己之情面而加厚；懲罰亦必公，不以一己之嫌惡而加重。至於部屬之黜陟升降，尤當一以公平中正行之，不可因其貴賤而有別，不當以一時之毀譽而判定，凡此皆是君人之要則，不可有絲毫之偏頗也。以上所言，乃綜論賞罰之權與號令之教的先後與原則，以下再分述其個別之要旨。

（一）賞罰之權與義

前面論及賞罰黜陟之大權必以中正，然而與賞罰關係密切者，尚有權與義二事，〈至政篇〉即先闡述「權」與「義」之不可分，以為賞罰之前提者，契嵩云：

> 夫權可以扶義，其權雖重必行；義可以行權，其義雖輕必舉也。權
> 不以義會，甚之則終賊；義不以權扶，失之則必亂。故古之擅大政
> 者必有其權也，操大柄者必濟其政也。湯武運大權，其所以扶斯義
> 也；周昭徐偃亡大權，故斯義所以惄也。義者何也？域大中而與天
> 下同適者也，適之得其所。天下謂之有道也，適之非其所，天下謂
> 之無道也，聖人建厥中以正天下之所適也。

義者宜也，正義之事有時而不彰，此時即需以公權力來扶持正義，濟弱扶傾。然權力之執行亦必須會之以義，否則權力過於膨漲，將會造成侵犯與傷害；而正義之事若得不到公權之扶持，社會即喪失正義終必致亂。因此古來主其政者也必須同是握其權者，倘若虛有其位而無實權，則形同傀儡而已；反之，掌握權力者亦必以其權而濟其政，不得專擅玩弄。故權之與義乃相輔而相成，有其權又會以義，如是乃能行其賞罰之事也，故〈賞罰篇〉云：

夫賞罰者，先王行道之大權也，欲道之行，則不可俾賞罰之權須臾
在私也。小私以之則瀆是刑也，大私以之則瀆是兵也。瀆兵則征伐
出於諸侯自是始也，瀆刑則政令出於大夫自是始也。

又說：

賞罰公，王道振也，賞罰私，王道熄也。聖王欲其王道行，故理其
公私也。賞罰以正善惡，公也，賞罰以資喜怒，私也。公之所以同
天下也，私之所以異天下也，天下同之，其道不亦興乎！天下異之，
其道不亦寢乎！賞罰者，天下之大中也，宜與天下共之也，王政者，
所以正善惡也，天下之善不可不賞也，天下之惡不可不罰也。賞罰
中，所以為政也。賞也者近乎恩也，罰也者近乎威也，孰有喜而不
欲推其恩耶？怒而不欲加其威耶？故曰：非至高公明之人，不可授
之以賞罰之權也。

國家之生殺賞罰大權萬不可輕易以授人，所授之人務必秉持至公器識高明
者，否則以其公私不明賞罰無常，王道將何以振之？王道不振，小則私刑泛
濫，政令出於大夫；大則兵旅無制，征伐自大夫出。春秋以降，此例多矣！
其因何在？蓋即王者賞罰之大權不彰，權柄旁落而下僭其上，天下於是乎始
亂也矣！

（二）刑法之本與末

前面所言屬「賞罰」之事，至於「號令刑法」方面，契嵩另有〈刑法篇〉
論之云：

問曰：在古，法寬刑省而民之過姦者庸寡，後之世，法謹刑繁而民
之過姦者滿多，斯何故爾？曰古之以刑法者存其本，故民過者鮮；
後之以刑法者存其末，故民之過者多也。何謂本末乎？曰政教者其
本也，刑法者其末也。苟輕本而重末也，與夫灑油救焚，用之雖甚
而其焚愈熾，何由熄哉……是故君子之論刑法者，重其本而不重其
末也。

相對於刑法之末而言，政教固為其本，然政教之本又為何者？即道德禮樂是
也。故《論語‧為政篇》云：「子曰：道之以政，齊之以刑，民免而無恥；道
之以德，齊之以禮，有恥且格。」以禮樂道德之教，化民成俗，使人民行為
端正，知恥守禮，這才是為政的最高理想，而採用號令政刑之法，人民只是
苟免而已，其知恥守禮之心或恐無存。是以〈皇極論〉即以禮樂之教而匡正

之，又說：

> 禮者皇極之容也，樂者皇極之聲也，制度者皇極之器也。不舉其器，
> 則井田差賦稅亂，車服宮室上僭下偪。不振其聲，則人神不和風俗
> 流蕩。不昭其容，則尊卑無別上下相繆。

皇極中正乃是原理原則，禮樂制度才是皇極聲容的具體表現。因此，一國之
制度朝綱、尊卑上下、禮樂風俗等，無不皆繫存於皇極中正之原則下，以
推動其一切運作，如其順利無違，則國泰民安，無有不調；而禮樂與政令刑
法並進，雙管齊下，有以教化人民，俾其舉措有所依循，主政者亦可行其
賞罰黜陟之權，如是則國家社會政治修明，民心安定，秩序不亂，風俗自必
淳厚矣！

　　契嵩此種賞罰必公、無偏無私之論述，依然秉持〈洪範〉「皇極」的思想
而加以闡述，〈洪範〉說：

> 無偏無陂，遵王之義；無有作好，遵王之道；無有作惡，遵王之路；
> 無偏無黨，王道平平；無反無側，王道正直；會其有極，歸其有極。

偽《孔傳》云：

> 偏不平，陂不正，言當循先王之正義以治民……言無有亂爲私好惡，
> 動必循先王之道路……言會其有中而行之，則天下皆歸其有中矣。

此乃契嵩對於治道之要中，有關賞罰黜陟與禮樂刑政的具體措施之說明與理
論所據。

五、〈皇極論〉之思想架構

　　綜合以上諸考述，吾人即可得一結論，即契嵩根據〈洪範〉「皇極」的思
想，條其理而發其微，作〈皇極論〉，並於〈論原〉諸篇之中續爲闡述未盡之
意。茲將其皇極思想架構列表以明之：

　　在契嵩的皇極思想中，較爲特殊之見解者，乃爲「公」字之提出，蓋自
經傳以至孔疏，大抵皆環繞於「中正」二字立言，契嵩則於論首即予標榜「天

下同之之謂大公」，並以皇極之終究目標爲可致「大公」，更具體而微的闡論皇極之效用；而於舜與周公之受天下擁戴，亦肇因於其「公於天下」；論及賞罰之道，更明示其「進公」與「抑私」之辨，由此以觀之，「公」之觀念乃爲契嵩所欲發明者無疑矣！而藉由契嵩之闡發，吾人對於〈洪範〉「皇極」的中正思想，得有進一步深刻之體認，明瞭其與天下大同思想之關聯，這種觀念之啓發，亦可算是契嵩儒學思想之貢獻，並據此而發展爲其儒釋融會思想中的重要理論基礎之一。

第三節　《禮記·中庸》的心性學說

契嵩作〈中庸解〉（《鐔津文集》卷四）共五篇，凡二千七百餘言，首篇辨別「中庸」與「禮」之關係；次篇則續論其未完之旨；第三篇乃辨明皇極與中庸之異同；第四篇爲區分性與情之別；第五篇則總結中庸之可學而至也。此外，〈論原〉中也有若干篇章所論內容與其相近者，一并附論於此，以下謹依序敘述之。

一、「中庸」與「禮」之關係

〈中庸〉本爲《禮記》中之一篇，然有人以〈中庸〉乃探究性命之學說，而諸《禮》經皆所以序等差、紀制度者，因疑其性質相異而致問於契嵩，嵩乃爲其闡述「中庸」與「禮」之關係。契嵩說：

> 夫中庸者，蓋禮之極而仁義之原也，禮樂刑政仁義智信，其八者一於中庸者也。人失於中，性接於物，而喜怒哀懼愛惡生焉，嗜欲發焉。有聖人者，懼其天理將滅而人倫不紀也，故爲之禮樂刑政，以節其喜怒哀懼愛惡嗜欲也；爲之仁義智信，以廣其教道也。

契嵩一開始便將二者之關係明白揭示，並羅列其綱目，以中庸一統其禮樂刑政與仁義智信之八目，後續諸文皆是從此八目開展而出。接著又說：

> 爲之禮也，有上下內外，使喜者不得苟親，怒者不得苟疏；爲之樂也，有雅正平和之音以接其氣，使喜與嗜欲者不得淫佚；爲之刑也，有誅罰遷責，使怒而發惡者不得相凌；爲之政也，有賞有罰，使哀者得告，懼者有勸。爲之仁也，教其寬厚而容物；爲之義也，教其作事必適宜；爲之智也，教其疏通而知變；爲之信也，教其發言而不欺。故禮樂刑政者，天下之大節也，仁義智信者，天下之大教也。

　　情之發不踰其節，行之修不踰其教，則中庸之道庶幾乎！

《禮記・中庸》首章曰：「天命之謂性，率性之謂道，修道之謂教。」其次又說：「喜怒哀樂之未發謂之中，發而皆中節謂之和。中也者，天下之大本也，和也者天下之達道也。」聖人制作禮樂刑政，以節制天下萬民之喜怒哀懼七情，又倡導仁義智信，以廣大其教化之道，故契嵩又稱「中庸者，立人之道也」，自其誠意正心，修身齊家治國，乃至明明德於天下，皆不可稍離於中庸之道，是以謂之「道不可須臾離也，可離非道也」。

　　契嵩〈中庸解〉的第二篇仍繼續闡述首篇所謂的「禮樂刑政，天下之大節也；仁義智信，天下之大教也。」此一論點之未盡意。他說：

> 夫教也者，所以推於人也，節也者，所以制於情也。仁義智信舉，則人倫有其紀也，禮樂刑政修，則人情得其所也。人不暴其生，人之生理得也，情不亂其性，人之性理正也，則中庸之道存焉。故喜怒哀樂愛惡嗜欲，其遷人以喪中庸者也；仁義智信禮樂刑政，其導人以返中庸者也。故曰，仁義智信禮樂刑政，其八者一於中庸者也。

〈中庸〉說：「仲尼曰：君子中庸，小人反中庸；君子之中庸也，君子而時中；小人之中庸也，小人而無忌憚也。」君子與小人之分野，端在於其能否節制其七情之所發，進而廣行於仁義智信之教道，終而能導入於中庸之道，成就其君子之人格，而更上臻於聖賢之領域。〈論原・禮樂篇〉也說：

> 夫宗廟之禮所以教孝也，朝覲之禮所以教忠也，享燕之禮所以致敬也，酢酬之禮所以教讓也，鄉飲之禮所以教序也，講教之禮所以教養也，軍旅之禮所以教和也，婚聘之禮所以教順也，斬衰哭泣之禮所以教哀也。夫教者教於禮也，禮者會於政也，政以發樂，樂以發音，音以發義，故聖人治成而作樂也。

此段所論與前面所言「禮樂刑政者，天下之大節也，仁義智信者，天下之大教也。」乍看似略有出入，其實不然，蓋此處說「教者教於禮也」，意即使諸忠孝敬讓仁義智信之教，皆能合以禮之節也，故亦與前所言之大義無別也。

二、「皇極」與「中庸」之異同

　　或問契嵩以「皇極」所講的「中」，與所謂「中庸」之道何別？契嵩說：

> 與夫皇極大同而小異也，同者以其同趨乎治體也，異者以其異乎教道也。皇極教也，中庸道也。道也者，出萬物也入萬物也，故以道

爲中也。其〈中庸〉曰：喜怒哀樂之未發……致中和天地位焉，此
不亦出入萬物乎？教也者，正萬物直萬物也，故以教爲中也。其〈洪
範〉曰：無偏無陂，遵王之義……歸其有極。此不亦正直萬物乎？
夫〈中庸〉之於〈洪範〉，其相爲表裏也，猶人之有乎心焉，人而無
心，則曷以形生哉？心而無人，亦曷以施其思慮之爲哉？

契嵩指出，中庸爲道爲裏，皇極爲教爲表，「天命之謂性，率性之謂道，修道
之謂教」，二者仍是一貫相承，一爲理體之中，一爲事相之中，然同歸趨於爲
治之道，此乃二者之異同。契嵩更進而闡述中庸較皇極尤深一層的道體部分，
而論其所謂「天命之謂性」之微旨，並批評鄭玄所謂「木神則仁，金神則義，
火神則禮，水神則智，土神則信」〔註6〕的「性感乎五行而得」之說法有疑，
乃正其說云：

夫所謂天命之謂性者，天命則天地之數也，性則性靈也，蓋謂人以
天地之術而生合之性靈者也。性乃素有之理也，情感而有之也，聖
人以人之性皆有乎恩愛、感激、知別、思慮、徇從之情也，故以其
教因而充之。恩愛可以成仁也，感激可以成義也，知別可以成禮
也，思慮可以成智也，徇從可以成信也。孰有因感而得其性耶？夫
物之未形也，則性之與生俱無有，孰爲能感乎？人之既生也，何待
感神物而有其性乎？彼金木水火土，其爲物也無知，孰能諄諄而命
其然乎？怪哉鄭子之言也，亦不思之甚矣。如其說，則聖人者何用
教爲？

契嵩前曾於〈問經篇〉中指出：「五行傳作，書道之始亂也。」可見其對於說
經者附會以五行之說的反感，此處鄭玄同以五行之說附之於性命之所起，契
嵩必然要有所批駁，並提出自己之見解，謂「性乃素有之理，情感而有之也」，
故「以其教因而充之」，恩愛以成仁，感激以成義，知別以成禮，思慮以成智，
徇從以成信，此亦即道與教、性與情之所由分也。

三、「性」與「情」之區別

問者又以孔子之言「唯上智與下愚不移」（《論語·陽貨》），與韓子之言
「上焉者善焉而已矣，下焉者惡焉而已矣」（韓愈〈原性〉），並孟子批評告子

〔註6〕此處鄭玄原注爲「水神則信，土神則知」，契嵩誤引作「水神則知，土神則
信」。

所言之「犬之性猶牛之性，牛之性猶人之性」（《孟子・告子》），三語質疑於
契嵩言「性」之說，嵩則辯之云：

> 仲尼曰：「唯上智與下愚不移」者，蓋言人有才不才，其分定矣。才
> 而明者，其為上矣，不才而昧者，其為下矣。豈曰性有上下哉？故
> 其先曰：「性相近也，習相遠也。」而「上智與下愚不移」次之，苟
> 以性有上下而不移，則飲食男女之性，唯在於智者，而愚者不得有
> 之，如皆有之，則不可謂其性定於上下也。

他首先釐清孔子之言，以為「智」與「愚」乃人之「才」也，其才而明者，
斯為上智也，其不才而昧者，則為下愚矣！非關「性」也。孔子但云「性相
近也，習相遠也」（〈陽貨篇〉），並未稱性有上下。因此以下所論乃得有據，
契嵩說：

> 韓子之言，其取乎仲尼，所謂不移者也，不能遠詳其義而輒以善惡
> 定其上下者，豈誠然耶？善惡情也，非性也。情有善惡，而性無善
> 惡者何也？性靜也，情動也，善惡之形見於動者也。孟子之言「犬
> 之性猶牛之性，牛之性猶人之性」者，孟氏其指性之所欲也，宜其
> 不同也。吾之所言者性也，彼二子之所言者情也，情則孰不異乎？
> 性則孰不同乎？

韓愈〈原性篇〉說：「性之品有上中下，上焉者，善而已矣；中焉者，可導而
上下也；下焉者，惡而已矣。其所以為性者五，曰仁、曰禮、曰信、曰義、
曰智。」契嵩之說與此異趣，他認為性無善惡，其善惡者情也；而韓愈以「仁
義禮智信」為性之五者，契嵩前文則謂此為「教」也，蓋秉〈中庸〉所謂「天
命之謂性，率性之謂道，修道之謂教」而立其義。故有所不同也。〔註7〕

　　至於孟子所謂「犬之性猶牛之性，牛之性猶人之性」，此乃反詰告子之語，
當觀其原文上下，方不致斷章取義，原文云：

> 告子曰：生之謂性。孟子曰：生之謂性也，猶白之謂白與？曰：然。
> 白羽之白也，猶白雪之白；白雪之白，猶白玉之白與？曰：然。然
> 則犬之性，猶牛之性，牛之性猶人之性與？

此處孟子蓋反斥告子所謂「生之謂性」一說，以為若如其言則犬、牛與人之
性皆相同與？按理說，告子應當進一步有所辯論，然《孟子》之書至此便無
下文（次章轉論「食色性也」），使人不無遺憾。契嵩此處所論頗有接續告子

─────────────

〔註7〕契嵩另有〈非韓〉三十篇，專批韓愈者，詳參第四章第二節。

而與孟子論辯之意味，他指出孟子所稱者乃是「性之欲」，即所謂情者也，非性也，因此又說道：

> 夫犬牛所以為犬牛者，犬牛性而不別也；眾人之所以為眾人者，眾人靈而不明也；賢人之所以為賢人也，賢人明而未誠也；聖人之所以為聖人者，則聖人誠且明也。

此處業已明白表示，犬牛與人皆同具其性，只是禽獸異於人類，昧而不靈。然身為人類，雖稱萬物之靈，而一般眾人卻靈而不明，賢人則「明而不誠」，此「明」即〈大學〉「明明德」之「明」，以及〈中庸〉「自明誠」之「明」也；賢人「明而未誠」者，意即心知當明其明德，然功夫卻未臻圓熟者；及至其圓熟之境界，即所謂「自誠明」者，天道也，聖人之域也。故契嵩又論其「誠」之道云：

> 夫誠也者，所謂大誠也，中庸之道也，靜與天地同其理，動與四時合其運。是故聖人以之禮也，則君臣位焉，父子親焉，兄弟悌焉，男女辨焉，老者有所養，少者有所教，壯者有所事，弱者有所安，婚娶喪葬則終始得其宜，天地萬物莫不有序。以之樂也……以之刑也……以之政也……聲明文物可示於後世。仁之則四海安，義之則萬物宜，智之則事業舉，信之則天下以實應，聖人之以中庸作也如此。

此處把原先議論所擴及的廣大高明之道，隨即又重返於禮樂刑政、仁義智信之教道上，而統攝於其中庸之論理系統，而其脈絡亦昭然可見也。

四、修禮樂以致中庸

契嵩之論「中庸」，其要義大略已如前面三段所述，然而這些理論是否實際可行？抑或只是空言？故有「中庸可學歟」之問，契嵩肯定其可學而至，乃云：

> 故言中庸者，正在乎學也，然則何以學乎？曰學禮也，學樂也。禮樂修則中庸至矣。禮者，所以正視聽也，正舉動也，正言語也，防嗜欲也。樂者，所以宣喧鬱也，和血氣也。視聽不邪，舉動不亂，言語不妄，嗜欲不作，思慮恬暢，血氣和平而中庸，然後仁以安之，義以行之，智以通之，信以守之，而刑與政存乎其間矣！

契嵩將「禮樂刑政」之「大節」，與「仁義智信」之「大教」，又簡約之以「禮樂」來統攝，作為學習中庸之下手處，可謂要而不繁矣！故知，禮樂之教，

實即中庸之入門也，亦即王道之所賴以成就者也。〈論原〉中亦有〈禮樂〉一篇，進一步發揮禮樂之功能與效用者，該篇說：

> 禮，王道之始也；樂，王道之終也。非禮無以舉行，非樂無以著成，故禮樂者王道所以倚而生成者也。禮者因人情而制中，王者因禮而爲政，政乃因禮樂而明效。人情莫不厚生而禮教〔註8〕之養；人情莫不棄死，而禮正之喪；人情莫不有男女，而禮宜之匹；人情莫不有親疏，而禮適之義；人情莫不用喜怒，而禮理之當；人情莫不懷貨利，而禮以之節。夫禮舉則情稱物也，物得理則王政行也，王政行則其人樂而其氣和也。樂者所以接人心而達和氣也，宮商角徵羽五者樂之音也，金石絲竹匏土革木八者樂之器也，音與器一主於樂也，音雖合變非得於樂則音而已矣，是故王者待樂而紀其成政也，聖人待樂以形其盛德也。

禮之所作必順乎人情而定其節制，使人日用云爲有所依循，《禮記‧曲禮》說：「道德仁義，非禮不成；教訓正俗，非禮不備；分爭辨訟，非禮不決；君臣上下，父子兄弟，非禮不定；宦學事師，非禮不親；班朝治軍，涖官行法，非禮威嚴不行；禱祠祭祀，供給鬼神，非禮不誠不莊。」小自個人家庭，大至國家社會，文治武功，無不賴禮以成，可見禮之重要。故契嵩所舉有關人情之生死、男女、親疏、喜怒、貨利等事，無不皆需以禮爲其節，使其人情之發而皆有中，王政之行乃和樂而順也。至於樂之與禮更是相輔相成，〈樂記〉云：「樂者爲同，禮者爲異；同則相親，異則相敬，樂盛則流，禮盛則離，合情飾貌者，禮樂之事也。」又說：「樂者天地之和，禮者天地之序。」可見禮和樂之不可分，契嵩也說：「樂之本者在乎人和，禮之本者在乎物當。」人心七情之發無不中節，內心時保其和樂，故其待人接物，無有不當，此即禮樂之教有以成效也，故〈禮樂篇〉又說：

> 夫禮所以振王道也，樂所以完王德也，故王者欲達其道而不極於禮，欲流其德而不至於樂，雖其至聖，無如之何也。人君者禮樂之所自出者也，人民者禮樂之所適也，所出不以誠，則所適以飾虛，所出不以躬則所適不相勸，是故禮貴乎上行，樂貴乎下效也。

契嵩以禮樂作爲君子躬行中庸之入手處，可謂握其綱挈其領者也，禮樂由人君出，人民依循禮樂而行，舉措得宜，行止有節，中心和樂，如此漸進，中

〔註8〕「教」，《大正藏》本作「樂」，此處依《四庫》本作「教」，於文義始順。

庸之道可循而致也。

五、〈中庸解〉之思想架構

　　綜合以上四段之分析，吾人對於契嵩的中庸思想，應已有所認識，此處進一步將其理論架構表解明之，如此或可更容易掌握其脈絡，以加深對其中庸思想之瞭解。

（一）中庸與禮之關係

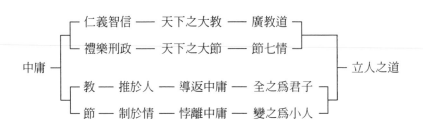

（二）中庸與皇極之異同

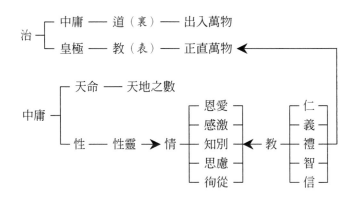

（三）性與情之區別

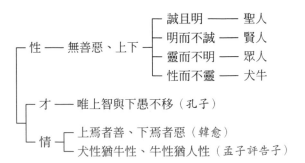

（四）中庸可學而成

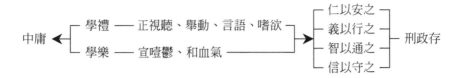

第四節　儒家的論文品人觀點

契嵩生長在宋朝輕武重文的時代環境下，又身處北宋前期復古運動熱列開展之風氣中，雖他在〈與章潘二祕書書〉中表明自己當以僧德是勉，若「專以文字見教，則不敢聞命」，可見他並非以文章而自任者。然而以儒家的傳統觀點言，文章經國也算是不可輕忽之大業，因此他對於文風之興衰卻也未曾置之度外，《鐔津文集》中亦可見其抒發對於文章之看法以及對於歷史人物之品評，究其觀點則仍導歸於為治之道，頗有近似於古文家之主張。本節因摭其相關篇章，條理分析其以儒家思想為本的文學觀與人品論。

一、論文觀點

契嵩對文學的看法表現在〈紀復古〉、〈文說〉以及〈人文〉等篇章裡，從這些篇什中可以看出，他的文學觀是「先道而後文」，他對於古來文章所認取的價值觀也是偏向於古文，而其著眼點乃在於「發仁義而辨政教」，皆以經世致用者為主，其餘則未予置評。以下謹述此兩種觀點與取向。

（一）古文取向、仁義是歸

〈紀復古〉提到章表民以官職奉派至錢塘，因而和契嵩相識，交往之際乃出示其攜自京師有關歐陽修、蔡君謨、尹師魯等人之文章，以展現當時古文盛行之風，並推崇三人為一時之俊傑。契嵩便藉機一敘其對於古文之觀點云：

> 本朝用文已來，孰有如今日之盛者也，此聖君之德而天下之幸也。
> 退且思之，原夫古文之作也，所以發仁義而辨政教也。堯舜文武其
> 仁義至，其政教正；孔子以其文奮而揚之，後世得其法焉，故為君
> 臣者有禮，為國家者不亂。方周道衰，諸侯強暴相欺，上下失理，
> 孔子無位於時不得行事，故以之用褒貶正賞罰，故後世雖有姦臣賊
> 子，懼而不敢輒作。及戰國時，合從連衡之說傾天下，獨孟軻荀況

以文持義而辨政教，當時雖不甚振，而學者仰而知有所宗。

此段所論乃契嵩放眼先秦時期之文章概況，大抵是以孔子為分界點，孔子刪詩書訂禮樂，憲章文武祖述堯舜，因此，孔子之前有關堯舜的「仁義政教」大業便全靠孔子之整理與發揚，藉其六藝文章而得以為後世所取法。至於孔子所處的春秋之世，正是諸侯相欺上下失理之時，孔子以布衣而行其「褒貶筆削」之事，此即發揮以文章而針砭時世之功用。及至戰國時期，天下之亂有過於春秋時代，而能挑起文責以捍衛仁義者，契嵩只認取孟荀二子，所謂「以文持義而辨政教」者，這也就是他的文學史觀，秉此以視兩漢以下，其觀點仍舊一以貫之，又說：

> 漢興，賈誼董仲舒司馬遷揚雄輩，以其文倡之，而天下和者響應，故漢德所以大而其世所以久也。隋世王通亦以其文繼孔子之作，唐興，太宗取其徒發而試之，故唐有天下大治，而韓愈柳宗元復以其文從而廣之，故聖人之道益尊。今諸儒爭以其文奮，則我宋祖宗之盛德鴻業益揚，天子之仁義益著，朝廷之政教益辨。然而卿士大夫內觀其文知所以修仁義而奉上，正政教而莅百姓；萬邦百姓外觀其文而知所以懷仁義而附國家，聽教令而罔敢不從，四夷八蠻觀其文以信我祖宗之德業，知可大可久也，使其望而畏之，曰宋多君子，用其文以行古道，中國之禮樂將大修理，不可不服也。

漢代以文著稱者多士矣，然而契嵩獨取賈子、董子、馬遷、揚雄諸子，賈子之《新書》、董子之《天人三策》、馬遷之《史記》，揚子之《法言》，其為文之目標都是以經世致用、輔裨治道為主，至於辭賦諸家皆不在其論列。而隋世王通更是屢受契嵩之贊揚，甚至有將其比為孟子以後之道統傳承者，所作《中說》每為契嵩所樂以引述。至於有唐，韓、柳固為一代之健將，韓愈倡於前柳子鳴於稍後，雙雙為古文運動掀起熱潮，契嵩雖然不滿於韓愈之排佛作風，但對其提倡古文維護道統之用心卻也無法抹滅其功，故以同樣居於弘揚儒道之立場而表揚之。進入宋代，恰以朝廷右文政策所致，文風隨之大盛，而初期則古文時文並行，幸賴歐陽修等人之力倡，遂有復古運動之興盛，與韓柳遙相呼應。契嵩恰好躬逢其盛，因也寄以厚望，蓋與其理想有相近之處者也。只是契嵩以出家身分而提倡古文，為恐有失其僧眾立場，故其立言又稍與彼等不同，不但強調文章之功用必在「發仁義而辨政教」，還更進一步的把「文」的層次提昇至內在的「道」之境界，這樣便能與修道相結合，這就

是他心中的最高理想了。以下再進一步分析之。

（二）先道後文、攝末歸本

古文家主張「文以載道」或「文以明道」，蓋以文與道相提並論，契嵩的說法則是以「人文」與「言文」相較而論，〈文說篇〉云：

> 歐陽氏之文言文耳，天下治在乎人文之興；人文資言文發揮，而言文藉人文為其根本。仁義禮智信人文也，章句文字言文也，文章得本，則其所出自正，猶孟子曰取之左右逢其原。歐陽氏之文大率在仁信禮義之本也，諸子當慕永叔之根本可也，胡屑屑徒模擬詞章體勢而已矣！

所謂「言文」，指的是章句文用，包括辭藻之富美與技法之工巧者，也就是文章之形式部分；而「人文」者，謂仁義禮智信，即文章之內容思想部分。契嵩主張文章須務其本，得其本，則文字自然得正；故他呼籲眾人當追求歐陽修文章內容所含藏的仁信禮義思想，不要只在表面的詞章體勢上作膚淺的模擬，這才是為文的根本之道！

此外，〈人文篇〉更進而將其攝歸於為政與教化天下之大道（詳參本章第一節第四目「別論《易》與《春秋》」），他以《易·賁卦》「觀乎人文以化成天下」一語來藉題發揮，以「文武王之道」作為「人文」所表現在治道的具體內容，由此以見天下之成敗，故而主張「人文至焉，言文次焉」，又說「人文者天下之道之所存也，言文者聖人之志之所寓也」，這裡的言文當是指六經的章句文字而言，如此的先道後文，攝末歸本，質文並重而構成了契嵩的文學觀，而他對於許多人與事之評論，也是同樣基於這種觀點而出發的。

二、品人辨道

契嵩對於世間學問曾有廣泛之涉獵，〈行業記〉稱其「於世間章句不學而能」，所言雖略具神異，然觀其《文集》中所展示，確亦廣涉經史，博及百家，除了本章所列論的經史方面之論著以外，尚有〈九流篇〉之作，乃對於諸子百家之總評，如謂「儒家者流其道尚備，老氏者流其道尚簡，陰陽家者流其道尚時，墨家者流其道尚節，法家者流其道尚嚴，名家者流其道尚察，縱橫家者流其道尚變，雜家者流其道尚通，農家者流其道尚足。」雖然只有了了數語之評，然又豈是苟拾牙慧以充篇帙者？此外，〈品論篇〉，廣引眾士，序而品評，以辨其「道」之得失；〈問交篇〉則明人品以慎交友之道也；〈師道

篇〉則辨其道之正否，以明其可師與非師，凡所論述皆可以見其人品論之觀點所在，序而述之於后。

（一）辨道以論人

前面曾說契嵩的文學觀點乃是「先道而後文」，故其品評人物便即以道之得失爲所依。〈品論〉一篇上下臚列四十餘人，序而論其品次，所依據者即是辨其「道」之得與失而後乃論其品者，契嵩說：

> 引其器所以稽其範之工拙，辨其人所以示其道之至否。然範工資世之所用，道至正世之所師，所師得則聖賢之事隆而異端之說息也。是故君子區之、別之、是之、非之，俟有所補也，豈徒爾哉？記曰：文理密察，足以有別也。孟子曰：是非之心智之端也。斯亦辨道之謂也。

這裡說明了契嵩所以臚列如許人物，費心的給予比較評價，目的何在？無非爲知人而論之，辨其道以明是非，終而取其範以知所師法也。如其云：

> 荀子之言近辯也，盡善而未盡美，當性惡禪讓，過其言也。揚子之言能言也，自謂窮理而盡性，洎其遇亂而投閣，則與乎子路曾子之所處死異矣哉。太史公言雖博而道有歸，班氏則未至也，宜乎世所謂固不如遷之良史也。

又如：

> 董膠西之對策美哉！得正而合極，所謂王者之佐，非爲過也；繁露之言則有可取也，有可舍也。相如之文麗，義寡而辭繁，詞人之文也。王充之言，立異也；桓寬之言，趨公也；韓吏部之文，文之傑也，其爲原鬼讀墨何爲也。柳子厚之文，文之豪也，剔其繁則至矣，正符詩尤至也。

凡此諸論評皆是以政教爲依歸，合其道者則是之，不合其道者則非之；辜不論其臧否之適當否，要皆可見契嵩一己之見地，亦可資後世之所參也。

（二）以道而擇交

〈品論篇〉所言乃品評古今人物，〈問交篇〉則論求益友以擇交也。契嵩說：

> 客問曰：予欲擇交恐傷乎介，予欲汎交恐傷乎雜……曰：以人從道則君子擇交，以道從人則君子汎交；以道汎交，廣其道也，以人擇

> 交，審其道也。傳曰：汎愛眾而親仁。言汎交而推其道也。繫辭曰：
> 定其交而後求。言詳道而後從其交也，必有道而後汎交，道不充己
> 而為汎交，交必混也，故君子不為混交，必正道而後擇交；道不正
> 己而為擇交，交必徒也，君子不徒交。

契嵩認為交友之前當先自我省察，以審吾之道已立否，吾之行堅否。孔子云：
「可與共學，未可與適道，可與適道，未可與立。」（《論語‧子罕篇》）此言
立於道之不易也。又說：「主忠信，無友不如己者。」（〈學而篇〉）蓋謂自審
其忠信之道未能屹立堅定之前，交友則當有所選擇也。契嵩之言交友亦是秉
此原則，「道充己」則可廣交，此利於人而可濟眾者也；「道不充己」則必正
道而後擇交，亦即「無友不如己者」。〈品論篇〉之評論人物一皆以其道之得
失而為其臧否，然所評皆古之人，以古而鑑今，斯所謂知人而論世，道正己
而後擇交者也。孔子所謂「益者三友」、「損者三友」，此不亦明白示人以謹慎
交友之道乎？然而後世交友之義則亂矣，契嵩說：

> 夫古今人有以勢交者，有以利交者，有以氣交者，有以名交者。以
> 名交則無誠，以氣交則或同惡；以利交，利散則絕；以勢交，勢去
> 則解……孟子曰：友者友其德也。君子之交，相與以義，相正以德，
> 故君子之交久而益善，小人之交久而益欺。

古今之人以勢利名氣而定交者，所在多矣！如今日官商之往來，其以勢利勾
結而互相利用者不知幾多，迨其有朝一日利益分配不均，或勢力有所轉移，
彼此關係瓦解，向來之交情竟成仇讎，甚至兩造同為階下囚者亦不鮮見。故
知，交之不以其道，其患無窮也，唯其相交以義，相勸以德，乃能久而益善。
孔子曰：「晏平仲善與人交，久而敬之。」唯敬唯義，其為善交者乎！

（三）審道而慎師

　　知人辨道以擇其交，此為同儕之相勵以道者，而學問之道甚廣，若無明
師之指引，汪洋大海若失明燈，何以航抵學海之彼岸哉？故知師之不可無也。
然則求師之道與為師之道皆不可苟也，契嵩〈師道篇〉有以論之云：

> 君子不以非師而師人，不以非師而師於人，故君子教尊而道正也。
> 師者標道也，標者表方也，標不正則使人失其嚮，師不正則使人失
> 其正。

此處並論「師人」與「師於人」，師人者，即為人師表；師於人者，即拜師求
道也。無論何者皆不得輕苟為之，若己身自忖其道之不足以為人師，則不以

非師而師人；若見其人有可師者，當進而審其道之正否，而後可以師事之。蓋師者道之指引者也，若導之失其方，云何正其道乎？孟子云：「人之患在好爲人師」，俗亦謂：「一日爲師，終身爲父」，故知不論「師人」者或「師於人」者，皆當以謹慎而爲之也。〈師道篇〉又云：

> 天下者教爲其本，教者道爲其主，道者師爲其端也。正其端所以爲道也，正其主所以爲教也，正其本所以爲天下也。故古之君子不苟尊而師人，不苟從而師於人，其存心於天下乎！今天下其教未至，不亦苟爲人師者之罪乎？不亦不擇師於人者之罪乎？

此處進一步將師道擴充及教化天下之大體，斯則更不敢輕矣。蓋天下庶民無不需以教化之，故教爲其本；所教者何？仁義禮智其主也，百工技藝其副也，故道爲其主；人能弘道，非道弘人，故師爲其端也。韓愈有〈師說〉之作，柳宗元有〈答韋中立論師道書〉，皆所以嘆師道之淪喪而圖有以振之者也。

方今之世，不僅師道淪喪於教育界內，甚且汎濫於社會各階層，是以各種詐財騙色之勾當亦假師之名而大行其邪道，受誆之人動輒千萬，詐得之財少則億萬，甚中尚且不乏高級知識甚至貴族政要，方其執迷於所設之異招騙術中而不自覺，乃以大師、明師而師之禮之，卑躬謙遜曲膝匍匐，令千萬庶民茫然惑之，於是乎上行下效，邪惡之風瀰於國中而不熄，謾誕之說盛於街坊而不止。一旦其邪術被揭而破之，於是乎株連者忙於自清，同謀者奔走於避罪，既知有此下場何以當初之不細察焉？契嵩所謂「不苟尊而師人，不苟從而師於人」，實可爲彼等妄自尊爲師者，暨彼等苟從而師於人者之棒喝也！而如今社會之諸多亂象，豈非「苟爲人師者之罪乎」？孤掌不鳴，又豈非「不擇師於人者之罪乎」？

第五節　契嵩儒學思想綜評

契嵩有關儒學方面的著述業已析論如上，從以上的分析中，吾人可以看出契嵩對於儒家典籍涉躐之廣，而且又能融會貫通推陳出新，演繹出一套思想系統來，而「自成一家之言」（《四庫提要》語）也形成了他的特色與價值。雖然他的筆力雄偉擅長辯論，但文句之間卻也不免稍遺微疵，析論之餘亦條列於篇次以供研究者參考，以下謹就其特色與疏失作一總評。

一、契嵩儒學思想之特色

（一）五經並揚而統貫於皇極與中庸

關於兩宋治經之趨勢，頗有對《易》與《春秋》二經特別重視之取向〔註9〕，主要原因乃在於《易》為六經之原，內容深入人生哲理。因而宋初主張排佛之儒士，便常以之與佛教相抗衡，如李覯便曾說：「及味其（佛）言有可愛者，蓋不出吾易繫辭、樂記、中庸數句間。」（《盱江集》卷二十三）至於《春秋》則為孔子一生志行之所在，尤其明夷夏之辨一事，對於外患頻仍的宋朝，更具有宣揚的意義。孫明復說：「盡孔子之心者大易，盡孔子之用者春秋。」由此可見，這兩部經在宋代受到特別的注重，確實有其時代與思想的背景因素存在。而《宋史·藝文志》經類著錄之部帙，也是以《易》與《春秋》類為最多〔註10〕，更可證明此一現象之不虛。

雖然宋代的治經趨勢是如此的偏重《易》與《春秋》，但是契嵩卻不如此主張，因此他在〈問經篇〉裡特別的強調五經同等重要，並將五經對於治道的關係，比喻為五行之成陰陽，不可有所偏廢，否則治道必有所缺。這種主張也可以從其它的儒學論述中見一端倪，他的〈論原〉四十篇，以及〈皇極論〉、〈中庸解〉等著作裡，對於五經均有廣泛探究，而不是專主一二經者。相對於時代的治經趨勢，契嵩則是有其見解與特色。

儘管契嵩特別強調五經應當一視同仁，齊等發揚，但是他卻在〈論原〉四十篇之外，又特別撰述了〈皇極論〉與〈中庸解〉兩篇長文，錢穆先生說：「其時，如胡安定重〈洪範〉，范仲淹重〈中庸〉，北宋儒學初興，其風如此。嘉祐新政正在其時，契嵩蓋亦受時風影響也。」（氏著〈讀契嵩鐔津集〉，《中

〔註 9〕 關於兩宋治經之取向，李師威熊《中國經學發展史論》（上）第七章曾扼要的提出六點，即(1)繼續唐代經籍義疏之學，(2)孟子經學地位的確立，(3)標榜四書，(4)新經義的修訂，(5)特別著重《易》與《春秋》二經的研究，(6)治經趨於主觀。

〔註10〕 據《宋史》卷二○二，〈藝文志〉經類圖書著錄記載，經類共一千三百零四部，一萬三千六百零八卷。其中《易》類凡二百一十三部，一千七百四十卷；《書》類凡六十部，八百零二卷；《詩》類凡八十二部，一千一百二十卷；《禮》類凡一百一十三部，一千三百九十九卷；《樂》類凡一百一十一部，一千零七卷；《春秋》類凡二百四十部，二千七百九十九卷；《孝經》類凡二十六部，三十五卷；《論語》類凡七十三部，五百七十九卷；「經解」類凡五十八部，七百五十三卷；「小學」類凡二百零六部，一千五百七十二卷。最多者為《春秋》類，其次為《易》類。

國學術思想史論叢》第五冊，以下所引並同）錢氏以爲契嵩特別闡述〈洪範〉與〈中庸〉是受到時風所影響，事實上這還關係到契嵩整個儒學思想的中心架構問題，以下之敘述可以明之。

（二）以皇極之教統攝儒家政治學說

契嵩作〈皇極論〉主旨乃爲發明〈洪範〉的皇極中正思想，此外〈論原〉中也有多篇同是在闡揚皇極的要義。經過前面各節的分析結果，我們可以發現，契嵩所有關於儒家的政治方面之學說，最後不是歸於中庸即是歸於皇極，他並且也把皇極與中庸之關係定位爲一表一裏，而稱皇極爲「教」，中庸爲「道」；這可說是由「天命之謂性，率性之爲道，修道之謂教」推闡而來，故皇極之與中庸乃不可分也。

皇極既以「教」爲所施，故其所統攝者即包括治國理天下之大籌，而此治理之訣則全繫乎公私之明辨也，舉凡用人任事之計、賞罰黜陟之宜，皆不可無一公字，可見天下大公即是大同大治矣，而天下大公大同者，端賴於皇極中正有以致之也。是以皇極之道又可推而貫通於天地人三才，三才同秉持皇極中正而行其道；因此皇極遂又與〈洪範〉九疇無不相連，而九疇中的各種治國措施，以及個人家庭的吉凶禍福，乃至國家社會的休咎之徵，在在都與皇極中正緊密相連。這就是契嵩所描述的儒家政治思想之系統——以皇極來統攝〈洪範〉中的所有政治學說，進而擴充及儒家整體的政治思想。

（三）以中庸之道貫串心性思想與禮樂教化

契嵩既將皇極定位爲「教」，中庸爲「道」；故針對《中庸》一書開頭所闡述的「天命之謂性，率性之謂道」這種形上學，一方面要探索其本體方面的心性理論，一方面又得顧及它在修齊治平上的效用，因此契嵩的〈中庸解〉除了論辨性、情之異同外，還得要兼論及它與禮樂教化乃至與皇極之間的定位關係。

心性之說本爲《中庸》書上重要的形上理論，但是契嵩在〈中庸解〉五篇裡面並沒有大力發揮，他只列舉孟子與韓愈對性與情混爲一談的說法，提出己見而爲作簡單區別，至於他自己對心性的看法因較偏屬於佛家的主張，乃另著篇什以發其微（註11），因此，〈中庸解〉的內容便多言及禮樂之教化及

〔註11〕 〈論原〉的最後一篇〈治心〉一文中，契嵩在論及他對於「心、理、氣」的論點之時，由於涉及到心性根本思想，儒佛所說略有差異，不得不有所分辨，因此乃說：「必欲求之，子當探吾所爲之內書者。」

其與皇極之教間的關係。重要的關鍵乃是在於他先把中庸與禮的關係整合，指出「中庸者，蓋禮之極而仁義之原」，故而擴充爲禮樂刑政仁義智信等諸教目時，仍舊是一貫於中庸之道。因此，無論心性也好，禮樂教化也好，或者是皇極中正、治國大道，皆是互爲表裏，一而二，二而一者也。這也就是爲何〈皇極論〉和〈中庸解〉要特別提出專篇以論述之原因了。

（四）善用歷史典故，長於品評人事

契嵩的文筆是極雄健的，他在剖論事理之持往往能條分縷析，層層深入，反復推闡，使人不得不爲其筆鋒所懾，無怪乎連歐陽修也要贊歎曰：「不意僧中亦有此郎耶！」而契嵩在批隙導窾之餘尚有一件能事，那就是對歷史史事瞭若指掌，信手拈來，爲理作證，往往使其論理更具說服力，所謂理無事不明，事無理不成，契嵩便是這樣運用他的雄健文筆來闡述其思想。茲列舉若干篇例以爲證明，如〈評隱篇〉說：

> 呂望東海之隱，稱隱也；伯夷西山之隱，憤隱也；顏回之隱，不須時不怨世，樂隱也；原憲之隱，不卑論以儕俗，驕隱也；四皓之隱，去以避亂，來以補政，達隱也；谷口鄭子眞，修隱也；成都嚴君平，和隱也；曼卿隱於朝，玩隱也；子雲隱於官，苟隱也；孫思邈、盧鴻一處不污道出不屈節，高隱也；張果之隱，詭隱也；李泌者身朝而名野，接祿而尚君，假隱也；李（脫名）者身伏而達言，釣隱也。

此段所列者，皆古來或以「隱」而稱名者，契嵩卻筆鋒犀利的道出各人之動機行徑而分別予以品評立名，終使諸釣隱、假隱、詭隱、苟隱、玩隱者，皆無所遁其形，而所謂稱隱、樂隱、達隱、高隱者，亦可於千載之後享其清譽。此外，〈評讓〉篇也和〈評隱〉頗有異曲同工之妙，此篇論議歷代讓位事跡之種種因由，指出並非所有讓位者皆值得贊揚，因而將其區分爲「時讓、義讓、名讓、勢讓、苟讓」六種（詳見本章第一節），其中所舉的魯隱公、漢孝平帝、吳季札、曹子臧、伯夷及堯舜等人的讓位事跡與其臧否，均可由此以看出契嵩思想之觀點所在。此外尚有〈公私篇〉以及〈品論篇〉等，也都是運用這種手法來表達他對歷史人物與事跡的看法，錢穆先生說：「契嵩以一僧人，而能衡量人物，注意到人品上，更見其學養之非凡。」而這些對於人事的品評也形成了契嵩儒學思想的部分特色之一，而且也在其儒釋融會思想中產生了影響。

二、契嵩儒學論述之疏失

契嵩〈皇極論〉、〈中庸解〉、〈論原〉等諸篇闡發儒家思想之作，其內容與特色俱已說明如前，這些著述的價值，雖不至於如《四庫提要》所稱的「偏駁不可信」〔註12〕，但其中卻也不免稍有微眚者，這些疏失之處雖不致影響其儒學思想之大體，然不妨列舉之以爲研究之資。

（一）論理欠周者

契嵩本以善於說理論辨而爲人稱道，豈亦有論理欠周之失哉？此或爲一時不察，用語遣詞之失密所致也。觀其〈論原·善惡篇〉說：「情可移而性不可變」，然而〈性情篇〉中卻說：「性貴乎靜，故性變不可太易。」又說：「今天下之民，方髫髮未剪，而以利害相欺，父母則聳之……是不亦性變之太易乎？」其前後兩用「性」字，而所言卻異旨，殊爲可疑也。觀其〈中庸解〉之所論，似其一貫主張亦多傾向於「性不可變」之說，然〈性情篇〉所謂之「性」，究與中庸所言之「性」同耶？異耶？若其爲同，則不應有一可變一不可變之差解；若爲異，則應另立一名，不宜與此「性」混淆，故其兩篇所論之性，實爲欠周密也，此其疏失之一。

（二）引喻失義者

前面言及契嵩思想特色時曾說到他善用歷史典故，並長於品評人事，然而在引述人物事跡之時，卻也不免一時疏忽而引喻失義者，例如〈中庸解第二篇〉裡曾說到：

> 舜以之（中庸）爲人君，而後世稱其聖；顏回以之爲人臣，而後世
> 稱其賢；武王周公以之爲人子，而後世稱其孝。

其中的「顏回以之爲人臣」一語似有欠當，案「臣」字之義，《說文》云：「臣，牽也，事君者，象屈服之形。」《禮記·禮運篇》也說：「仕於公曰臣。」契嵩此處也以「人君」與「人臣」並舉，顯然他認爲顏回是出仕於公而爲人臣，並能守住中庸之道，因而爲後世稱讚其賢。然而考諸相關典籍卻未見有任何關於顏回出仕爲官之記載。如《論語》一書載錄顏回事跡者凡二十一章，其中頂多也只有〈述而篇〉的「子謂顏淵曰：用之則行，舍之則藏，唯我與爾

〔註12〕四庫本《鐔津集·提要》評契嵩云：「又作〈論原〉四十篇，以陰申其援儒入墨之旨，其說大抵偏駁不可信。」此處所引爲《鐔津集》「書前提要」，至於《四庫總目提要》所載文字則與此略異，或爲總評其〈輔教編〉、〈非韓〉、〈論原〉等著者，至於其所論之適當否，留待後面章節再論之。

－138－

有是乎！」以及〈衛靈公篇〉的「顏淵問爲政」而已，但並無其從政之記載。此外尚有〈雍也篇〉的「昭公問弟子孰爲好學」，以及〈先進篇〉的「季康子問弟子孰爲好學」，而孔子都回答：「有顏回者好學，不幸短命死矣，今也則亡。」昭公和季康子的詢問無非是向孔子徵才以資從政者，但顏回早已不幸辭世，雖有出仕的機會卻無長足的壽命以當之，殊爲可惜也，從這些記載裡均未發現他有從政的事實。此外《史記‧仲尼弟子列傳》中有關顏回的敘述，也都不見有任何他爲官從政之事跡，因此，契嵩所謂的「顏回以之爲人臣」，實不知其所據爲何典，而且「後世稱其賢」的原因，或當以〈庸也篇〉的「子曰：賢哉回也！一簞食，一瓢飲，在陋巷，人不堪其憂，回也不改其樂；賢哉回也！」以及其他各篇中孔子對顏回屢次的贊揚之故，後人遂也稱回之賢，未聞有因顏回爲人臣而後世稱其賢者。況且契嵩於〈評隱篇〉說：「顏回之隱，不須時不怨世樂隱也。」既稱其爲「樂隱」，又指其爲「人臣」，豈不矛盾哉？此爲契嵩疏失之二。

（三）徵引失實者

契嵩執其雄筆，馳逞論說，摭取故實，掇引傳記，以實其篇幅壯其論理，此固爲文之常情也。然其於徵引經傳子史之際，或未經詳核但憑記憶，率爾筆之於書，遂不免有文字出入者，辜舉三例以示其失。

〈問兵篇〉引《穀梁傳》而曰：「被甲嬰冑非所以興國也，則以誅暴亂也。」然此段之《穀梁傳》原文應作「則以征無道也。」（茲據《十三經注疏》清阮元校勘本）契嵩將「征無道」誤爲「誅暴亂」，顯然爲謬。

其次同爲〈問兵篇〉之徵引《文中子》者，引文云：「亡國戰兵，霸國戰智，王國戰仁義，帝國戰德，皇國戰無爲。」然而考諸《文中子‧問易篇》本文，則作「強國戰兵，霸國戰智，王國戰義，帝國戰德，皇國戰無爲。」[註13]契嵩把「強國」誤爲「亡國」；「戰義」則衍爲「戰仁義」。此乃其徵引失於考證者也。

此外，〈人文篇〉及雜著〈文說篇〉引《易‧賁》卦之言，本應作「觀乎人文以化成天下」，〈人文篇〉乃作「觀乎人文而天下化成」，〈文說篇〉又作「觀乎人文則天下化成」；雖然只是一二虛字之異以及次序之反置，無傷於詞義，但以引文當遵原文爲準，避免以己意任爲改換爲是。古人引書常隱括大

〔註13〕此處所據爲廣文書局印行，阮逸註本《文中子中說》，收於《子書二十八種》
　　　　第五冊。

意，故不必盡係原文，此雖古人之通病，然而若所引與原文差異過甚，則顯為不當也。契嵩所引諸文雖無傷於文旨，然「征無道」之與「誅暴亂」，「強國」之與「亡國」，其義仍是有別也。此其疏失之三。

（四）誤解經傳者

契嵩在〈論原〉的〈賞罰篇〉中曾說到：「非至公高明之人，不可以授之以賞罰之權也，傳曰：可與適道，未可與權，蓋慎之至也。」此外，〈異說篇〉也提到：「權也者，治亂安危之所繫也，故權也不可以假人也。孔子曰：可與學未可與適道，可與適道未可與立，可與立未可與權。蓋慎之至也。」這兩篇所說的都是在強調，國家賞罰之大權及繫乎治亂安危之權柄不可輕以授人，但是契嵩所引證的孔子之言卻有斷章取義誤解經傳之嫌，該段原文乃《論語・子罕篇》所言：

> 子曰可與共學，未可與適道；可與適道，未可與立；可與立，未可與權。

此章乃是論求學志道者之歷程，由學而適道，由適道而可立，由立而可知權變，漸後漸不易至也。因此，「通權達變」乃其終究之目標，古來對於權之解釋亦歷歷可考。《公羊傳・桓公十一年》說：「權者，反於經然後有善者也。」《孟子・梁惠王》說：「權，然後知輕重。」〈盡心篇〉也說：「執中無權，猶執一也。」何晏《論語集解》則說：「雖能有所立，未必能權量其輕重之極。」以上各說大抵都是解「權」為權宜輕重通權達變之意，亦即漢儒所謂的「反經合道為權」者。歷來並無將其作權力、權柄解者。然而契嵩在引證此文之時，卻將「權」解作政治上的權力與權柄，以其為不可輕以授人，並認為孔子說這段話之意「蓋慎之至也」，顯然他是曲解此章之原旨以附和其文章之論點，此其疏失之四也。

以上乃是就契嵩〈論原〉等儒學方面的著述來論其得失，整體說來，他對於儒學方面的闡述只能說是振其綱挈其領者而已，對於經學方面雖有所發明，但是可惜未能再深入廣述，因此頗有多處但申其然而未明所以然者，使閱讀者常懷意猶未盡之憾，但他畢竟以佛教為本，故此亦難以求備者也。

第六章　契嵩儒釋融會思想的理論
基礎（下）──佛學篇

　　契嵩得法於筠州洞山雲門宗曉聰禪師之門，所師承者乃六祖慧能一脈相傳之南宗頓悟禪法，因此他的佛教思想當以此宗爲本。契嵩撰有〈壇經贊〉一文，經由此文可以一窺其對六祖心法之體悟。而關於禪宗諸祖之傳承事跡，又有《傳法正宗記》之作，這部禪宗史的問世，在佛教界造成相當大的影響。除此之外，《輔教編》中尚有部分論及佛教的基本教義，本章均將條理分析之，藉此將可對契嵩的佛教思想有一梗概的認識，進而可瞭解其思想在儒釋融會理論中的意義。

第一節　佛教基本教義思想

　　在佛教基本教義方面的論述，契嵩並無專門著作，唯其觀點乃散見於〈原教〉與〈廣原教〉等篇章之中，他在〈廣原教・敘〉中說：「余昔以五戒十善通儒之五常爲〈原教〉，急欲解當世儒者之訾佛，若吾聖人爲教之大本，雖概見而未暇盡言，欲特別爲書廣之。」這就是他作〈廣原教〉的宗旨所在，亦即爲發揚佛法基本教理而作此篇，本節特就其所述，整理出契嵩在基本教義方面的見解，以窺其佛教思想之一斑。

一、論教道之所被──宇宙觀與人生觀

　　宗教所探討之問題總不離宇宙與人生兩大領域，而佛教之宇宙觀乃顯示於其對宇宙器界的形成與組織之描述；至於人生觀部分則建構於六道眾生之

輪迴理論。故其教道所被之範圍，即是所有宇宙人生、器界有情之範圍也，契嵩對這兩部分均有論述，說明如下。

（一）器界組織

佛教對於宇宙器界之組織狀況，有所謂「成住壞空」之「四劫」與「三千大千世界」之說〔註1〕。契嵩則但述「四輪」與「三界」之說以括其要，謂明乎此即可知天地之終始，詳六合之內外也，〈廣原教〉說：

> 四輪者何謂也，曰風也，曰水也，曰金也，曰地也。四輪也者，天地之所以成形也，觀乎四輪則天地之終始可知也。三界者何謂也，曰欲也，曰色也，曰無色也。三界也者，有情者之所依也，觀乎三界，則六合之內外可詳而不疑也。

〈廣原教〉只是簡略數語以標示四輪與三界之名，《輔教編要義》則另有詳解，分述如下。

1. 四　輪

《要義》卷五云：

> 四輪者，謂空劫之末，有風名毗嵐，此風吹動最在極下，欲起成劫，謂之風輪。尋有大雲昇空注雨，雨滴大如車軸，積於風輪之上，結爲水輪，最上堅凝爲金，如乳停膜，是爲金輪。亦《俱舍論》云：水輪堅如乳凝冷也。此三輪既成，又有大雨自空飛注，積此金輪之上，厚若干由旬，又有風名攝持，此風吹鼓于水，以成世界，遂有地輪。諸大小乘經論說四輪，前後名各不同，今且依據其嘗所聞見者云耳，不復校其同異。然此之四輪即是高天厚地所以成就其形勢也，若觀矚此四輪者，即前劫天地之所以終，後劫天地之所以成，即可以知之也。

佛教將世界自形成以至壞毀，概分爲成、住、壞、空四時期，循環連續，變化無窮，名爲「四劫」。梵語劫波，簡稱劫，華譯爲長時，乃印度之時間最長單位。上述四劫乃屬中劫，每一中劫又含二十小劫，所謂小劫者，謂人壽由最高之八萬四千歲減至最低之十歲，再由最低數增至最高數，其增減之量爲

〔註1〕三千大千世界謂以須彌山爲中心，七山八海交互繞之，更以鐵圍山爲外郭，是曰一小世界；合此小世界一千，爲小千世界。合此小千世界一千，爲中千世界。合此中千世界一千，爲大千世界。三千大千世界者，示此大千世界成自小千、中千、大千三種之千也。見《大智度論》卷七。

每百年一歲。如是由最高至最低，復由最低至最高，一減一增所需之時間即為一小劫。合二十小劫為一中劫，合四中劫為一大劫，每一大劫亦即世界成、住、壞、空之一週期也（詳參《俱舍論》卷十二）。而四輪者，即是描述前期空劫之末、成劫之初，世界形成之狀態也。關於四輪之順序，契嵩此處之說乃據《俱舍論》所言，以風輪為最下，次以水輪上之，水輪之上為金輪，金輪之上為地輪，世界於是成焉。此外或有於風輪之下增一空輪者，其說不一矣。

2. 三 界

《要義》接著又論述三界之說，其文稍長，茲略錄其大要於后。所謂三界者，欲界、色界、無色界也。第一欲界，此界眾生皆有飲食男女之欲，故名欲界。包括六欲天及四大洲，六欲天者，依次為四王天、忉利天、夜摩天、兜率天、化樂天、他化自在天。四洲者，東弗婆提、西瞿耶尼、南閻浮提、北鬱單越等是。

第二色界者，離欲麤散，未出色籠，故云色界。凡統十八天，又分之為四禪，計初禪三天：梵眾天、梵輔天、大梵天。二禪三天：少光天、無量光天、光淨天。三禪三天：少淨天、遍淨天、無量淨天。四禪有九天：無雲天、福生天、廣果天（此上三天乃凡夫住處，修上品十善而坐禪者得生其間）、無想天（外道所居之處）、無煩天、無熱天、善見天、善現天、色究竟天（上五天乃三果聖人所居之處）。

第三無色界者，但有四陰而無色蘊，故名無色界。包括四天：空無邊處天、識無邊處天、無所有處天、非想非非想天。

以上三界乃是一切有情眾生，隨其善惡業緣果報所依之境。若能詳細觀察此三界，則於天地上下與四方六合之內外，皆可審知而不疑也。

（二）有情概況

梵語薩埵，華言有情，有情識故也，亦即眾生之意。廣義之有情，自出世間之菩薩、阿羅漢以下皆屬之；至於世間之有情，則六道四生諸類眾生皆屬之。故契嵩即以「六道」、「四生」概論之，〈廣原教〉云：

> 六道者何謂也？曰地獄也，曰畜生也，曰餓鬼也，曰修羅也，曰人也，曰天也。六道也者，善惡心之所感也，觀乎六道，可以慎其為心也。四生者何謂也，曰胎也，曰卵也，曰濕也，曰化也。四生也者，情之所成也，觀乎四生，可以知形命之所以然也。

以下乃據《輔教編要義》分別說明「六道」及「四生」之內容：

1. 六　道

佛教將世間一切有情眾生概分為六大類，即地獄、餓鬼、畜生、修羅、人、天等，稱之為六道。或有五道之說者，乃不含修羅道也。第一地獄道，梵語泥黎，翻為苦具，乃造惡眾生受苦之器具，又因處在地之下，故名地獄。有八寒八熱等各大獄，所受之苦各隨所造之業而有輕重，其最重者一日之中有八萬四千生死，而其形壽經劫無量。凡造上品五逆十惡者，感此道身。

第二畜生道，梵語底栗車，亦曰旁生。此道遍在諸處，批毛戴角、鱗角羽毛、四足多足、有足無足、水陸空行，互相吞啖，受苦無窮。愚癡貪欲，作中品五逆十惡者，感此道身。

第三餓鬼道，梵語奢黎哆。此道亦遍諸處，有福德者作山林塚廟神，無福德者，居不淨處，不得飲食，常受鞭打，填河塞海，受苦無量。諂誑心意，作下品五逆十惡者，感此道身。

第四阿修羅道者，此翻云無酒，又云無端正，無天。或在海岸海底，宮殿嚴飾，常好鬥戰，怕怖無極。在因之時，懷猜忌心，雖行五戒，欲勝他故。作下品十善者，感此道身也。

第五人道，人道眾生分布四大洲，各有不同。東弗婆提壽五百歲，南閻浮提壽一百歲，西瞿耶尼壽二百五十歲，北鬱單越壽一千歲。在因之時，行五戒、中品十善而感此道身。

第六天道，即欲界、色界、無色界之二十八層天，其中「忉利天」又自分為三十三天。此類天道眾生在因之時，或單修上品十善，或兼修禪定而得生此道。

以上六道眾生之所由生，皆是由為善為惡之心所感召而得，故觀此六道之所以然，乃可以慎護其為心之善惡也。

2. 四　生

四生即胎、卵、濕、化四類眾生也，此總括六道而言也。《瑜伽師地論‧釋眾生》云：「思業為因，殼胎濕染為緣，五蘊初起為生曰胎生。」卵生者，謂從殼而生者也。濕生者，謂資濕潤氣而出生者也。化生者，謂其從無而忽有也。諸經論所說甚多，茲錄《大智度論》為例，《大論》卷八云：

> 五道生法，各各不同：諸天地獄化生；餓鬼二種生，若胎若化生；
> 人道、畜生四種生，卵生、濕生、化生、胎生。卵生者，如毗舍佉

> 佉、彌伽羅母三十二子，如是等名卵生人。濕生者，如揵羅婆利淫
> 女，頂生轉輪聖王，如是等名濕生。化生者，如佛與四眾遊行，比
> 丘尼眾中有比丘尼名阿羅婆，地中化生；及劫初生時，人皆化生，
> 如是等名爲化生。胎生者，如常人生。

以上四生者皆以情識而生成，亦即所謂「一切眾生皆以淫欲而正性命」之意
也。故觀審乎此四者之所生，則可以知其有形體命數之如是也。

二、述教法之總綱──五乘說法

（一）總說三藏

釋迦牟尼佛所演說的一代時教，雖稱浩如煙海，然歸納其總綱則不外「戒
定慧」之三學。戒以防非止惡爲功，定以息慮靜緣爲本，慧以去惑證理爲用；
而形之於言語聲教者即是「經律論」三藏是也。「戒」歸「律」部所攝；蓋戒
律所規範者即身口意三業之造作也；「定」由「經」部所詮，蓋眾經之旨無非
指於一心，一心即是定也；「慧」屬「論」部所聚，蓋論辨邪正，所以爲開發
智慧也。〈廣原論〉說「三藏」云：

> 修多羅者何謂也？合理也，經也。經也者，常也貫也攝也，顯乎前
> 聖後聖所說皆然，莫善乎常也；持義理而不亡，莫善乎貫也；總群
> 生而教之，莫善乎攝也。阿毘曇藏者何謂也？對法也論也，論也者
> 判也辨也。發明乎聖人之宗趣，莫善乎辨；指其道之淺深，莫善乎
> 判。毘尼藏者何爲也？戒也律也，律也者制也，啓眾善遮眾惡莫善
> 乎制也。

梵語「修多羅」，本義爲「線」，謂以線貫花使之不散；此言教能貫穿法義使
不散失，故名之爲「線」。或翻爲「契經」，唐法藏《華嚴經探玄記》卷一云：
「修多羅，或云修妬路，或言素怛羅，此云契經。契有二義，謂契理合機故；
經亦二義，謂貫穿法相故，攝持所化故。」（《大正藏》第三十五冊）因此「修
多羅」除具有前述「線」之義外，尚有契於理、合於機之義，故云「契」；又
能貫穿法相，攝持所化，如經之於緯，故曰「經」。契嵩對「修多羅」的說解
也是以上述「貫、攝、契」諸說爲本，而增以「常」之義，這應是受到儒家
對「經」的觀念所影響，《禮記·祭統》云：「經者，常也。」鄭玄《孝經注》
曰：「經者不易之稱也。」《文心雕龍·宗經》曰：「經者也恆久之至道，不刊
之鴻教也。」故契嵩乃以「常、貫、攝」來解說「修多羅」契經之義。

其次,「阿毘曇」,此舊稱也,新譯曰「阿毘達摩」,譯爲「對法」,唐玄應《一切經音義》卷十七云:「阿毘曇,或言阿毘達摩,或云阿鼻達摩,皆梵音轉也。此譯云勝法,或言無比法,以詮慧故;或云向法,以因向果故;或名對法,以智對境故。」(《大正藏》第六十七冊)契嵩以「判、辨」釋之,謂其作用在於「發明乎聖人之宗趣、指其道之淺深」,此即是論藏也。

最後,「毘尼」者舊譯,新譯曰「毘奈耶」,譯曰滅、律,新譯曰調伏。戒律滅諸過非,故云滅;如世間之律法,決斷輕重之罪者,故云律;調和身語音之業,制伏諸要行,故云調伏。契嵩以「制」解之,稱其能啓眾善遮眾惡,猶如一國之法制也。以上爲契嵩對佛法總綱「經律論」三藏之述釋。

(二)教分五乘

佛法總綱雖以「經律論」三藏而攝「戒定慧」三學,然而細分之又以眾生之根性不等,乃隨其機宜而有「五乘說法」之別也,五者之中有人天之教,有大中小乘之異,有頓漸權實之別,其分詳矣。〈廣原教〉說:

> 惟心之謂道,闡道之謂教,教也者聖人之垂跡也,道也者眾生之大本也……夫教也,聖人乘時應機不思議之大用也,是故其機大者頓之,其機小者漸之。漸也者言乎權也,頓也者言乎實也,實者謂之大乘,權者謂之小乘。聖人以大小衍攬乎群機,而幽明盡矣!

有關「心」之論述,契嵩在〈壇經贊〉中說之詳矣,此一部分俟下節再述,此處不贅。《輔教編要義》卷四說:「夫道亦心也,言心則約生義,言道則約通義。」所謂約「生」義言者,謂其能生出一切善法與不善法也;約「通」義言者,謂其能通達洞明世間出世間一切凡聖、情與無情。善惡皆由此心生,迷悟皆同此心體,不論凡聖皆融通,究其因果皆無礙,故云「惟心之謂道也」。而「闡道之謂教」者,特指佛以先知先覺大徹大悟者,爲眾生闡明此清淨之心、無礙之道,而示此一代聲教也,故又云「教也者,聖人之垂跡也。」

然而此教之所設必應機隨宜而施度,故根性利而其機大者,則以頓教圓實之法接之,猶如五時說法中〔註2〕,於華嚴時爲法身大士、宿世根熟及天龍

〔註2〕 此依天台宗之說,分別佛一代之說法爲五時,第一華嚴時,佛成道後三七日中說《華嚴經》之時期也。第二鹿苑時,說《華嚴經》後十二年中,於鹿野苑等說小乘《阿含經》之時期也。第三方等時,說《阿含》後八年,說《維摩》、《勝曼》等諸大乘經,廣談藏通別圓四教,均被眾機之時期也。第四般

八部直說此《華嚴》圓滿頓教。而對小根淺機者則以漸教權假之法攝之，猶如鹿苑時爲五比丘說四諦十二因緣等《阿含》諸法也。此亦即是大小乘之由分也。契嵩早在〈原教篇〉中已指出：

> 然與五乘者皆統之於三藏，舉其大者，則五乘首之。其一曰人乘，次二曰天乘，次三曰聲聞乘，次四曰緣覺乘，次五曰菩薩乘。

〈廣原教〉也說：

> 人天乘者何謂也？漸之漸也，導世俗莫盛乎至漸。聲聞乘者何謂也？權也漸也小道也。緣覺乘者何謂也？亦小道也。從其器而宜之，莫盛乎權，與其進而不與其退，莫盛乎漸。菩薩乘者何謂也？實也頓也大道也。即人心而授大道，莫盛乎菩薩乘也。其乘與妙覺通，其殆庶幾者也。

這裡所謂的「五乘」之分別，其中人乘與天乘爲世間法，聲聞、緣覺、菩薩爲出世間法。《輔教編要義》卷五說：「人天乘者定何以而說之也？人也者，聰明業所生，能用意思惟，觀察其所作事，是聖道正器，又預天地三才之數，故曰人也。天者於諸趣最勝能，有光明照曜，故曰天也。」〔註3〕契嵩把「人天乘」並攝屬於「聲聞漸教」之下，而稱其爲「漸之漸」。所謂「聲聞乘」者，《要義》說：「聲聞者謂其所聞佛無漏聲教，展轉修證，永出世間小行小果，故曰聲聞也。」「聲聞」是佛之小乘法弟子中，聞佛之聲教，悟四諦（苦集滅道）之理，斷見思惑〔註4〕而入於涅槃者，是出世法中的最基本果位，細分之，又有初果須陀洹，二果斯陀含，三果阿那含，四果阿羅漢之差等。此乃佛所權巧方便隨其機宜以建立，漸次引導其小機，令更向上求取佛乘者，故稱「權也漸也小道也」。「緣覺」者，舊稱辟支佛，新譯曰獨覺。天台家區分緣覺與獨覺者，謂出於佛世，觀十二因緣而得悟者爲緣覺，出於無佛世，觀飛花落葉之外緣而成道者爲獨覺。以上這些都是屬於小乘者，但也有另說

若時，說方等經後二十二年，說諸部般若經之時期也。第五法華涅槃時，說般若之後，八年說《法華經》，一日一夜說《涅槃經》是也。

〔註3〕契嵩此處《要義》所言，皆是引用《釋氏要覽》卷中〈界趣部〉之文。《釋氏要覽》三卷，北宋天禧三年（1019）沙門道誠所集，收入《大正藏》第五十四冊。

〔註4〕見思惑者，分見惑與思惑，見惑又名見所斷惑，是迷理之惑，以見道時，見真諦理方斷此惑；思惑又名修所斷惑，是迷事之惑，須修道位中，重慮緣真方斷此惑。見惑即身見、邊見、戒取見、見取見、邪見等，共八十八使。思惑及貪、瞋、癡、慢、疑等，共八十一品。

稱緣覺爲中乘者。

至於大乘者，菩薩之謂也。菩薩之全名爲「菩提薩埵」，菩提譯爲覺，薩埵譯爲有情，合爲「覺有情」；或稱「摩訶薩」，謂是求道之大心眾生。此處所謂之菩薩乃指大乘菩薩，其階次有五十二位，依序爲十信、十住、十行、十回向、十地、等覺、妙覺也。到達「妙覺」之位，即是自覺覺他，覺行圓滿而不可思議，也就是證成佛果的無上正覺也。故「等覺」即爲菩薩之極位，意爲其將得妙覺之佛果，其智慧功德等似妙覺，故謂之等覺也。唯此菩薩乘乃可謂之實也，頓也，大也，故稱其爲大乘。

總之，五乘之教蓋爲眾生根機有異而予說差別之法也，是即所謂契機施度者也。人天乘乃世間法，爲其說「五戒十善」，以之修持可得人天小果。眞正出世法，乃自聲聞乘開始，佛爲「聲聞」乘說「四諦」法，以之修持斷見思惑，可得「阿羅漢」之果位。次爲「緣覺」乘說「十二因緣」之法，以之修持，進一步斷見思惑之習，而得「辟支佛」之果位。終爲「菩薩」乘說「六度萬行」之法，依次分證五十一階次之菩薩果位，最後得證「妙覺」之無上佛果。至於所說之「五戒十善」乃至「六度萬行」等法內容，下文再爲述之。

（三）契機說五乘法

佛陀說法既依眾生之根器而立五乘之教，各別說以契機之法，其法即「五戒」、「十善」、「四諦」、「十二因緣」、「六度萬行」等，〈廣原教〉說：

> 治人治天，莫善乎五戒十善；修乎小小聖小聖，莫盛乎四諦十二因緣；修乎大聖以趨乎大大聖，莫盛乎六度萬行。夫五戒十善，離之所以致天，合之之所以資人，語其成功，則有勝有劣；語其所以然，則天〔註5〕人之道一也。夫四諦十二因緣者，離之則在乎小聖，合之則在乎小小聖，語其成功則有隆〔註6〕殺，語其乘之則小聖小小聖同道也。夫六度也者，首萬行廣萬行者也，大聖與乎大大聖，其所乘雖稍分之，及其以萬行超極，則與夫大大之聖人一也。

〔註5〕 「天」，《大正藏》本作「大」，茲依《四庫》本改正，作「天」。

〔註6〕 「隆」，《四庫》本亦作「隆」。然《輔教編要義》作「降」，日僧梁巖湛並引孔穎達《禮記正義》卷五十二曰：「五服之節，降殺不同，是親親之衰殺。」以證「降殺」之所由出。然考契嵩前文云「語其成功，則有勝有劣」，此處謂「語其成功，則有隆殺」，蓋一勝一劣，一隆一殺，前後呼應，於義亦無不妥也；若云「降殺」則二字僅同一降義耳。故此處仍採「隆」字爲是。

茲將上文依其所論教法之順序，分述如下：

1. 五戒十善

佛為人乘說「五戒」法，為天乘說「十善」法，「五戒十善」之義，契嵩於〈原教〉中已述之甚詳，其說云：

> 曰人乘者，五戒之謂也，一曰不殺，謂當愛生，不可以己輒暴一物，不止不食其肉也。二曰不盜，謂不義不取，不止不攘他物也。三曰不邪淫，謂不亂非其匹偶也。四曰不妄語，謂不以言欺人。五曰不飲酒，謂不以醉亂其修心。曰天乘者，廣於五戒謂之十善也，一曰不殺，二曰不盜，三曰不邪淫，四曰不妄語，是四者其義與五戒同也；五曰不綺語，謂不為飾非言，六曰不兩舌，謂語人不背面，七曰不惡口，謂不罵，亦曰不道不義，八曰不嫉，謂無所妒忌，九曰不恚，謂不以忿恨宿於心，十曰不癡，謂不昧善惡。

梵語「尸羅」，此名曰戒，亦名清涼；《大智度論》則云：「秦言性善，好行善道，不自放逸，是名尸羅。」故戒者以止過防非並能行善為其義。五戒十善之義，契嵩已述之頗詳，此不贅言。唯第八「不嫉」或作「不貪」，第九「不恚」或作「不瞋」，第十「不癡」或作「邪見」。又他經言十善業者多以身三業、口四業、意四業統之，契嵩則合而論之，其意無別也。

依佛教之說，持五戒則其果報當來必生於人道，修十善，則其當來必生天道。而〈廣原教〉所謂「夫五戒者，離之所以致天，合之所以資人」，離者開也，蓋謂五戒中之「不妄語」原已攝十善之「不綺語、不兩舌、不惡口」等三業；「不飲酒」亦已攝意業之「不貪、不恚、不癡」，此乃依於智者大師《金光明經文句》卷一所云：

> 說重者是妄語，則已攝三，若開此不妄語之一，則為不綺語、為不兩舌、為不惡口之三者也。不飲酒之一元攝意三……飲酒是邪命自活，增益恚癡，出世以智慧為首，生死以三毒為根，若能禁酒，是防止意地三毒，長養出世智慧也，若開此不飲酒之一，則為不貪、為不恚、為不癡三者，與前身三不殺、不邪淫、不盜，是為十善也。
>
> （《大正藏》第三十九卷）

此義蓋謂五戒若擴充開展之，則可以涵攝十善於內，亦即是天乘天道也；而若將十善統合之，則復為五戒矣，亦即是人乘人道也。故契嵩曰「語其成功，則有勝有劣；語其所以然，則天人之道一也。」其意在此也。

2.四 諦

前述五戒十善為世間法，佛陀又為出世法之初步「聲聞乘」，即契嵩稱之為「小小聖」者說「四諦」法，即「苦、集、滅、道」四者。《輔教編要義》卷四云：

> 一苦諦，謂二十五有依正二報也。二集諦，謂積集無明之種子，又云見思惑也。三滅諦，謂滅前苦集，明偏真理也。四道諦，為略則戒定慧，廣則三十七道品也；以此修成聖預位者，一初果曰見道，二則二果三果曰修道，三則四果曰無學道。此上四果，隨其斷惑淺深，或盡未盡，而分其位次高下耳。

第一苦諦者，苦為逼迫痛惱之義；所謂「二十五有」，乃指三界內諸有，即欲界的十四有，包括四惡趣、四洲及六欲天；以及色界的七有，含四禪天及初禪中之大梵天、第四禪中之淨居天與無想天；並無色界的四有，即四空處也。依正二報者，依報即世間國土也，為身所依，故謂依報；正報即五陰身也，正由業力感報此身，故名正報。三界二十五有諸眾生之所感受，無論依報正報，皆是憂患束縛逼迫苦惱，此即是苦諦。第二集諦者，集為招感招集之義，以眾生自心所起之見思煩惱，能驅使妄造一切諸惡業，而依業受報，招集無盡生死等苦，此即是集諦。第三滅諦者，滅是寂滅之義，此處指小乘所證之偏真涅槃，以聲聞聖者但證涅槃之果位，即已滅盡一切煩惱惑業，永無生死痛苦，此即是滅諦。第四道諦者，道是能通之義，亦是小乘之正助道法，略則戒定慧，廣則三十七道品〔註7〕。以此道法而修，隨其斷惑之淺深，或盡或未盡而分其高下，凡有四果，初果名須陀洹，又名見道位。二果名斯陀含，三果名阿那含，此二者名為修道位。四果名為阿羅漢，又名無學位。以上是為聲聞乘之四諦法及其果位。

3.十二因緣

佛為「緣覺乘」說十二因緣法，《輔教編要義》卷四說：

> 十二因緣者，一「無明」，謂煩惱障煩惱道也。二「行」，謂業障業道也，此二支屬過去也。三「識」，謂託胎一分息氣也。四「名色」，謂名是心色是質也。五「六入」，謂六根成此胎中也。六「觸」，謂出胎也。七「受」，謂領納前境好惡等事。從「識」至「受」名現在五果也。八「愛」，謂愛色、男女、金銀錢物等事也。九「取」，謂

〔註7〕 三十七道品之內容，詳見第一章，註8。

> 凡見一切境，皆生取著心。此二未來因，皆屬煩惱，如過去無明也。
> 十「有」，謂業已成就，是未來因，屬業道，如過去行也。十一「生」，
> 謂未來受生事也。十二「老死」也。緣覺人因觀此十二因緣先生次
> 滅，覺眞諦理，故名緣覺，又名獨覺。此人斷三界見思與聲聞同，
> 更侵除習氣，乃居聲聞之上，同是漸教耳。

此十二因緣即是人生過去、現在、未來三際生死輪轉之因由也。「無明、行」
二支乃是過去之因緣，由此而導致現在之苦果，即「識、名色、六入、觸、
受」等五支。而「愛、取、有」三支又爲現在之因緣，將招感未來之苦果，
即「生、老死」二支。

又此十二因緣法之內容，實與聲聞之四諦法同，但在名相上有開合之異
而已。所謂開合者，謂「無明、行、愛、取、有」五支，合之即爲「集諦」。
而「識、名色、六入、觸、受、生、老死」七支，合之即爲「苦諦」。觀此
十二因緣之智，即是「道諦」。滅此十二因緣，即是「滅諦」。故契嵩前文乃
云「夫四諦十二因緣者，離之則在乎小聖，合之則在乎小小聖，語其成功則
有隆殺，語其乘之則小聖小小聖同道也。」其意在此。至於聲聞乘所斷者爲
見思惑，然尙有習氣未除；而緣覺乘者不但斷見思煩惱，並其習氣亦兼除之
者也。

4. 六度萬行

六度萬行乃是爲行菩薩道者所開列之法也，《要義》又云：

> 六度者即六波羅蜜也，一曰「檀波羅蜜」，檀梵語檀那，此云布施，
> 波羅蜜此云到彼岸，下五波羅蜜所翻皆然。二曰「尸波羅蜜」，梵語
> 尸羅，此云好善，謂好行善道，不自放逸，受戒不受戒，皆名尸羅。
> 三曰「羼提波羅蜜」，羼提此云忍辱，謂能安忍外所辱境也。四曰
> 「毗梨耶波羅蜜」，毗梨耶此云精進，謂欲樂勤行善法，不自放逸也。
> 五曰「禪波羅蜜」，此言思惟修，謂一切攝心繫念學諸三昧也。六曰
> 「般若波羅蜜」，般若此云智慧，照了一切諸法皆不可得，而通達一
> 切無礙。謂菩薩乘此六法，度生死海此岸，到大涅槃彼岸也。萬
> 行者，謂菩薩能於此六法，通達一切佛法而遍修諸行，爲其具足方
> 便也。

布施即布己所有施與眾生，又可分爲三，一者財施，謂以財物而行布施者也。
二爲法施，謂以清淨心爲人演說世出世法，以饒益眾生者也。三爲無畏施，

於遭遇災難心生恐怖者，能爲解除使其無畏者也。其次，尸羅或云好善，亦名曰持戒，菩薩持戒，三業清淨，故得清涼；斷煩惱惑，故得解脫。戒亦分爲三：一者「攝律儀戒」，重在防非止惡，含五戒、八戒、十戒、具足戒等。二爲「攝善法戒」，謂以修一切善法爲戒者，重在修習一切善法。三爲「饒益有情戒」，以饒益一切眾生爲戒者，重在化度眾生。忍辱者，忍爲能忍之心，辱爲所辱之境，謂以內心安忍外所辱境也。亦分三種，一爲耐怨害忍，於逆境能忍而不生瞋惱，於順境能忍而不生憍逸也，此爲對人之忍。二爲安受苦忍，對外在諸苦境能安忍而不退修行，此爲觀法之忍。三爲諦察法忍，於佛法無生之理，諦觀性空，安住不動，是爲觀空之忍也。精進者，心無惡雜，身不懈怠，勤勉修行也。亦分三種，一爲披甲精進，謂菩薩發心，不畏艱苦，譬如披甲戰士，勇往直前，此重在自行也。二爲攝善精進，大小諸善，勤行不倦，是爲攝善，此兼自利利他。三爲利樂精進，菩薩度眾，利益勸化，不疲不厭，是爲利樂，此則專重化他。禪定者，謂心止於一境而得三昧正定，是爲禪定。亦分三種，一爲世間禪，謂色界無色界之四禪八定，此爲凡夫之禪定。二爲出世間禪，爲超出三界之大小乘禪定。三爲出世間上上禪，即佛之大定也。般若者，此名智慧，謂通達諸法之智，及斷惑證理之慧。亦分三種，一實相般若，即眾生本具之眞如，離一切虛妄之相，乃般若之實性，所證之理體。二爲觀照般若，指觀察照見實相理體之般若，乃能證之實智。三爲方便般若，指分別諸法之一切文字言教等，乃化用之權智。

　　以上所言即菩薩度眾生之六波羅蜜也，至於萬行者，亦是本諸此六度而廣推之爲一切饒益有情，自他兩利諸行皆可包括。故亦即四弘誓願之所涵攝也，一曰度無邊眾生，二曰斷無盡煩惱，三曰學無量法門，四曰成無上佛道。如此是爲菩薩發廣大心，普修六度萬行，自行化他，覺行圓滿，終至成就無上正等正覺，亦即契嵩所謂之大大聖者也。

　　契嵩對佛教基本教義方面之見解，觀其《輔教編要義》所注之文，大底亦是廣採各家經論之說，舉凡天台、華嚴、唯識、俱舍諸宗，皆爲取說之本也，由此可見契嵩雖以禪爲宗本，而其教理所涉則廣及諸宗，亦可稱爲禪教兼通者也。至於其在儒釋融會思想中的運用，主要有二，一是依據「五乘說法」中的人天教及其五戒十善法，與儒家的五常仁義進行會通；其次又以六道輪迴思想并其五戒十善的果報思想，和儒家的〈洪範〉五福六極思想相會通。而其他方面的教義理論，雖未直接納爲其融會思想之一部分，然整個佛

教的宇宙觀與人生觀之架構，實際上都是藉以形成其融會理論之重要基礎。

第二節　《壇經》的心性思想

　　《壇經》爲記載禪宗六祖慧能所說禪法，以及其生平事跡的集錄。由於門人欲祈請慧能開演五祖弘忍所傳的法要，於是慧能便在韶陽（今廣東曲江縣）大梵寺法壇，演說「摩訶般若波羅蜜」法，由門人法海集錄之，慧能最初將其命名爲《法寶記》，而後世門人乃尊稱之爲《六祖壇經》。

　　契嵩於至和元年（1054）作〈壇經贊〉乙篇，收於《輔教編》內。本文首先即說：「贊者告也，發經而溥告也。」契嵩又自注云：

> 贊者，吾推述《壇經》之辭而命之曰贊也。鄭玄嘗以孔子《尚書》序不即分散，避其序名，故謂之贊。班固《漢書》評品之詞謂之贊者，吾意亦爾，但其義與班鄭異耳。贊訓佐也，明也，告也，謂佐輔發明《壇經》之道，告示于眾也。（《輔教編要義》卷十）

由於《壇經》流傳既久，迭經僧俗以意增損，導致文字鄙俚繁雜殆不可考。契嵩既撰〈壇經贊〉，又於兩年後在吏部侍郎郎簡的鼓吹下，爲《壇經》的「曹溪古本」作校勘工作，並由郎簡出資刊行，此即後世所謂的「契嵩本」。由此可見契嵩對於《壇經》用力之深，因此，他的〈贊〉對於《壇經》禪法心要之闡發，當是具有參考之資，而後世刊行《壇經》時，也大都將契嵩此〈贊〉收錄，由此亦可見其價值。

　　今傳六祖《壇經》之版本，主要有敦煌本、惠昕本、宗寶本三種（俟後文再詳述），而契嵩本則與宗寶本的關係較爲密切〔註8〕。本節將透過契嵩的〈壇經贊〉來探討六祖慧能的《壇經》禪法心要，看契嵩對《壇經》的體認與見解，以探討其儒釋融會思想中有關心性學的理論基礎。

一、「心要」爲《壇經》宗本

　　契嵩說：「《壇經》者，至人之所以宣其心也。」這裡所謂的至人即是指六祖慧能，所以稱之爲「至人」，主要是「佛」與「祖」之別，以「聖人」尊

〔註8〕詳參楊曾文《敦煌新本六祖壇經》，附編（二）〈《壇經》敦博本的學術價值探討〉，頁296，上海古籍出版社，1993年10月，本書所發表之《敦煌新本六祖壇經》，乃據敦煌博物館保存的《六祖壇經》（寫經七七號）並與原先所見的敦煌本《壇經》互校，並考證其它版本文字而成此「敦煌新本」，其內容較原「敦煌本」更爲完善。

佛，而以「至人」稱祖師，示其有別也。至於「心」者，實即為亙古以來諸子百家，哲學宗教所欲探索的最根本問題所在。禪宗以「明心見性」為宗旨，更是以心為首務。故契嵩〈贊〉文之首便是明其「心」乃說：「何心邪？佛所傳之妙心也。」依禪宗之說法，釋迦牟尼佛在靈山會上與迦葉尊者拈花微笑之事跡，被視為所謂的「教外別傳」之始，從此代代相傳，過三十三世，到了六祖慧能，所傳者即此「妙心」也。但是不只禪宗獨言妙心，佛教其他各宗也莫不致力探究此心，因此對於「心」的各種說法便不一而足，故契嵩乃云：

> 說之者亦多端，固有名同而實異者也，固有義多而心一者也。曰血肉心者，曰緣慮心者，曰集起心者，曰堅實心者，若心所之心，益多矣！是所謂名同而實異者也。曰真如心者，曰生滅心者，曰煩惱心者，曰菩提心者，修多羅其類此者殆不可勝數，是所謂義多而心一者也。義有覺義，有不覺義；心有真心，有妄心，皆所以別其正心也。方《壇經》之所謂心者，亦義之覺也，心之實心也。

契嵩在這裡先標出佛教對於「心」的種種說法，而其說蓋承續自圭峰宗密《禪源諸詮集都序》〔註9〕所列的四種分法，而將之區別為「肉團心、緣慮心、集起心、堅實心」。故其《輔教編要義》即引宗密之說云：

> 紇利陀耶此云肉團心，乃身內五臟心也，今言血肉心，變其文耳。云緣慮心，此是八識俱能緣慮自分境，故色是眼識境，乃至根身種子器世界是阿賴耶識之境，各緣一分，故云自分也。梵語質多耶，此云集起心，唯八識積習（宗密作「集」）種子生起見行，故又云唧多，謂此是緣慮義。《唯識論》云集起名心，《禪源詮》亦云質多耶謂集起心耳，明緣慮集起二心都是一義也。梵語乾利陀耶，此云堅實心，亦云真實心，即真實心也。如諸經中目諸心所總名為心，謂善心惡心等，此等之心更眾多也。此所謂名目雖一同，而考校其實則殊異也。

宗密以「紇利陀耶」為肉團心，「乾利陀耶」為堅實心〔註10〕，肉團心乃一般

〔註9〕《禪源諸詮集都序》四卷，唐宗密著，內容概闡述教禪不二之旨趣。今收於《大正藏》第四十八捲。宗密原有《禪源諸詮集》一一〇卷（《新唐書》卷五十九），《宋史·藝文志》則著錄「《禪源諸詮》二卷」，今本則作《禪源諸詮集都序》四卷。詳參洪志明〈宗密及其原人論研究〉。

〔註10〕另有一說據《菩提心義》謂：「一切眾生本有真如淨心，名干栗馱耶。」「干栗馱耶」即「紇利陀耶」，譯曰聖實心，即真如之實體也，亦即《起信論》所

肉團臟器之物，根本談不上思維之作用；惟有「堅實心」才是眾生的本性，諸佛的妙心。至於「緣慮心」和「集起心」乃是依唯識宗的講法而立名者，唯識宗將此心之作用分爲八種，亦即所謂的「八識」。《百法明門論》〔註11〕說：「心法略有八種，一眼識，二耳識，三鼻識，四舌識，五身識，六意識，七末那識，八阿賴耶識。」而「緣慮心」乃指八識各個都具有能緣的作用，如眼識緣色塵，耳識緣聲塵，鼻識緣香塵，舌識緣味塵，身識緣觸塵，意識緣法塵，末那識緣第八阿賴耶識之見分以爲境，乃至第八阿賴耶識則緣根身種子器界以爲境。此外，尚有「慮知、了別」之作用，契嵩並未詳言，蓋此爲唯識法相宗「了別唯識」之說法，此「識」指的是前六識，因爲前六識所明了分別者皆是粗顯之境，而第七第八所緣則微細難解，故在法相宗而言，「識」指的是前六識，「意」指的是第七識，「心」指的是第八識。這也就是《成唯識論》〔註12〕卷五所說的：

> 故謂薄伽梵處處經中說：心意識三種別義，集起名心，思量名意，了別名識，是三別義。如是三義，雖通八識而隨勝顯，第八名心，集諸法種，起諸法故；第七名意，緣藏識等，恒審思量爲我等故；餘六名識，於六別境，粗動間斷，了別轉故。

故其次所要論述的「集起心」便是這裡所指的第八識，又名阿賴耶識，以其具有三義故，一爲「能藏」，謂無量劫以來所作一切善惡種子，唯有此識能收藏之；二爲「所藏」，謂此識是一切善染法所依之處所，故名所藏；三爲「執藏」，謂此識爲第七末那識堅執爲自內我，故名執藏。今就其能藏與所藏二義，言第八識能積集種子生起現行，故云「集起名心」。以上乃就宗密《禪源諸詮集都序》所列的四種心來探討，此外，《百法明門論》所列的「五十一心所」更是多而且細矣！所謂「五十一心所」者，《論》云：「心所有法略有五十一種，分爲六位；一遍行有五，二別境有五，三善有十一，四煩惱有六，五隨煩惱有二十，六不定有四。」〔註13〕在這些眾多的名相之中，雖然其名稱有

謂之「一心」。案：《菩提心義》一卷，著者不詳，其書以五門分別菩提心之要義。

〔註11〕《百法明門論》一卷，天親菩薩造，玄奘法師譯。此論乃將《瑜伽師地論・本地分》中所言的六百六十法，提綱挈領取爲百法，凡心法八，心所有法五十一，色法十一，心不相應行法二十四，無爲法六；故又稱「五位百法」。

〔註12〕《成唯識論》十卷，西土護法等十論師各造論十卷，以釋世親之《三十頌》，玄奘法師合揉之而譯爲十卷之《成唯識論》。

〔註13〕《百法明門論》云：「一遍行五者：一作意二觸三受四想五思。二別境五者：

時同稱之爲「心」，有時又稱之爲「心所」，但是各個所指涉的卻都有所不同，此即所謂的「名同而實異」者也。

其次，關於「眞如心」、「生滅心」、「煩惱心」、「菩提心」等諸名稱之由來，也是各有所秉。宗密說：

> 然第八識無別自體，但是眞心以不覺故，與諸妄想有和合不和合義，和合義者，能含染淨，目爲藏識（阿賴耶）；不和合義者，體常不變，目爲眞如，都是如來藏。（《禪源諸詮集都序》卷上之一）

契嵩的《輔教編要義》也是節引此段而作論釋，無論是第八識或是眞如心，都是本性眞心之一體也，至於「生滅心」、「煩惱心」、「菩提心」亦都如此，故契嵩又說：

> 云生滅心者，亦眞如不守自性，隨緣而變妄，有生有滅也。云煩惱心者，即二十五有一切煩惱之因，一念無明心也。云菩提心者，即初發慕正遍覺之心也。（〈壇經贊〉）

故生滅心與眞如心皆由一心法所開出者，《大乘起信論》說：「依一心法有二種門，云何爲二？一者心眞如門，二者心生滅門。是二種門皆各總攝一切法，此義云何？以是二門不相離故。」眞如即所謂「不變」者，然雖其不變，卻常「隨緣」而變爲妄，以致有生有滅；故生滅心乃眞如心隨緣而起者也。至於「煩惱心」，是指「二十五有一切煩惱之因」，也就是無始的無明之心。所謂「二十五有」，乃指三界內諸有，即欲界的十四有，包括四惡趣，四洲及六欲天；以及色界的七有，含四禪天及初禪中之大梵天、第四禪中之淨居天與無想天；並無色界的四有，即四空處也。故此煩惱心即謂三界一切眾生煩惱之因，即根本無明是也。

而「菩提心」者何？《大智度論》說：「菩薩初發心，緣無上道，我當作佛，是名菩提心。無等等名爲佛，所以者何？一切眾生，一切法無與等者，是菩提心與佛相似，所以者何？因似果故，是名無等等心。」菩提乃梵語，舊譯爲「道」，新譯爲「覺」，故菩提心者，即求眞道、求正覺之心也。然眞道正覺從何而生？曰但破無明而覺道自顯，煩惱除已，菩提乃生，因此《壇

一欲二勝解三念四二麼地五慧。三善十一者：一信二精進三慚四愧五無貪六無瞋七無癡八輕安九不放逸十行捨十一不害。四煩惱六者：一貪二瞋三慢四無明五癡六不正見。五隨煩惱二十：一忿二恨三惱四覆五誑六諂七憍八害九嫉十慳十一無慚十二無愧十三不信十四懈怠十五放逸十六昏沉十七掉舉十八失念十九不正知二十散亂。六不定四者：一睡眠二惡作三尋四伺。」

經》說：「煩惱即是菩提」，又說「佛法在世間，不離世間覺，離世覓菩提，恰如尋兔角。」由此可見，菩提心與煩惱心，義雖為二，理則同於一心；真如之與生滅，其理亦然也，此即契嵩所謂「義多而心一」者也。

　　綜合以上諸論說，「心」之別名雖多，然歸納之不外「真、妄」二心；其義雖繁，然亦不離於「覺」與「不覺」二義。而《壇經》所要發顯者，也就是所謂的「覺悟義」與「真實心」者也，此亦契嵩所以不厭其繁的多方舉例，再三申明的目的所在了。

　　「心」既已明，而「要」者為何？〈壇經贊〉接著說：

> 昔者聖人之將隱也，乃命乎龜氏教外以傳法之要，意其人滯跡而忘返，固欲後世者提本而正末也。故《涅槃》曰：「我有無上正法，悉已付囑摩訶迦葉矣。」天之道存乎易，地之道存乎簡，聖人之道存乎要，要也者，至妙之謂也。聖人之道，以要則為法界門之樞機，為無量義之所會，為大乘之權輿。《法華》豈不曰「當知是妙法，諸佛之祕要。」《華嚴》豈不曰「以少方便，疾成菩提。」要乎，其於聖人之道，利而大矣哉！是故《壇經》之宗，尊其心要也。

佛法之教浩如煙海，心性之廣大，豎窮三際，橫遍十方；故聖人之道，若無要則其何以入門？是以法界門之樞機必存乎至妙之要也，《法華經‧方便品》說：「當知是妙法，諸佛之祕要。」所謂妙法即此一心，乃是三世諸佛密祕要妙之道也，而「以少方便，疾成菩提」一語乃出於《華嚴經合論》〔註 14〕所言，意亦在於令得其要妙也。《壇經》所闡發者固屬圓頓之教，不二法門，是以其所宗者，必推尊其「必要」也。

二、《壇經》禪法要略

　　今傳元「宗寶本」《壇經》，據近人研究應是以「契嵩本」為底而編成（同註 8），「宗寶本」將其內容分為十品，依序是：第一〈行由〉，述六祖一代之行狀由來；第二〈般若〉，闡述般若之要義；第三〈疑問〉，述韋使君疑問達摩祖無功德語與往生西方等說；第四〈定慧〉，述定慧體用不二之理；第五〈坐禪〉，言一切處心不動，則語默動靜無往不是禪定；第六〈懺悔〉，凡有五節，一自性五分法身香、二無相懺悔、三自心四弘誓願、四自性三寶歸

〔註14〕《華嚴經合論》四十卷，又作《新華嚴經論》，唐長者李通玄著，見《大正藏》
　　　　第三十六捲。

戒、五自性一體三身佛也；第七〈機緣〉，隨機教化，機緣相感以開發自性；第八〈頓漸〉，南頓北漸，約人分見，則論其二，依法入理，則歸於一；第九〈宣詔〉，述朝廷之擁護正法；第十〈付囑〉，記六祖臨終前授弟子以法，囑其傳持也。

總其內容，有述事跡者，有闡理秘者，〈壇經贊〉乃於其闡理之部分撮取若干名相，進一步發明六祖之禪法，使其幽隱之旨得以大顯。茲將契嵩所闡錄者分述於下。

（一）定慧為本

《壇經》云（據「宗寶本」，下同）：

> 師云眾云：善知識，我此法門以定慧為本。大眾勿迷，言定慧別，定慧一體，不是二。定是慧體，慧是定用，即慧之時定在慧，即定之時慧在定。若識此義，即是定慧等學。

一般學人或言「先定發慧」或言「先慧發定」而諍其先後，此乃迷人之著於我相、人相、眾生相、壽者相者也。契嵩〈贊〉云：

> 「定慧為本」者，趣道之始也，定也者，靜也；慧也者，明也。明以觀之，靜以安之。安其心可以體心也，觀其道可以語道也。

定慧乃是趣向佛道之本始，定以寂靜為義，慧以明了為義，明即所以要觀審照了其心，靜即所以要安正其心慮，如此然後始可以體解其心理，能觀照其道，然後才可以語論其道，而重要的是六祖的「定慧不二」之意不能不明。此外，佛法向來都是以「戒定慧」三法並尊，三祖何以但舉定慧為本，卻單單舍戒不言？蓋六祖所傳乃「無相戒」，後文將有說明，故此處但云「定慧為本」也。

（二）一行三昧、無相為體、無念為宗、無住為本

《壇經》說：

> 一行三昧者，於一切處行住坐臥，常行一直心是也。

又說：

> 我此法門，從上以來，先立無念為宗，無相為體，無住為本。無相者，於相而離相；無念者，於念而無念；無住者，人之本性，於世間善惡好醜，乃至冤之與親，言語觸刺欺爭之時，並將為空，不思酬害。念念之中，不思前境，若前念、今念、後念，念念相續不斷，名為繫縛。於諸法上，念念不住，即無縛也，此是以無住為本。

契嵩〈贊〉云：

> 「一行三昧」者，法界一相之謂也，謂萬善雖殊，皆正於一行者也；
> 「無相爲體」者，尊大戒也；「無念爲宗」者，尊大定也；「無住爲
> 本」者，尊大慧也；夫戒定慧者，三乘之達道也，夫妙心者，戒定
> 慧之大資也，以一妙心而統乎三法，故曰大也。

在此契嵩將六祖的「一行三昧」與「法界一相」通而爲一，謂法界一實相
也，《大智度論》卷四十七說：「經云：何名一行三昧？住是三昧，不見諸三
昧彼岸此岸，是名一行三昧。」若能洞徹諸法不生不滅之實相，即安住於
「無生法忍」，入此三昧正定中，心中不作三昧解，亦無彼岸此岸之分別心，
這就是一行三昧。六祖稱之爲「常行一直心」，契嵩則謂之「法界一相」，其
義皆同也。

又六祖說「無念爲宗、無相爲體、無住爲本」，亦是從「一行三昧」而
來，雖然是「無念、無相、無住」，但卻不離乎戒定慧三學，故契嵩乃又以此
三法申之，謂其無念爲尊大定、無相爲尊大戒、無住爲尊大慧；蓋戒定慧
三者乃是聲聞緣覺菩薩三乘人通同之道，諸佛諸祖相承相傳之妙心，乃是戒
定慧之大資始，因此，契嵩以此一妙心而通攝戒定慧三學，而云其尊大無比
也。

（三）無相戒、四弘誓願、無相懺、三歸戒

「無相戒」一語在「宗寶本」裡並未見提及，而「敦煌本」的一開始便
說：「惠能大師於大梵寺講堂中昇高座，說摩訶般若波羅蜜法，受（授）無相
戒。」（《大正藏》第四十八冊，頁 337 上）並於說完「何名座禪」之後，接
著說「善知識，總須自體，與受（授）無相戒。」（同上，頁 339 上）可見「宗
寶本」雖是以「契嵩本」爲低，然此處則明顯有所增刪者。《壇經》敦煌本此
處原以「無相戒」爲總提綱，以下乃依序分述「歸依三身佛」、「四弘誓願」、
「無相懺悔」、「無相三歸依戒」等四點內容；而「宗寶本」則在此〈懺悔第
六〉中略分五節，較「敦煌本」多出了「自性五分法身香」，置於其首，而以
「無相懺悔」爲次，「四弘誓願」第三，「自性三歸依」第四，「自性一體三身
佛」乃置於第五。

若依「敦煌本」的內容次序，慧能在敘述完本身行由之後，接著依次是
講述「定慧爲本」、「一行三昧」、「無念爲宗、無相爲體、無住爲本」、「坐禪」
等；然後才是開始傳授「無相戒」的儀式，而此儀式的進行仍是按照佛教一

般的儀軌，徒眾一一隨著六祖口道唱和，慧能則隨機開示其要旨，首先為「歸依三身佛」，其次發「四弘誓願」，三為說「無相懺悔」，最後授「無相三歸依」。這四項「無相戒」儀式完畢之後，慧能才正式的演說「摩訶般若波羅蜜法」。

在敦煌殘卷〈阿彌陀經講經文〉（斯六五五一）中曾有如此記載：

> 凡是聽法，必須求哀，發露懺悔，先受三歸。次請五戒，方可聞法，
> 增長善根，然後唱經，必獲祐福。

這種在講一部經或正式說法之前，必須先行懺悔、受三歸五戒的儀式，應是唐代佛教通行的規矩，因此六祖在演說「摩訶般若波羅蜜法」之前，循例也要先行懺悔以及授三歸等，而六祖的儀式中乃加上發四弘誓願，這也是佛教儀式中常見的懺悔、發願並行者，不足為怪；至於其中並無「受五戒」一項，蓋六祖所傳乃是「無相戒」。所謂「無相戒」全名應為「無相心地戒」，此為禪宗所傳戒法之特稱，猶如天台宗所傳之戒名為「圓頓無作戒」，密宗之戒名為「秘密三摩耶戒」，都是以各家之宗義而立名。禪宗以無相不可得之心地為戒體，故名「無相心地戒」，簡稱之為「無相戒」。《梵網經‧菩薩心地品》云：「是一切眾生戒，本源自性清淨。」又說：「光明金剛寶戒，是一切佛本源，一切菩薩本源，佛性種子。一切眾生皆有佛性，一切意識色心，是情是心，皆入佛性戒中。」這就是「無相戒」之戒體本源。楊曾文先生卻以為「無相戒」是慧能獨創出來的，且說：

> 慧能不是簡單的把「佛性戒」接受下來，而是有很大發展，主要是
> 把它與傳統的「四弘誓願」、「懺悔」、「三歸依」融為一體，並且借
> 助向僧俗信徒授無相戒，宣傳眾生皆有佛性，皆可自修成佛。（同註
> 8，頁 300）

楊氏或許忽略這些內容原屬說法行的先行儀式，遂以為慧能把「佛性戒」的意義結合「四弘誓願」、「懺悔」、「三歸依」而獨創出「無相戒」，因此他又說慧能的無相戒有四項內容：「歸依自三身佛，四弘誓願，無相懺悔，三性三歸依戒。」這樣的「規範」無相戒的內容，又豈是它的本義？

我們再回頭看契嵩的〈壇經贊〉，他在「無相戒」之下，只敘述了「四弘願，無相懺、三歸戒」三者，他說：

> 「無相戒」者，戒其必正覺也。「四弘願」者，願度，度苦也；願斷，
> 斷集也；願學，學道也；願成，成寂滅也。滅無所滅，故無所不斷

也；道無所道，故無所不度也。「無相懺」者，懺非所懺也。「三歸戒」者，歸其一也，一也者，三寶之所以出也。

契嵩在這裡較為獨特的見解是把「四弘誓願」和「四諦」結合起來，以闡述四弘誓願並發明無相之理。四願為「眾生無邊誓願度，煩惱無邊誓願斷，法門無邊誓願學，無上佛道誓願成。」（文依「敦煌本」）「四諦」者，「苦、集、滅、道」是也，苦者，謂眾生之身心皆以酬業故，患累逼惱，是為世間之苦果，故契嵩稱願度無邊眾生為度苦也。集者，謂眾生當前之起惑造業，更招集未來苦果，是為世間之苦因也，故契嵩稱願斷無邊煩惱為斷集也。滅者，謂結業已盡無生死諸累，得究竟寂滅之大樂，乃出世之果位也，故契嵩稱願成無上佛道為成寂滅也。道者，正助雙修能通抵涅槃之道法也，乃了生脫死，出世之正因也，故契嵩稱願學無邊法門為學道也。但此處為授「無相戒」，恐聞者復執著於眾生相及種種相者，故又云「滅無所滅，故無所不斷也；道無所道，故無所不度也。」此亦是就自性無相上而立言，故「宗寶本」上乃稱云「自心眾生無邊誓願度，自心煩惱無邊誓願斷，自性法門無盡誓願學，自性佛道無上誓願成。」這一切都不離六祖所謂的「無念為宗，無相為體，無住為本。」其餘的不論是「懺非所懺」之「無相懺」，或「歸其一也」之「自性三歸依」，都是闡發六祖的洞明自性，於相離相，念而不念，念念不住之一行三昧，如此方是諸法實相，亦即無相之究竟真諦也。

（四）說摩訶般若、為上上根人說、從來默傳分付

據後人之研究，《壇經》最原始的主體部分，應該就是「授無相戒」和「說摩訶般若波羅蜜法」這一段（同註 8，頁 255），其後輾轉流傳而增附了其它的部分，故此說法之一段應是記載慧能思想最重要的部分。《壇經》云：

摩訶般若波羅蜜者，西國梵語，唐言「大智慧到彼岸」……何名摩訶？摩訶者是大，心量廣大，猶如虛空……何名般若？般若是智慧，一切時中，念念不愚，常行智慧，即名般若行……何名波羅蜜？此是西國梵音，唐言到彼岸，解義離生滅，著境生滅起，如水有波浪，即是為此岸；離境無生滅，如水承長流，故即名到彼岸，故名波羅蜜。（據楊校「敦煌新本」）

依照天台宗之判教所分，釋迦牟尼佛所說的教法概分為五個時期，即華嚴、阿含、方等、般若、法華涅槃等是，其中般若一門的經典，當以玄奘法師所譯的六百卷《大般若波羅蜜經》為主，此經共十六分，四百八十三萬餘字，玄

奘於唐高宗顯慶五年（660）正月一日創翻此經，經四年，至龍朔三年（663）十月末譯成，次年而示寂，壽六十九。此外尚有此經各分的別譯本凡十八種〔註15〕，其中第二分的別譯本《摩訶般若波羅蜜經》二十七卷，九十品，三十二萬餘字，以及由龍樹菩薩所造的注疏《大智度論》一百卷，一百零三萬餘字；另有第九分的別譯本《金剛般若波羅蜜經》一卷，五千餘字，這三部經論都是鳩摩羅什所翻譯，也是般若門裡流傳最廣的經論。除此之外，尚有《般若波羅蜜多心經》一卷，僅二百六十字，也是玄奘法師所譯，文約而義豐更是舉世流通。

六祖傳世的述作除了《壇經》之外，目前尚見有《金剛經解義》二卷，多二萬多字（見《卍續藏》第三十八冊），然或有疑此係後人偽造者〔註16〕。故今所見《壇經》中的「說摩訶般若波羅蜜法」當是探討慧能般若思想較為可靠的資料。慧能闡述般若思想重點在教人必須「心行」，他說「迷人口念，智者心行」，又說「若空口說，不修此行，非我弟子」，這種直接切中一心之行法，不啻為後世之空口說禪，乃至末流狂禪者之當頭棒喝也。又慧能教人「若欲入甚深法界，入般若三昧者，直須修般若波羅蜜行，但持《金剛般若波羅蜜經》一卷，即得見性入般若三昧。」慧能本身也是經由聞說《金剛經》而心開悟解，故他也教人修持《金剛經》以求開悟。所謂開悟，《壇經》上說：

> 當起般若觀照，剎那間，妄念俱滅，即是自真正善知識，一悟即至佛地。自性心地，以智慧觀照，內外明徹，識自本心，若識本心，即是解脫，既得解脫，即是般若三昧，悟般若三昧，即是無念。何名無念？無念法者，不著一切法，遍一切處，不著一切處；常淨自性，使六賊從六門中走出，於六塵中不離不染，來去自由，即是般三昧。（敦煌新本）

這就是慧能所描述的解脫開悟之境界，六賊即「眼耳鼻舌身意」六識，六門即上述六根，六塵者即「色聲香味觸法」（詳參《百法明門論》）；使六根、六塵、六識之十八科不離不染，一由自性起，若自性正，十八科皆正，若惡用即眾生，善用即佛，用由何等來，皆由自性所起也。這也是慧能所揭示的自

〔註15〕詳見會性法師《大藏會閱》第二冊，頁889～896。

〔註16〕會性法師《大藏會閱》第二冊，頁911，引「唐曜居士云：六祖豈有註經？此後人偽造耳。」

性無相法門，而其諦理則無不相通也。再看契嵩的〈贊〉文，更是把般若解脫的妙體大用進一步闡發，使其落實於天下之務，不致只是一空談之理，契嵩云：

> 「說摩訶般若」者，謂其心之至中也，般若也者，聖人之方便也，聖人之大智也，固能寂之，明之，權之，實之。天下以其寂，可以泯眾惡也；天下以其明，可以進眾善也；天下以其權，可以大有爲也；天下以其實，可以大無爲也。至矣哉，般若也，聖人之道，非般若不明也，不成也。天下之務，非般若不宜也，不當也。至人之爲以般若振，不亦遠乎？

契嵩以「寂之、明之、權之、實之」來闡述般若之體用，並結合天下之務而予闡論。但是這種圓頓法門是最上乘法，不是一般小根智人所能解悟，因此只合爲大智上根人說，而小根智人若聞此法，心不生信，甚且謗悔加害。故慧能說「從上已來，默然而付於法」，即爲此也。是以契嵩又說：

> 「我法爲上上根人說」者，宜之也，輕物重用則不勝，大方小授則從過也。「從來默傳分付」者，密說之謂也，密也者，非不言而闡證也，眞而密也。不解此法而輕謗，謂百千劫生斷佛種性者，防天下亡其心也。

這些都是契嵩針對《壇經》的內容，而略舉其中法要，撮述其思想之大略者也。

心性思想在契嵩的融會思想中也佔有重要之地位，儒家之論性與佛家是異或同，契嵩如何從儒佛心性理論中合異爲同，這是其儒釋融會思想中的重要論題，這一部分俟下章再作詳論。

第三節 禪宗的法統觀

契嵩傳世的著作，除了《鐔津文集》之外，最重要的便是載錄禪宗譜系法統的《傳法正宗記》，以及其相關的《正宗論》、《定祖圖》等著作，這些都是爲闡揚禪宗的法統思想而作。而禪宗的法統思想對儒家道統觀的形成，也發揮了重要的影響力。本節將從契嵩《正宗記》的禪史觀出發，以瞭解禪宗法統思想形成之要旨。

首先要提出的一點是，契嵩對於「傳法正宗」的定義問題。歷來禪宗的史傳類著作關於禪宗的淵源部分，有些書在釋迦牟尼佛之前，還加上了六佛

之名，如南唐靜、筠合編的《祖堂集》，及北宋道原的《景德傳燈錄》都是如此，連同釋迦佛即成為所謂的「七佛」。其他六佛之名稱各為：第一毗婆尸佛、第二尸棄佛、第三毗舍浮佛、第四拘留孫佛、第五拘那含牟尼佛、第六迦葉佛。然而契嵩對於這種寫法不以為然，他在〈始祖釋迦如來表〉的「評曰」中說：

> 他書之端必列七佛，而此無之，豈七佛之偈非其舊譯乎？曰不然。
>
> 夫正宗者，必以親師承為其效也，故此斷自釋迦如來已降，吾所以不復列之耳。

契嵩的法統觀點即以為所謂「傳法正宗」者，必須是「親師相承」方為效驗，而釋迦以前六佛所經歷之時間已不知凡幾大劫，其跡皆不可考，故作此《傳法正宗記》當從釋迦牟尼佛為始，這種觀點是較合乎實際的。

其次，《傳法正宗記》的內容是以「西天二十八祖」之論述為主，此處即以此一論說為範圍，探討其相關各問題。

一、二十八祖說之源流

一般談論中國禪宗者，總是以達摩東來為伊始，故認其為中土之初祖。事實上在達摩以前，中國早已有了禪學之流傳，安世高於東漢桓帝建和二年（148）至靈帝建寧中，在洛陽所譯的大小《安般守意經》、大小《十二門經》、《大道地經》等禪經，可說是中土禪學之權輿。此後又有支讖、支謙、康僧會、竺法護、佛圖澄、道安、等人的弘揚，傳持者代有其人〔註17〕。但是這些高僧的禪法都是由經典文字之所傳遞，從源流上來說是屬於「教內之法」，因此後世禪宗並不以此為其先河，而所認定的是「傳佛心印」的「教外別傳」之禪法，故從中土的初祖達摩開始，往上推溯至摩訶迦葉，是為西天二十八祖，然此二十八祖說之由來，尚有幾番周折，以下略為敘述其傳說之原委。

據現存可考的資料顯示，最先出現此一「法統」之說的是《付法藏因緣傳》一書，而此書所提出的是「二十四祖」說；繼之又有《歷代法寶記》的「二十九祖」說；而《寶林傳》則楷定為「二十八祖」之說。此外雖尚有「五十四祖」或「八祖」之說者，然後世禪宗之所主張，雖名字稍有異同，大抵

〔註17〕詳見日人忽滑谷快天〈達摩以前中土之禪學〉，收於現代佛教學術叢刊第四冊《禪宗史實考辨》。

皆以「二十八祖」爲其定論，茲將各說要點略述於下：

（一）《付法藏因緣傳》二十四祖說

在佛教史上有所謂的「三武一宗」之難，其中的首次是發生在北魏太武帝太平眞君七年（446），武帝詔令諸州厲行廢佛政策〔註18〕；六年後，武帝爲宦臣所殺，文成帝繼位乃下詔全面復興佛教，和平三年（462）擔任僧統的曇曜爲了駁斥前代毀佛時，誣稱佛教出於後漢「無賴子弟」僞造之詞，乃論證佛教之承傳實有其據，於是在北台石窟寺召集僧眾，編譯《付法藏因緣傳》四卷（又名《付法藏經》），後來又與西域沙門吉迦夜共同增廣其事而編成六卷（見《歷代三寶記》卷九，《大正藏》第四十九卷）。

《付法藏因緣傳》所記述的「二十四祖」人名，依序是摩訶迦葉、阿難、末田地、商那和修、優波毱多、提多伽、彌遮伽、佛陀難提、佛陀蜜多、脅比丘、富那那奢、馬鳴、毗羅長老、龍樹、迦那提婆、羅侯羅、僧伽那提、僧伽耶舍、鳩摩羅馱、奢夜多、婆修槃陀、摩拏羅、鶴勒那、師子比丘。《付法藏傳》敘述了歷代佛法遞相傳付，直到師子比丘一代記載說：

> 復有比丘名曰師子，於罽賓國大作佛事，時彼國王名彌羅掘，邪見
> 熾盛心無敬信，於罽賓國毀壞塔寺殺害眾僧，即以利劍用斬師子，
> 頂中無血，唯乳流出，相付法人於是便絕。（《大正藏》第五十卷，
> 頁321下）

《付法藏傳》此說卻引發了後世爭執之端，究竟師子比丘生前業已將法預先付囑，或是尚未付法即已遇害，兩種說法相持不下，遂使其後的四祖傳承迭遭質疑，而二十八祖達摩的身分也因此致疑。此事不僅禪宗本身眾說紛紜，連帶的也衍生出禪宗與天台宗兩派之間的爭論不休。天台智者大師在《摩訶止觀》卷一所列的天台宗西天二十四祖即是據《付法傳》而確立，禪宗也是以此二十四祖爲基礎而有所增減排定，故《付法藏因緣傳》雖訂立了西天二十四祖的傳法之說，卻也開啓了後世「法統」是非之爭。

（二）《歷代法寶記》二十九祖說

《歷代法寶記》大約撰於唐代宗大曆十年（775）至大曆十四年（779）之間，作者名字不詳，可能爲益州保唐寺無住禪師的門人，此書的內容主要爲記述南宗禪的一個支派──保唐寺派的傳法世系之作。

〔註18〕詳見本論文第貳章第二節「宋代佛教概述」。

　　作者在書中繼《付法藏因緣傳》所言的二十四祖之後，又接續了五世，建立了所謂「二十九祖」的法統說，《法寶記》云：

> 按《付法藏經》云：釋迦如來滅度後，法眼付囑摩訶迦葉……師子比丘付囑舍那婆斯已，故從中天竺國來向罽賓國……舍那婆斯付囑優婆掘，優婆掘付囑須婆蜜多，須婆蜜多付囑僧伽羅叉，僧伽羅叉又付囑菩提達摩多羅。西國二十九代，除菩提達摩多羅，即二十八代也。（《大正藏》第五十一卷，頁 180 上、中）

這裡所增加的五人分別是：舍那婆斯、優婆掘、須婆蜜多、僧伽羅叉、菩提達摩多羅。這種「二十九祖」的說法，實為禪宗西天法統說的啟迪者，後來《寶林傳》的「二十八祖」說即是依此略作增減而論定。

（三）《寶林傳》二十八祖說

　　《寶林傳》十卷（今存七卷），唐貞元十七年（801）金陵沙門智炬與天竺沙門勝持集。本書最主要的價值在於它確定了禪宗西天二十八祖和東土六祖的名單及排次，這分名單雖參酌了《付法藏經》與《歷代法寶記》，但是所列的人名卻與前二書各不相同，並且和敦煌本《壇經》也不一樣。《寶林傳》和《付法藏經》相同的是，自摩訶迦葉至師子比丘之間的傳承皆是二十四祖，除採用的譯名稍有差異外，最主要的變動是將「末田地」刪去，而在「彌遮伽」之後新增「婆須蜜」。至於它和《歷代法寶記》所增列師子比丘以下諸祖的差異是，刪去「優波掘」和「僧伽羅叉」，而新增「般若多羅」，故僅有四祖，依序是：婆舍斯多、不如蜜多、般若多羅、菩提達摩。敦煌本《壇經》雖也同樣主張二十八祖之說，但該本中有「末田地」、「優婆掘」、「僧伽羅」，《寶林傳》則無，取而代之者為「彌遮迦」、「婆須蜜」、「般若多羅」。《寶林傳》所編定的這一法統說，遂成為後世禪宗公認的定論，無論是《祖堂集》、《景德傳燈錄》、《傳法正宗記》、《五燈會元》乃至元宗寶本的《壇經》，都是沿續這種法統說。

二、《傳法正宗記》的法統理論

　　《正宗記》對於西天二十八祖的法統說，繼承了《寶林傳》、《傳燈錄》的說法，至於其法統的楷定所據之理論何在？以及面對義學教派以《付法藏傳》二十四祖之說的質疑，長久以來禪宗方面都無人提出反駁，因此契嵩乃一一針對所有的質疑予以反駁澄清，以下即分別敘述之。

（一）評北山神清之說

唐代義學沙門神清在其所著《北山錄》卷六〈譏異說〉中，對禪宗進行掊擊。神清以《付法藏傳》的二十四祖之說爲據，對禪宗的二十八祖之說提出質疑，並且認爲迦葉爲小乘非是大乘，不能傳佛心印，神清說：

> 《付法傳》止有二十四人，其師子後舍那婆斯等四人，並餘家之曲說也。又第二十九名達摩多羅，非菩提達摩也。其傳法聖賢間以聲聞，如迦葉等，雖則迴心，尚爲小智，豈能傳佛心印乎？昔商那和修告優波掬多曰：「佛之三昧辟支不知，辟支三昧聲聞不知，諸大聲聞三昧餘聲聞眾不知，阿難三昧我今不知，我今三昧汝亦不知，如是三昧，皆隨吾滅。又有七萬七千本生經，一萬阿毘曇，八萬清淨毘尼，亦隨我滅。」故傳法者但傳其言，承法者體言見心即是得法，其猶斲輪之藝，傳藝而不傳其妙。」（《大正藏》第五十二卷，頁611中下）

關於神清的質疑，契嵩在《正宗記》卷三〈天竺第十一祖富那夜尊者傳〉「評曰」中，針對其言予以反駁曰：

> 大凡萬事，理爲其本而跡爲末也，通其本者故多得之，束其本者故多失之。若傳法者數十賢聖，雖示同聲聞，而豈宜以聲聞盡之哉？
> 經曰：我今所有無上正法，悉已付囑摩訶迦葉。傳曰我今所有大慈大悲四禪三昧無量功德而自莊嚴，而迦葉比丘亦復如是。又謂掬多爲無相好佛，又謂僧伽南提者乃過去婆羅王如來降跡爲祖，如此之類甚眾，是豈非聖人欲扶其法互相尊敬而示爲大小耶？《楞伽》所謂三種阿羅漢者，一曰得決定寂滅聲聞羅漢，一曰曾修行菩薩羅漢，一曰應化佛所化羅漢。此羅漢以本願善根方便力故，現諸佛土，生大眾中，莊嚴諸佛大會眾故。若大迦葉傳法數十賢聖者，豈非應化佛所化之羅漢耶？佛所化者，宜其所有四禪三昧無量功德與如來不異也，不異乎如來而傳佛心印，孰謂其不然乎？

契嵩引證《楞伽經》之語，認爲迦葉等數十傳法賢聖者，乃所謂的「應化佛所化羅漢」，不同於一般的聲聞小智，因此足堪擔任傳佛心印，無庸置疑。至於商那所言「阿難三昧我不知」云云，契嵩也認爲「云此恐其有所抑揚耳，未可謂其必然」，彼等既是化佛，然則無量三昧豈有不得者？而其所謂「七萬七千本生經，一萬阿毘曇，八萬清淨毘尼，亦隨我滅」者，契嵩根本否認其

說，以爲「此余未始見於他書，獨《付法藏傳》云爾」，最後他感嘆的說：「嗚呼！學者不求經不窮理，動謬聖人之意爲其說，雖能編連萬世事，亦何益乎？」並譏評神清云：「書曰：記誦之學不足爲人師。清之謂歟！」此爲契嵩針對神清的質疑所提出之反駁。

（二）駁《付法藏傳》師子比丘法絕之說

契嵩作《正宗記》以敘述傳法世系統脈爲主，至於以何故而取捨、因何圈而論次等理由，除在部分「評曰」中略有述及外，其餘說解均見於另作的《傳法正宗論》內。《正宗論》共上下二卷凡四篇，首篇和《正宗記》同時作成，其後三篇則相隔七年之後方才續作者。何以有前後之分？實因首此乃據僧祐《出三藏記集》以證明其西天二十八祖之說者；迨七年之後又見《達摩多羅禪經》二序亦有可資採證者，遂又續作其文，更相爲證，茲分述於下。

1. 引《出三藏記集》證二十八祖說

契嵩在《正宗論》首篇中，先是針對《付法藏傳》的內容提出質疑，質疑的要點有二，第一爲其過於簡略，他說：

> 及觀所謂《付法藏傳》者，蓋作於後魏，出乎眞君毀佛之後，梵僧吉迦夜所譯。視其各傳品目而祖代若有次第，及考其文，則師資授受與其所出國土姓氏殊無本末，其稍詳者，乃其旋採於三藏諸部，非其素爾也。大凡欲爲書序人世數前後，必以其祖禰父子親相承襲爲效，又其姓族州土，與其事之所以然，皆不失端倪，使後世取信，乃謂之史傳。今其書則謂之傳，其事則不詳。

契嵩並列舉書中若干部分皆無其師弟子親相付受之義，今考諸《大正藏》第五十卷《付法藏因緣傳》六卷之內容，契嵩所言皆屬事實，尤其對於師子比丘被罽賓國王以利劍斬首，頭中無血，唯乳流出，「相付法人於是便絕」一說，契嵩更是大不爲然，他認爲師子比丘既爲傳承法統之祖師，「是必聖人，安有聖人而不知死於夙報？知其死又奚肯不預命而正傳其法，使之相襲爲後世之師祖爺邪？縱其傳法相承之緣止此聖人，亦當預知以告其絕，苟不知其死而失傳失告，又何足列於祖而傳之乎？」這是契嵩對於《付法傳》的作者質疑其過於簡略，不夠嚴謹者。第二爲疑其成書之過程有所遺漏者，《傳燈錄》卷三載有六祖慧能門人曰智本禪師者，所說的一段關於《付法藏傳》成書過程的文字：

> 後魏初佛法淪替，有沙門曇曜於紛紜中以素絹單錄得諸祖名字，或

忘失次第，藏衣領中，隱於巖穴。經三十五載，至文成帝即位，法
門中興，曇曜名行俱崇，遂爲僧統，乃集諸沙門重議集結，目爲《付
法藏傳》。其間小有差互，即曇曜抄錄時怖懼所致。又經一十三年，
帝令國子博士黃元眞與北天竺三藏佛陀扇多吉弗煙等重究梵文，甄
別宗旨，次敍師承，得無紕謬也。

契嵩有鑒於此，更加強其對《付法藏傳》的質疑，因此又說：

> 以吾前之所指其無本末者，驗今智本之說，誠類採拾殘墜所成之書。
> 又其品目曰某付某，果所謂單錄，非其元全本者也。（《正宗論》卷
> 上）

既然《付法藏傳》是採拾殘篇所成，其信度遂爲可疑；契嵩因而轉求於《寶
林傳》，但是他對於《寶林傳》卻也襃貶互見，他指出：「若《寶林傳》者，
雖其文字鄙俗，序致煩亂，不類學者著書，然其事有本末，世數名氏亦有所
以。雖欲竊取之及原其所由，或指世書，則時所無有；或指釋部，又非藏經
目錄所存；雖有稍合藏中之云者，亦非他宗之爲。余嘗疑其無證，不敢輒論。」
由於《寶林傳》也是禪宗本家的著作，而且又是紕謬叢出，因此契嵩也不敢
大膽的據之以與質疑者爲辯。直到在「南屛藏」裡面看到了梁僧祐的《出三
藏記集》，讀到其中一篇僧祐所作的〈薩婆多部記目錄序〉，乃援引其內容以
爲師子比丘以下四祖傳法之證明，契嵩說：

> 有曰婆羅多羅者，與乎二十五祖婆舍斯多之別名同也（原注：其義
> 見本傳）；有曰弗若蜜多者，與乎二十六祖不如蜜多同其名也；有曰
> 不若多羅者，與乎二十七祖般若多羅同其名也；有曰達摩多羅者，
> 與乎二十八祖菩提達摩法俗合名同也。其他祖同者，若曰掬多、
> 掘，或上字同而下異，或下字異而上同，或本名反而別名合者，如
> 商那和修曰舍那婆斯之類是也。此蓋前後所譯梵僧，其方言各異而
> 然也。唯婆舍而下四祖師，其同之尤詳。其第一卷目錄所列凡五十
> 三），而此四祖最相連屬，而達摩處其末，此似示其最後世之付受者
> 也……其大略與《寶林傳》、《傳燈錄》同也。若祐公者，以德高當
> 時，推爲律師，學而有識，而人至于今稱之。然其人長于齊而老于
> 梁，所聞必詳，今其爲書亦可信矣！以之驗師子比丘雖死，而其法
> 果有所傳，婆舍而下四祖，其相承不謬，不亦大明乎！（《正宗論》
> 卷上）

《出三藏記集》十五卷（見《大正藏》第五十五卷），爲現存最古的眾經目錄，梁僧祐所作，約撰於天監九年（510）至十三年（514）之間。僧祐在〈序〉中述說全書內容大要有四：「一撰緣記，二詮名錄，三總經序，四述列傳。」「撰緣記」（卷一）乃記敘天竺結集三藏的經過，以及漢地傳譯佛典的初況：「詮名錄」（卷二至卷五）則敘列東漢至梁代翻譯佛經和述作的情況；「總經序」（卷六至卷十二）乃集錄漢地僧俗爲漢譯佛典作的前序及後記一百二十篇；「述列傳」則收錄後漢至南齊的僧人傳記三十二篇。

〈薩婆多部記目錄序〉即第十二卷中之第六篇，僧祐〈序〉說：「大聖遷輝，歲記綿邈，法僧不墜，其唯律乎！初集律藏一軌共學，中代異執，五部各分，既分五部，則隨師得傳習，唯薩婆多部偏行齊土，蓋源起天竺流化罽賓。」〔註 19〕序錄共分五卷，第一卷凡五十三人，乃僧祐之所排定；第二卷爲「長安城內齊公寺薩婆多部佛大跋陀羅師宗相承傳略」，凡五十四人；第三卷凡六人，第四卷凡二十人，第五卷則錄有四篇的「受戒記」及一篇「造異儀記」。

契嵩所說的西天二十八祖，其中只有十八人的名字出現在第一卷中，有部分譯名還略有出入。名字全同者有初祖摩訶（大）迦葉、二祖阿難、七祖婆須蜜、十祖脅尊者、十二祖馬鳴、十四祖龍樹、十六祖羅侯羅、二十四祖師子比丘等八人。其次譯名或有「上同下異」者，如四祖「優波掬多」，彼〈序〉作「優波掘」者；及十九祖「鳩摩羅多」，〈序〉作「鳩摩羅馱」者。或有「下同上異」〔註 20〕者，如八祖「佛陀難提」，〈序〉作「婆難提」者；及二十一祖「婆修槃頭」，〈序〉作「婆秀槃頭」者。此外尚有第六祖「彌遮迦」而〈序〉作「蜜遮伽」者，亦是上下字略有異譯者。而三祖「商那和修」別名「舍那婆斯」，〈序〉中則是以別名見錄也。以上爲契嵩所謂「方言各異」者，凡六人。至於〈序〉中所無者，蓋有十人。

最後就是引起後世爭議最大的二十五祖以後之「四祖」名字問題，契嵩認定〈序〉中的「婆羅多羅」就是二十五祖「婆舍斯多」的別名，《正宗記》

〔註 19〕 所謂「薩婆多部」即「說一切有部」，別名「說因部」，小乘二十部之一。佛滅後三百年初，自根本之上座部別立者，立有爲、無爲一切諸法之實有，且一一說明其因由爲宗，故稱「說一切有部」，又曰「說因部」。

〔註 20〕 《正宗論》稱「或上字同而下異，或下字異而上同」，經考校《磧砂藏》本文字亦然，此處契嵩恐一時疏失致犯語病，二句皆是同義，次句之意當爲「或下字同而上異」。

本傳曰：「婆舍斯多者，罽賓國人也，姓婆羅門氏，亦號婆羅多羅，亦號婆羅多那。」然《傳燈錄》無此記載。而「弗若蜜多」就是二十六祖「不如蜜多」，「不若多羅」即是二十七祖「般若多羅」，《正宗記》本傳「評曰」云：「《出三藏記》所謂『不若多羅』，而此曰『般若多羅』，又謂『弗若多蜜』，而此曰『不如多蜜』，何其異耶？曰此但梵音小轉，蓋譯有夏楚耳。」至於「達摩多羅」即是二十八祖「菩提達摩」的法俗合名，《正宗記》本傳說：

> 菩提達摩者，南天竺國人也，姓刹帝利，初名菩提達摩，亦號達摩多羅。父曰香至，蓋其國之王，達摩即王之第三子也。生而天性高勝，卓然不羣，諸子雖處家，已能趣佛理。及般若多羅說法王宮，乃得相見，尋答般若問珠之義，才辯清發，稱有理趣。般若奇之，默許其法器。及父厭代，遂辭諸兄，從般若出家曰：我素不願國位，欲以法利物，然未得其師，久有所待，今遇尊者，出家決矣！願悲智見容〔註21〕。般若受其禮，為之剃度曰：汝先入定，蓋在日光三昧耳。汝於諸法已得通量，今宜以菩提達摩為汝之名。會聖僧與受具戒，當此其地三震，月明晝現，尊者尋亦成果。自此其國俗因以「達摩多羅」稱之，亦曰「菩提王子」。

這就是《正宗記》敘述「達摩多羅」一名之由來，然《傳燈錄》則稱其本名為「菩提多羅」，後遇二十七祖般若多羅，曰：「汝於諸法已得通量，夫達摩者通大之義也，宜名達摩。」因改號「菩提達摩」，二書之說略異。以上是契嵩引《出三藏記集》一書以證明其西天二十八祖說之大要。

2. 引《達摩多羅禪經》證二十八祖說

契嵩在《正宗論》首篇引《出三藏記集・薩婆多部記序》以證其二十八祖之說，事隔七年之後又續作了第二篇，此篇則引廬山《禪經》以及慧觀的《修行地不淨觀經・序》，補充證其明二十八祖之說。契嵩云：

> 余昔引《出三藏記》所載四祖師者，以質《付法藏傳》之謬，遂為書，迄今七年矣。然《出三藏記》所錄概見耳，猶恐其未能斷天下之苟諍。適睹《禪經》及《修行地不淨觀經》〈序〉，而傳法眾聖果二十八祖備矣！婆舍斯多而下四祖師，其名昭然若揭日月，僧祐所錄誠有根本，而吉迦耶闕傳，益不足考也。學者相黨，其�亦可息矣！

〔註21〕「願悲智見容」，「容」字《大正藏》本誤作「客」，今據《磧砂藏》本改正。

契嵩所謂的《禪經》全名爲《達摩多羅禪經》凡二卷，東晉天竺三藏佛陀跋陀羅譯（見《大正藏》第十五卷，頁300），卷首有序一篇約千餘字，不署名；唯《出三藏記集》卷九亦錄有〈盧山出修行方便禪經統序〉一篇，內容與此相同，署名爲「釋慧遠」。而慧觀的〈修行地不淨觀經序〉也同被收入《出三藏記集》卷九中。關於二〈序〉之來由，契嵩又說：

> 夫《禪經》者，蓋出於菩提達摩，而佛馱跋陀羅所譯，盧山慧遠法師序之（原註：本經其序，或亡出遠名，唯〔註22〕《出三藏記》見之最詳也。）《不淨觀經》其〈序〉亦宋僧慧觀之所著。達摩者如來直下之相承者也，佛馱跋陀羅乃佛大先之弟子，而達摩法門之猶子也，慧遠法師蓋承於佛馱跋陀，慧觀又跋陀之弟子者也，其所說祖與宗，固宜詳而備之也。

契嵩先說明慧遠與慧觀的師承，以證明二人所言之可信，然後再列舉《禪經》及慧觀《序》中所列人名，一一印證其與「四祖」之關聯。茲分別敘述以明其說。

（1）《禪經》所見人名

《禪經》卷上〈修行方便道安那般那念退分第一〉說：

> 佛滅度後，尊者大迦葉，尊者阿難，尊者末田地，尊者舍那婆斯，尊者優波崛，尊者婆須蜜，尊者僧迦羅叉，尊者達摩多羅，乃至尊者不若蜜多羅，諸持法者以此慧燈次第傳授，我今如其所聞而說是義。

這段文字即是契嵩作爲引證者之一，但是他在《正宗論》所錄卻與《禪經》本文有異，契嵩將「尊者僧迦羅叉」和「尊者達摩多羅」二人改作「尊者僧迦又尊者摩挐羅」，而在「僧迦又」及「摩挐羅」下各加一注說明，前注略謂「《靈隱藏經》於『僧迦』下寫爲『又』字，初即取其又字之義，後見他處經寫曰『僧迦羅叉』乃省前『又』字誤耳。」而「僧迦羅叉」即《正宗記》卷九〈旁出略傳〉裡的「師子尊者之三世」也。至於「摩挐羅」下則注曰：

> 吾嘗辯此當是稱二十五祖婆羅多羅，其謂又尊者，是必以二十五祖又承二十四祖師子，其相繼未嘗絕也。今其經本或云「達摩多羅」，蓋後世傳寫之誤也。若達摩多羅即是其說經之人，乃不若多羅傳法之弟子也，豈有弟子說法，而先於其師自稱尊者耶？寫爲達摩多羅

〔註22〕「唯」字《大正藏》本誤作「進」，茲據《磧砂藏》本改正。

者，亦字與婆羅多羅相近故也。古德亦有辯此，謂是摩拏羅，恐亦
未然，今且從先德耳。

契嵩在此不知何故犯了明顯的矛盾，前注既已指出「又」字之誤，此處卻又
附會之而稱「是必以二十五祖又承二十四祖師子」云云，實是多餘之辭也。
至於辯稱「達摩多羅」與「婆羅多羅」（即二十五祖婆舍斯多）乃字相近而致
傳寫之誤，此亦一己之臆測成分居多，故尚不敢據以立論，乃另立一「摩拏
羅」之名，這些都是後人對契嵩不能信服的地方。契嵩最後從《禪經》中採
獲的結論便是：

> 若夫《禪經》所稱尊者大迦葉者，此吾正宗之第一祖者也。其曰「乃
> 至尊者不若蜜多羅」者，此吾正宗之第二十七祖者也；與其弟子說
> 經之者達摩多羅者，乃吾正宗之第二十八祖者也。以《寶林》、《傳
> 燈》眾說，所謂二十八 [註23] 祖者，相與校其名數未曾差也。《禪經》
> 不以其次第而一一稱乎諸祖之名者，必當時欲專說法，略之而然也，
> 但示其首末之人，則餘祖在乎其中可知也。

契嵩從這裡只找到他認為的二十七祖和二十八祖的證據，此外又從慧觀的
〈序〉中也採摭了部分的資料以為其佐證者，并述於后。

（2）〈修行地不淨觀經序〉所見人名

《修行地不淨觀經》今大藏中已不見著錄，契嵩當時亦不言譯者何人，
但說「詳其序意，即《不淨觀經》宜與《禪經》一也，但未見其元本，不即
裁之。」此外契嵩在《正宗論》引本〈序〉的「弟子去世二十餘年」下注云：
「今慧觀〈經序〉推其承法宗祖，與跋陀廬山所譯並同，但其經題輒異。又
推富若蜜多、富若羅二祖師入滅之年，與《寶林》、《傳燈》二書前後相差，
詳此或慧觀於跋陀之後，重譯其經之文而自序之。」 [註24] 慧觀在此〈序〉
中所言，被契嵩採獲為諸祖之證據者，茲錄如下。〈序〉云：

[註23] 《大正藏本》於「二十八」下多一「十」字，《磧砂藏》本無之，茲從此本。

[註24] 胡適〈禪學古史考〉一文（收於「現代佛教學術叢刊」第四冊《禪宗史》實
　　　考辨）說：「此經與廬山所譯《達摩多羅禪經》必是同一本子，僧祐雖載其序，
　　　而不記錄此經，我們竟不知此經有第二譯本。故我疑心此序即是他（慧觀）
　　　來南方後為廬山《禪經》作的。此序之作約在西元 410 年之後，他同佛陀跋
　　　陀羅都棲止建業的道場寺，跋陀及廬山《禪經》的譯主，慧觀為作新序，大
　　　旨與慧遠原序相同，稍補其史實的不足而已。」胡適此說實亦承自契嵩《正
　　　宗論》而來。

此一部典，名爲具足清淨法場，傳此法至於罽賓，轉至富若蜜羅，
富若蜜羅亦盡諸漏具足六通，後至弟子富若羅，亦得應眞，此二人
於罽賓中爲第一教首。富若蜜羅去世巳來五十餘年，弟子去世二十
餘年。曇摩多羅菩薩與佛陀斯那俱共，諮得高勝宣行法本。佛陀斯
那化行罽賓，爲第三訓首。

契嵩對此的說解是：

若慧觀所謂富若蜜多者，亦吾正宗之二十六祖也；所謂富若羅者，
亦吾正宗之二十七祖也；所謂曇摩多羅菩薩者，亦吾正宗之二十八
祖也。所謂佛陀斯那者，即菩提達摩同稟之佛大先者也。其所謂傳
此法至罽賓，轉至富若蜜多者，蓋謂二十四師子祖始傳至於罽賓，
而更自二十五祖婆舍斯多展轉而至乎二十六祖矣！其不必皆列乎師
子斯多二祖師之名者，文欲略也，但二書文字稍異，或具或略，與
今宗門眾說小差，蓋其譯有楚夏耳。

契嵩從慧觀的〈序〉中找出了二十六、二十七、二十八三祖的佐證，但是獨
缺二十五祖婆舍斯多之名未見，於是只好以「文欲略也」而圓其說，這些都
是後人所難以信服之處。

綜合以上契嵩所引以爲佐證的《出三藏記集》與《禪經》中的各項資料，
謹將其列爲一表以便於對照：

名 字 主張者		二十五祖	二十六祖	二十七祖	二十八祖
《正宗記》		婆舍斯多	不如蜜多	般若多羅	菩提達摩
薩婆 多部	僧祐所記	婆羅多羅	弗若蜜多	不若多羅	達摩多羅
	齊公寺本	婆羅多羅	無	不若多羅	曇摩多羅
《禪經》		無	無	不若蜜多羅	達摩多羅
慧觀〈序〉		無	富若蜜多	富若羅	曇摩多羅

契嵩既廣搜諸書，詳加考證，務欲駁斥《付法藏傳》之二十四祖說，以
推崇《寶林》、《傳燈》的二十八祖之說，不惜指證歷歷，並屢陳曇曜、吉迦
夜作《付法藏傳》之不當，甚至說「其謬書可焚也」，如此強硬之立場終亦不
免引來天台宗人士之不滿，於是，在「台禪之爭」的事件裡，契嵩竟也介入
爲其中之要角，詳見下文所述。

三、天台宗及後世學者之質疑

（一）天台宗學者之質疑

關於天台與禪宗爭論之開端，陳垣在《中國佛教史籍概論》卷五「台禪二宗之爭」裡說道：

> 先是《景德錄》二十七載「禪門達者，雖不出世，有名於時者」錄十一人，智者大師預焉。台宗人見之，大不謂然。故《釋門正統》卷一〈智者世家〉云：「彼焉知大師豈止禪門達者而已。」此諍之所由起也。

其實早在前述唐代神清作《北山錄·譏異說》之時，業已發生台宗與禪宗不相容之事實，究其原因，只是爲了所謂「法統」世系之主張各有所異，台宗自智者大師作《摩訶止觀》據《付法藏傳》之說，以龍樹爲十三祖，師子爲二十三祖，末田地與商那和修同時取之，則仍二十四人。《寶林傳》乃移婆須蜜於前爲第七祖，並擴增二十四之數至二十八，此乃其最大之爭端也。尤以《正宗記》一出，其爭更烈，《佛祖統紀》卷二十一〈子昉傳〉載之甚詳：

> 法師子昉，吳興人，賜號普照，早依淨覺。嵩明教據《禪經》作《定祖圖》，以《付法藏》斥爲可焚，師作《祖說》以救之。又三年，嵩知《禪經》有不通，輒云傳寫有誤。師復作《止訛》以折之。其略有曰：契嵩立二十八祖，妄據《禪經》，熒惑天下，斥《付法藏》爲謬書，此由唐智炬作《寶林傳》因《禪經》有九人，其第八名達摩多羅，第九名般若蜜多羅，故智炬見達摩兩字語音相近，遂改爲達摩，而增菩提二字，移居於般若多羅之後，又取他處二名婆舍斯多、不如蜜多，以繼二十四人，總之爲二十八人。炬妄陳於前，嵩繆附於後，潰亂正教瑕玷禪宗，余嘗面折之，而嵩莫知媿。又據僧祐《三藏記》傳律祖承五十三人，最後名達摩多羅，而智炬取爲梁朝達摩，殊不知僧祐所記，乃載小乘弘律之人，炬、嵩既尊禪爲大乘，何得反用小乘律人爲之祖耶？況《禪經》且無二十八祖之名，與《三藏記》並明小乘禪耳。炬、嵩既無教眼，纔見禪字，認爲己宗，是則反販梁朝達摩但傳小乘禪法，厚誣先聖，其過非小。

除了上述《佛祖統紀》所載子昉對契嵩《正宗記》的反對之外，宗鑑所作的《釋門正統》（參《卍續藏》第一三〇冊）一書，也有多處記載天台宗徒對禪宗沿稱的「七佛偈」、「拈花微花」乃至「二十八祖」等事跡，紛紛表達其強

烈的不滿。如卷四〈興衰志〉引鎧庵（吳克己）之言曰：「《寶林》說詭，非特達摩、慧可事跡與僧傳不同，其罪虛誕無稽，而流俗至今猶以爲然者，『七佛說偈』『世尊拈花』是也。七佛緣起，所經劫波，前後隔遠，豈有遞相付法之事，縱若有之，未審吾佛何處舉似？梵僧何年譯至此土也？」關於「七佛」之說，契嵩本人也不贊同，因此《正宗記》仍以釋迦佛爲始祖，不採《寶林傳》的七佛之說。《釋門正統》卷五〈從義傳〉「辨祖承」又指出：「今家（謂台宗）承用二十三祖，豈有誤哉？若二十八祖，未見經論所出。近見刻石鏤板，圖狀七佛二十八祖，各以一偈傳授相付。烏乎！假託何其甚歟！識者有力，宜革斯弊，使無量人咸尊正教。」卷八的〈昉師辨祖書〉也指責《寶林傳》「詭說百端，以惑無識，如隻履西歸、立雪斷臂等，皆與僧傳不同。」這些大抵都是天台宗人對於禪宗的各種傳說表達不滿，而提出的諸多質疑也。

（二）近代學者之考辨

關於禪宗古代之史實，近代學者頗有多人從事考證工作，其成果亦頗豐碩，加以新資料出土，許多新發現都足以改變長久以來的觀點與說法。以下謹略錄數家以爲其代表。

1. 胡適的考辨

胡適先生曾對禪宗史下功夫認眞考察，雖然他以實驗主義出發，某些部分和禪宗的理趣並不相契，但人物歷史的考證上卻有相當程度的參考價值。他在禪宗史方面重要的著作如〈禪學古史辨〉、〈菩提達摩考〉、〈楞伽宗考〉以及〈與柳田聖山論禪宗史書〉〔註25〕等篇，對於二十八祖之說以及菩提達摩的人物史跡，均有詳細的考辨，由於文字甚長，此處但將其結論摘要略述於下。關於西天二十八祖之說法，他在〈與柳田聖山論禪宗史書〉裡提出：

> 從神會提出「西國八代，菩提達摩爲第八代」之說以後，七八十年中（762～841）禪宗各派先後提出了許多修正案，從「八代」到「五十一代」，後來纔漸漸的集中到兩種大同小異的「二十八代」說。

胡適乃綜合當時諸說而歸納爲四種說法，分別是：

　（1）用《付法藏傳》作根據的二十四代說，或二十五代說。（如末田地爲
　　　二十五代）

　（2）混合《付法藏傳》的二十四代或二十五代說與神會的八代說中之後四

代，成為二十九代與二十八代之說。

(3) 道一的門下惟寬據《出三藏記集》裡的佛大跋陀羅所傳「薩婆多部世系」而提出的五十一代之說。

(4) 後起的修正的二十八代說。

胡適所列的眾說之中，除了「八代說」與「五十一代說」可信度不高本文略而不談外，其餘二說，本文都已大略分析其梗概。唯胡適認為從《寶林傳》、《祖堂集》、《傳燈錄》以及《正宗記》所採用的「二十八祖說」，其中的第二十五祖婆舍斯多、二十六祖不如蜜多、二十七祖般若多羅等三人的名字，沒有經典根據，都是捏造的，他對於契嵩在《正宗論》裡面的考據，認為是「很可憐可笑的」（同前〈論禪宗書〉）。他的〈禪學古史辨〉一文最後，把古代傳說裡的禪學傳授者列成一表，並著其約略年代，其中也記載著「達摩多羅、富若蜜多羅、婆陀羅、富若羅」等人之名，且定其年代為「四世紀」。由此可見胡適並不認同契嵩所謂的上述諸人「即吾正宗之二十六祖」云云，故認為「婆舍斯多、不若蜜多、般若多羅」等三人為捏造。

至於二十八祖「菩提達摩」之史跡，胡適另有〈菩提達摩考〉一文專論之。胡適首先引證楊衒之的《洛陽伽藍記》一書所記的兩則關於達摩事跡之記載，承認當時確有菩提達摩「起自荒裔，來由中土」，自稱年一百五十歲。其次又引道宣《續高僧傳》裡的〈達摩傳〉，述說達摩的教旨不出三端，「一為眾生性淨，凡聖平等；二為凝住壁觀，以為安心之法；三為苦樂隨緣，心無所求，無所執著。」

契嵩曾於《正宗記》卷五「評曰」中批評《續高僧傳》云：「或曰：《續僧傳》以『壁觀四行』為達摩之道，是乎非耶？曰壁觀婆羅門，蓋出於流俗之語也，『四行』之說豈達摩道之極耶？」胡適則反過來批評契嵩說：

> 宋代的契嵩不明此義，妄說四行之說「非達摩道之極」。他生在宋時，聽慣了晚唐、五代的禪宗玄談，故羨慕後人的玄妙而輕視古人的淡薄。他不知道學說的演變總是漸進的，由淡薄而變為深奧，由樸素而變為繁縟；道宣所述，正因為是淡薄樸素，故更可信為達摩的學說。（〈菩提達摩考〉）

胡適認為原來達摩的禪旨只是個「淡薄樸素」的學說與史跡，後來卻逐漸被添加種種傳說與附會，遂使真相不明，原貌不復。因此，他並不認同契嵩所說的「菩提達達摩」與「達摩多羅」為同一個人，胡適這番說理倒是可作為

後人客觀評論之參考。

除了胡適之外，湯用彤先生也曾作〈菩提達摩〉一文（收於《禪宗史實考辨》，頁 141～151），指出「中國禪宗推達摩爲初祖，唐代晚出禪宗史籍所敘達摩事跡，不可盡信。」湯氏認爲達摩生平可據之記載也是以《洛陽伽藍記》與《續高僧傳》爲主，此外又舉曇琳《入道四行觀》（見《卍續藏》第四〇四冊）之內容，以爲論述達摩學說之所依據。這項資料亦可與胡適之說相互印證。

2. 黃懺華之考辨

黃懺華先生作〈禪宗初祖菩提達摩考〉（《禪宗史實考辨》，頁 125～139），針對有關達摩的記載，從《傳燈錄》、《歷代法寶記》到《續高僧傳》，其中對於達摩生平事跡之傳述異同，相違逕庭者皆爲一一指出：

第一，從《續僧傳》所說，和梁武帝同時的不是達摩，卻是其門人僧副；從而達摩和梁武帝的一段公案，也就不是史實。

第二，《傳燈錄》說達摩「面壁而坐，終日默然，人莫之測，謂之壁觀婆羅門。」《續僧傳》說他「隨其所止，誨以禪教」、「善明觀行」。

第三，《傳燈錄》說達摩五度中毒，到第六度因爲化緣已畢，於是端居而逝。《續僧傳》卻說他「由化爲務，不測於終」。

其他尚有門徒慧可斷臂求法之事，也是《傳燈錄》所說，而《續僧傳》卻說他「遭賊斫臂」。黃氏的結論說：

> 總之，達摩並非絕對是子虛烏有，然而從《續高僧傳》等典籍上看起來，也只是佛陀禪師一流，是一個傳定法，明觀行的禪師，而後世的禪宗，踵事增華，遷合種種事實來附會增加他，去構成所謂禪宗初祖也者。

因此，他最後認爲《法寶》、《寶林》、《傳燈》中的達摩傳，是餖飣而成的，連帶的，《正宗記》之所傳述亦屬可疑矣！

3. 太虛大師之考辨

民國太虛大師曾有「與胡適之論菩提達摩書」談及他對達摩事跡的考證結果，亦可另備一說，太虛云：

> 《洛陽伽藍記》上所載的菩提達摩，是的確有這個波斯胡僧的，但卻不是後來禪宗奉爲初祖的菩提達摩。禪宗所奉爲初祖的事實上人物，應是先在嵩山少林寺爲魏君臣道俗舉國奉爲大禪師的佛陀扇

多。至其名字，則是後來禪宗的人，爲避去佛陀扇多，乃影借達摩
波羅與菩提達摩、菩提流支的名字，另用此名立爲初祖的。（《禪宗
史實考辨》，頁 166 附）

太虛的證據略有三點，第一爲奇異的禪風是由佛陀扇多後漸昌。第二，傳說
達摩與流支不合，然其實爲扇多與流支議地論不合之故事。第三，二祖神光
——慧可，即傳扇多禪的慧光律師，一名折成二名。太虛此種說法雖然與胡
適等人所論方向不同，然其論點亦可作爲研究禪宗史者之參考也。

　　綜合宋代天台宗學人以及近代學者之考辨，似乎《正宗記》的西天二十
八祖之說法將產生動搖，然而畢竟這種法統說業已流傳中國千餘年，連同達
摩祖師的傳說也已深植於後世禪門之中，縱使它已遭受強烈質疑，但仍舊維
持著它的傳說而不墜，由此可見其影響力之深矣！

四、《傳法正宗記》之得失

　　契嵩的《傳法正宗記》一書，就禪宗本身而言，它固然在考訂世系，確
定宗祖方面具有相當貢獻，相較於同時代或稍早的禪宗譜系類著作而言，《正
宗記》的內容實亦得失互見，茲將其價值與疏失略述於后。

（一）《正宗記》的價值

　　就開創性來說，《正宗記》並不具有特殊的創見，因爲它所編定的禪宗傳
法世系以及三十三祖之事跡，大抵是以《寶林傳》和《傳燈錄》爲基礎，稍
事修改而成，並無多大創新。唯其中較值得一述者約有二點，略誌於下。

1. 依據信史，刪略疑年者

　　禪宗的部分史書如《傳燈錄》等，爲使其所謂「傳佛心印」之歷史更往
上追溯，因而建立了「七佛」之說，契嵩則對於釋迦佛之前的其他六佛，經
劫曠久，難以跡考之傳說，採取保留的態度，因此《正宗記》書首訂自釋
迦牟尼佛開始，不錄其他六佛之事跡與傳法偈，毋寧是一種較務實可靠的做
法。

　　其次，《寶林》、《傳燈》二書在記錄天竺諸祖入滅之時，一并易換爲華夏
周秦之年曆，契嵩對於此舉亦不贊同，他在〈天竺第十三祖迦毘摩羅大士傳〉
「評曰」中說：

　　《寶林》、《傳燈》二書皆書天竺諸祖入滅之時，以合華夏周秦之歲
　　甲。然周自宣王已前未始有年，又支竺相遠數萬餘里，其人化滅或

有更千餘歲者，其事渺茫隔越，吾恐以重譯比校未易得其實，輒略
其年數甲子，且從而存其帝代耳。唯釋迦文佛菩提達摩至乎中國六
世之祖，其入滅年甲稍可推校，乃備書也。

例如《傳燈錄》記初祖迦葉「乃持僧伽梨衣入雞足山，候慈氏（彌勒佛）下
生。即周孝王丙辰歲也。」而《正宗記》則但云「遂以此周孝王之世，矷然
入其山，席草而坐。」又《傳燈錄》載二祖阿難入滅之年「乃屬王十一年癸
巳歲也」，《正宗記》則曰「是時當此周夷王之世也」，兩書之說又顯然有出入，
由此亦可見契嵩之不苟從於前書，而對於非確鑿之年數甲子，亦以概略之帝
世載之，以示其慎也。

2. 糾正《寶林傳》的謬失

《寶林傳》一書以其楷定禪宗西天二十八祖之說，作為它書立論之所依
傍，其貢獻固不容忽視，然而它的諸多謬失舛誤卻也是公認的事實。契嵩在
《正宗論》卷上便已指其「文字鄙俗，序致煩亂，不類學者著書。」又說「及
原其所由，或指世書，則時所無有，或指釋部，又非藏經目錄所存。」具體
的指謬，例如：

若《寶林傳》其所載諸祖之傳受相承，名氏異同，與其所出之國土
者，大體與他書同，果是也，吾有取焉。但其枝細他緣，張皇過當，
或煩重事理相反，或錯誤差舛，殆不可按，是必所承西僧泛傳不審，
而傳之者不能裁之，吾適略而不取也。亦禪者朴略，學識不臻，乃
輒文之迂疏倒錯，累乎先聖真跡不盡信於世，雖欲張之，則反更弛
之。（《正宗論》卷上）

此外，《正宗記》卷五〈天竺第二十八祖菩提達摩尊者傳〉「評曰」說：

傳謂達摩六被毒藥乃菩提流支之所致，然乎？曰此蓋為《寶林傳》
者未之思也……吾故鄙而不取。

又卷五末另有一段文字，大意為糾正《寶林傳》紀年之謬者，文曰：

契嵩少聞耆宿云：嘗見古祖圖引梁寶唱《續法記》所載，達摩至梁
當普通元年九月也。而《寶林傳》云，在普通八年丁未，即其年過
魏，當明帝太和十年。然太和非明帝年號。又曰：達摩滅度亦在明
帝太和十九年。而明帝在位祇十二歲，即無十九年。又以丁未推之，
即是明帝末年神壽之歲，其歲明帝已崩。若果以普通八年丁未十二
月過魏，即達摩在魏九年默坐少林，其歲數不登。若以普通元年庚

子推之，即其事稍等。今取元年庚子爲準，其諸家所見八年丁未，
亦不敢即削，且兩存之，識者詳焉。

契嵩指出，《寶林傳》以達摩至梁之年代定爲普通八年丁未，即以此年過魏，
正「當明帝太和十年」，然「太和」實乃孝文帝之年號，非是明帝年號；又稱
達摩滅度於「明帝太和十九年」，按《魏書》卷九〈肅宗紀〉稱明帝於武泰元
年（528）春二月「崩於顯陽殿，時年十九」，在位共十二年。故此處《寶林
傳》所記顯然謬誤也〔註26〕。然契嵩稱丁未之歲明帝已崩亦不確實，依《魏
書・肅宗紀》所載，明帝當崩於武泰元年戊申之歲，即丁未之次年也。

　　以上諸例皆是《寶林傳》之謬失，爲契嵩所發現而明白給予糾正者，當
然也有部分的謬失契嵩未覺，甚至援引以作僞證者，下文續爲說明。

（二）《正宗記》的疏失

　　史書之較大難題，通常即是史實年代之確立問題，《正宗記》也是面臨這
個問題的考驗。尤其涉及古今中外年曆甲子之互換，常因資料不足以致殊難
定論。此外史實的考辨亦是一大難題，契嵩在這方面囿於種種限制，無法詳
實辨覈史料，以致或有誤用僞史者，此皆是其疏失之處，茲略述於后。

1. 歷史紀年認識不清

　　首先是關於釋迦牟尼佛生滅紀年之考證，《正宗記》主張佛爲周昭王甲寅
年出生，壬申年出家，戊寅年成道，而於穆王壬申年入滅之說，而據此十支
甲子所推算之紀年當爲「昭王二十六年、四十四年，穆王四年、五十三年」。
由於周朝自宣王以後才有明確之紀年數，故此前之年代爭議較多，契嵩誤探
「舊譜」所引皇甫謐推算之年數，而作「昭王九年、廿七年、三十三年，穆
王三十六年」，此不得不謂爲其疏失。

　　其次是關於達摩入梁年代之考證，《正宗記》卷五〈達摩傳〉注云：「《傳
燈錄》諸家舊說並云：達摩來梁，在普通八年。今按史書，普通祇至七年。

〔註26〕關於《寶林傳》新載年代之謬誤，陳士強先生《佛典精解》，頁558更指出其
　　　　所言達摩滅度之年爲「後魏第八主孝明帝大和十九年」，而「梁大同二年者，
　　　　即後魏大和十九年也」，「是時昭明太子而撰祭文」，三句話皆有誤。陳士強
　　　　說：「第一，『大和』當是『太和』，它不是孝明帝的年號，而是孝文帝的年
　　　　號。第二，『太和十九年』相當於南齊建武二年（495），而不是梁大同二年
　　　　（536）。第三，若以『太和十九年』立言，則當時尚無梁朝，也無昭明太子；
　　　　若以『大同二年』立言，則昭明太子已亡五年，無論何說，都不可能有撰祭
　　　　文之事。」

唯今王祐長曆甲子數或有八歲，可疑。」陳垣《中國佛教史籍概論》卷五曾
指出其疏失謂：

> 然因史學常識不豐富，每以不誤爲誤。如卷五〈達摩傳〉注……云
> 云，不知普通八年三月十一日，始改元大通，明著梁史，《長曆》列
> 有八年，有何可疑。輕於立論，未免爲識者所笑耳。

按《梁書》卷三〈武帝本紀下〉云：「大通元年……三月辛未，輿駕幸同泰守
（寺？）捨身，甲戌還宮，赦天下，改元。」（頁 42 上）至於《長曆》一書
又名《劉氏輯曆》，爲宋劉羲叟所著（見《宋史》卷四三二），今已佚。契嵩
對於史事年數未能仔細考證，率爾立言，是以不免疏失而貽嗤於後世。

2. 史料真偽未詳鑑別即予採用

《寶林傳》除了年曆多所舛謬之外，其所載之文獻亦多不足據，陳新會
又指出：「如梁武帝撰『達摩碑』及昭明太子撰〈達摩祭文〉等，《景德錄》
均削而不載，蓋其慎也，而《正宗記》反採之。」關於昭明太子撰〈達摩祭
文〉之書，陳士強先生已考證其不實（見註 26），其所載達摩入滅年歲既已含
糊其詞，昭明太子撰〈祭文〉亦非其實，然則梁武帝之碑文又豈能無疑？是
以《傳燈錄》乃削而不採，契嵩則記載其事並略錄其文〔註 27〕，實是未加詳
察也。其次，《寶林傳》所載的「慧可大師碑」，陳氏亦質疑其僞，他說：

> 《寶林傳》又有二十九祖可大師碑，題「唐內供奉沙門法琳撰」，中
> 有「東山之法，於是流焉」之句，以內供奉授僧及稱禪宗爲東山法
> 門事皆在法琳以後，此碑之僞顯然。《正宗記》採其中之傳說可也，
> 據此碑以攻《唐僧傳》不可也。今《正宗記》六〈可大師傳〉後評
> 《唐僧傳》云……，此可見嵩於史料真僞之鑒定法，殊未注意也。

陳氏於史籍涉躐廣博，見深識卓，所評亦甚中肯也。

3. 人名之撮合過於牽強

《正宗記》關於西天二十八祖說中，最爲後人所質疑者即是二十五祖以

〔註27〕《正宗記》卷五〈達摩傳〉所載昭明太子〈祭文〉云：「其略曰，洪惟聖胄大
師，荷十力之智印，乘六通而泛海，運悲智於梵方，拯顛危於華土。」而梁
武帝〈碑文〉部分《正宗記》錄有兩段，其一云「爲玉甎久灰金言未剖，誓
傳法印化人天竺，及乎杖錫來梁，說無說法，如暗室之揚炬，若明月之開雲，
聲振華夏，道邁古今，帝后聞名，欽若昊天。」其二云「嗟乎見之不見，逢
之不逢，今之古之，悔之恨之，朕雖一介凡夫，敢師之於後。」以上所錄皆
是本於《寶林傳》卷八（《宋藏遺珍》第二冊，頁 1329～1332）。

下四祖之名字，契嵩或以「傳寫之誤」，或以「譯有夏楚」，乃至以「法俗合名」等諸多理由而為說解，有些似可成立，有些則不免牽強。尤以「菩提達摩」之名受質疑者最烈，如陳士強說：

> 由於契嵩說的《禪經》等書上說的某某，就是禪宗所說的某某祖，如說「達摩多羅」就是二十八祖「菩提達摩」等，從詞源學觀點來看，並不是一個梵文單詞，因而唐神清不承認他們是同一個人，是有一定道理的。由此看來，契嵩在《正宗記》、《定祖圖》、《正宗論》中的說法不無牽強附會之處。（《佛典精解》，頁 612）

羅香林先生在〈舊唐書神秀傳疏證〉一文中則更詳細的指出：

> 所謂菩提達摩，實不似西土僧名，按菩提（Bodhi）有道或覺之義，與達摩（Dharma）不應聯複。余意此乃華人妄相附益之名，其在西土必不以菩提相冠也。菩提達摩己不類印名，而《神會語錄》及《歷代法寶記》與契嵩《傳法正宗論》，又復認為即作廬山出《禪經》之達摩多羅，顛倒錯亂，至可笑也。後人不察，又舉菩提達摩與達摩多羅相結，成「菩提達摩多羅」一名，而今本《景得傳燈錄》遂謂達摩原名菩提多羅，愈附會，愈不通。（《禪宗史實考辨》，頁 252）

由於《寶林傳》、《傳燈錄》和《正宗記》的二十八祖法統說出現後，千餘年來，除了天台宗方面有異見之外，有關禪宗古史方面幾乎都遵循這種講法而未疑，直到近代受到胡適等人與日本若干學者加以考證辨疑，才出現不同的結論。然而儘管達摩的身分存疑，乃至其他三祖的事跡真偽不明，畢竟二十八祖之說在中國已流傳了一千餘年，其影響力是不容忽視的。

第七章　契嵩儒釋融會思想的理論與實踐

關於契嵩儒釋思想的理論基礎，業已在前兩章中分別論述，至於其儒釋融會理論的具體內容，大要皆呈現在〈萬言書上仁宗皇帝〉一文中；而《輔教編》則為其細部之融會主張者，吾人可藉此一探契嵩儒釋融會思想之理論與實踐。在〈上仁宗皇帝〉書中，契嵩指出「若夫儒經與佛經意似者數端，含而蘊之，若待佛教而發明之。」這些就是契嵩經過深入研究儒家典籍，奠定其理論基礎而後再與佛家的理論思想作比較，因而得到其中「意似者數端」，據此數端而推闡成為其儒釋融會的主要理論與實踐方法，本章將一一探討說明之。

第一節　佛道與王道治體合而為一──政治論

前文曾言及契嵩的儒釋融會思想產生之主要因素，原是為化解排佛論者種種質疑，故而廣引儒佛經論，探尋其共同之論點，消弭其無謂之爭端，務求其合異為同，以致力於二者之融會與貫通。此乃其儒釋融和思想形成之大要。因此，欲將出世的佛法融注於入世的儒學，其間重要的介面即是與國家社會息息相關的倫常之道和政治大體，而契嵩之所以撰述〈皇極論〉、〈中庸解〉以及〈論原〉四十篇等洋洋大論，主要為探求儒家歷代相傳的禮樂教道、政治思想，以奠定他在儒學方面的理論基礎，然後乃足以和佛教思想進行融會通同之比較。也因此在其儒釋融會的具體主張裡，首先被提出的正是將佛道與王道治體合而為一的理論，其中一者為出世教法，一者為世間治道，兩

造如何可能融爲一體，不禁令人深感好奇，以下且一探其究竟。

一、佛教中道與皇極中正之合同

契嵩把儒家的政治思想統攝於「皇極」與「中庸」兩大綱領之下，然二者又互爲表裡，故雖分爲二而實仍爲一，有時談皇極，有時說中庸。〈上仁宗皇帝〉書云：

> 若今文者皆曰必拒佛故世不用，而尊一王之道，慕三代之政，是安知佛之道與王道合也？夫王道者皇極也，皇極者中道之謂也，而佛之道亦曰中道，是豈不然哉？然而適中與正，不偏不邪，雖大略與儒同，及其推物理而窮神極妙，則與世相萬矣！故其法曰隨欲，曰隨宜，曰隨對治，曰隨第一義，此其教人行乎中道之謂也。若隨欲者姑勿論，其所謂隨宜者，蓋言凡事必隨其宜而宜之也；其所謂隨其對治，蓋言其善者則善治之，惡者則惡治之。是二者與夫王法以慶賞進善，以刑罰懲惡，豈遠乎哉！但佛心大公，天下之道善而已矣！

排佛論者以「吾道自足」的觀點而尊崇儒家三代之政與王道之治，因此拒佛之教而不用，契嵩於是將佛道與王道會通，而其會通之樞紐即「中道」是也。蓋中道一語儒佛均有之，儒之中道即皇極中正之道，而佛家所言中道，究竟言之，乃龍樹菩薩《中論》所欲昌明者。至於以儒之「中庸」比佛之「中道」，此事孤山智圓業已極力言之（詳第一章第三節），契嵩雖也主張以「中道」和會儒釋，但他明白二家之中道仍舊互有同異，故云「及其推物理而窮神極妙，則與世相萬矣！」縱然如此，就其相同處而言，依然有可會通者也。於是復舉「四悉檀」〔註1〕之說爲例，藉以媒介其所謂會通之處。其中「隨宜」者即是「各各爲人悉檀」，謂佛之說法乃鑑眾生之根機，各應其人而說之，以成就其善根也。「隨對治」者，即是「對治悉檀」，爲對治眾生之所執而說種種法，以成就其破執之益，故善者則善治之，惡者則惡治之，契嵩認爲此種理論與儒家的慶賞進善，刑罰懲惡其旨不遠也。接著，〈上仁宗皇帝〉書又說：

〔註1〕悉檀者，譯爲普施，謂佛以此四法普施眾生；另譯爲「成」，謂以此四法成就眾生之佛道。《大智度論》卷一云：「有四種悉檀，一者世界悉檀，二者各各爲人悉檀，三者對治悉檀，四者第一義悉檀。四悉檀中總攝一切十二部經八萬四千法藏，皆是實相，無相違背。」

> 今陛下專志聖斷，益舉皇極以臨天下，任賢與才，政事大小必得其
> 所，號令不失其信，制度文物不失其宜，可賞者賞之，可罰者罰之，
> 使陛下堯舜之道德益明益奮，則佛氏之道果在陛下之治體矣！經
> 曰：治世語言，資生業等，皆順正法。此之謂也。此推聖人之遠體，
> 不止論其近跡耳。然遠體者人多不見，近跡者僧多束執，惟陛下發
> 其遠體，使儒者知之，論其近跡，使僧者通之。夫跡者屬教，道者
> 屬體，非道則其教無本，非教則其道不顯，故教與道相須也……〈洪
> 範〉曰：會其有極，歸其有極，此總謂之皇建其有極之意，明王道
> 唯以大中爲准，必無黨無偏，無反無側，其合會其中道者，同歸其
> 中道耳。

契嵩特以仁宗的政事措施，號令制度，一切均準於皇極而行，故能繼承堯舜
之道德而日益昌明者，此即佛氏之道與當今天下治體合而爲一矣！也就是佛
經所稱「治世語言，資生業等，皆順正法」之意，而且也正是〈洪範〉所謂
「皇建其有極」者也。由此可見，佛教所講的本體之中道，與其世間所言的
無黨無偏，無反無側，這種事象之中道，其意可會通也，因此，佛道與王道
治體，終可同歸於中道，以中道合而爲一矣！

二、佛法有益於帝王之道德教化

契嵩致力於佛法與王道治體之合一，除了標舉「中道」以爲二者通同之
媒介外，更列出多項佛法有益於帝王治體之證明，諸如資道德、助教化、省
刑獄、致福卻禍等。〈上仁宗皇帝〉書云：

> 某聞佛法者大要在人正其心，其心果正，則其爲道也至，爲德也盛，
> 蓋其說情性辯眞妄審也。若今陛下以太和養誠，以仁恩禮義懷天下，
> 雖其盛美已效，苟以佛法正心，則其爲道德益充益茂矣！經曰：妙
> 淨明心一切心。此之謂也。

帝王者一國之至高者也，而亦天下治體之首，故爲君者正其心，則天下無有
不治者，此理非深，古來述者備矣。然契嵩特以佛法而裨益之，倘使爲君者
以仁恩禮義爲其本，又能輔以佛法而正其心，則誠爲美上加美矣！斯亦佛經
所言，其心若得妙淨明，則廣照於一切行事，亦必皆得此妙淨明心也。於是
契嵩乃舉唐明皇藉釋老之無爲與明心見性之說從事於薰修，以求清淨其意，
乃得開元之治三十年，享壽七十八歲，居位四十五載。又以梁武帝之齋戒修
潔，亦得享垂五十年而江表暫得小康於紛擾之世。凡此之例，皆是佛法有益

於帝王道德之明證者也。

其次，書又云：「佛之法以興善止惡爲其大端，此又最益陛下之教化者也。」蓋北宋當時興學風氣大盛，國家所興辦者，州置庠序，邑置學校，無不爲興振教化而致力焉。如此以詩書禮樂之說教民，亦無非冀其日益爲善，姦惡不萌於心，化育之功得以普霑而遍濡，實際上則里巷鄉墅之家仍尚有未達者也，實不能無憾焉。然而佛教之興盛，其風所及下自匹夫之愚，上抵賢哲之智，莫不以爲善致福爲惡至罪而相化導，克己齋戒，縱生止殺者，亦幾乎遍及閭里營戍。其中有悛心改行，仁慈孝廉，恭順眞誠者，亦非少數。故州邑庠校之教所不及者，佛之教乃有以及之輔之，故契嵩云：「雖以趨習之端與儒不同，至於入善成治，則與夫詩書禮義所致者何異乎？所謂最益陛下之教化者，此其是也。」

除有益於教化之外，書中又引「五戒十善」之教，謂可省刑獄也，此部分另於次節專門言之，此處不贅言。最後契嵩又以佛教所言神靈睿知，死生變化之妙道，可與天地鬼神同其妙，能感天地而懷鬼神幽冥，故諸禱祠祭祀，雨暘風燠，皆可以其法而禱之天地，與天下爲福爲祥，致福而卻禍，如是則其與天子之禋天地祀社稷，禱乎百神而與民爲福者何以異乎？因此總而言之，「若今佛法也，上則密資天子之道德，次則與天下助教化，其次則省刑獄，又其次則與天下致福卻禍，以先王之法裁之，可斥乎可事乎？」

契嵩以佛法之益於帝王道德教化，又言其皇極與中道之通會，乃結歸於佛道與王道治體之合而爲一，以是爲其儒釋融會思想之發端，然後其它相關之融會主張亦應運而生，此乃其大較也。

第二節　以五常仁義會通五戒十善——修養論

上一節在論述契嵩以佛道與治道會通時，其中有一項爲「五戒十善」可以省刑獄之論，其理爲何？契嵩蓋援引五常與五戒通同之理論爲說者也。這種以儒家的五常和佛教的五戒配合之說，早在北魏時代便已開始，契嵩只是進一步將五常與五戒的配合，推闡擴大爲「十善」，乃至更與「六度萬行」會通，本節即略述其說之演變過程，並探討契嵩所做的推闡與引申。

一、五戒與五常配合說之源流

最早提出五戒與五常配合之說者，應是北魏時期的沙門曇靖，曇靖曾僞

造《提謂波利經》二卷〔註2〕，該經今已不存，惟敦煌殘卷保留了部份的唐寫本（伯三七三二、伯二二一三、斯二〇五一）。此外後世各家著述尚有部分引文，從這些資料中可發現，其內容雜揉了許多陰陽五行學說，而五戒配合五常正是其中的一項，茲舉隋天合智顗（538～597）《仁王護國般若經疏》卷二所引的《提謂經》說明如下：

> 提謂波利等問佛，何不爲我說四六戒？佛答：五者天下之大數，在天爲五星，在地爲五嶽，在人爲五臟，在陰陽爲五行，在王爲五帝，在世爲五德，在色爲五色，在法爲五戒。以不殺配東方，東方是木，木主於仁，仁以養生爲義。不盜配北方，北方是水，水主於智，智者不盜爲義。不邪淫配西方，西方是金，金主於義，有義者不邪淫。不飲酒配南方，南方是火，火主於禮，禮防於失也。以不妄語配中央，中央是土，土主於信，妄語之人乖角兩頭不契中正，中正以不偏乖爲義。（《大正藏》第三十三卷，頁 1160）

此外，在唐法琳（？～640）《辯正論》卷一所引《提謂經》之內容（《大正藏》第五十二卷，頁 494），雖然詳略稍異，但都不外是借著五行、五房、五德、五色等各種理論來推演，儘量設法使得五戒和五常能夠配合在一起，所得結果是「不殺配仁，不盜配智，不邪淫配義，不飲酒配禮，不妄語配信。」這是五戒和五常的配合方式之一。而另有一種稍稍不同的配合方式，出現在天台九祖湛然（711～782）《止觀輔行傳弘決》卷六之二所引的《提謂經》，文曰：

> 所持五戒者，令成當來五體順世五常五德之法。殺乖仁，盜乖義，淫乖禮，酒乖智，妄乖信。憫傷不殺曰仁，清察不盜曰義，防害不淫學禮，持心禁酒曰智，非法不言曰信。此五不可造次而虧，不可須臾而廢，君子奉之以立身用無暫替，故云五戒。（《大正藏》第四十六卷，頁 341）

這種配合方式乃爲「不殺配仁，不盜配義，不淫配禮，不飲配智，不妄語配信。」這種說法，卻也出現在同時爲智顗所撰的《金光明文句》卷一所引的《提謂經》中（《大正藏》第三十九卷）。由於《提謂經》已亡，今從各書所引該經有關五戒五常配合的說法，則有以上兩種略異的配合方式，其中相同的部分是「不殺配仁」和「不妄語配信」二條，不同的部份，後者是以「不

〔註2〕 《提謂波利經》原有二部，一爲一卷之《提謂經》，眞本也；一爲二卷之《提謂經》僞撰也。《出三藏記集》卷五云：「提謂波利經二卷，右一部，宋孝武時，北國比丘曇靖撰。」

盜配義，不淫配禮，不飲酒配智」，有別於前者的「不盜配智，不邪淫配義，不飲酒配禮」。

以上所引都是《提謂經》的配合說，除此之外，與智顗同時的顏之推（531～591）在所著《顏氏家訓・歸心篇》中也提到了第二種的五戒五常配合之說：

> 內外兩教本爲一體，漸極爲異，深淺不同，內典初門設五種之禁，與外書五常符同。仁者不殺之禁也，義者不盜之禁也，禮者不邪之禁也，智者不酒之禁也，信者不妄之禁也。

同時代的魏收（506～572）在《魏書・釋老志》裡也提到「又有五戒，去殺、盜、淫、妄言、飲酒，大意與仁、義、禮、智、信同，名爲異耳！」只是這裡並未說明相互的配合細目。

到了唐代，除前述法琳與湛然引《提謂經》之說外，宗密《原人論》也說道：「故佛且類世五常之教，令持五戒，得免三途，生人道中。」（《大正藏》第四十五冊），此外道世的《法苑珠林》卷八十八〈五戒部〉也有同樣的說法：

> 夫世俗所尚，仁義禮智信也，含識所資，不殺盜淫妄酒也，雖道俗相乖漸教通也。故發於仁者則不殺，奉於義者則不盜，敬於禮者則不淫，悅於信者則不妄，師於智者則不酒。

到了契嵩的《輔教編》，對於「五戒」與「五常」的配合說更是集前人之大成，其說法也是同於第二種的配合說，並且將五常的會通擴充推闡至「十善」乃至「六度萬行」。

綜合以上之敘述，吾人可以獲得一認識，即有關於五戒和五常的會通配合之說，最初是起源於曇靖所造的《提謂經》，又經過南北朝、隋唐時期儒佛人士廣爲推闡宣揚，直到北宋以降，此說便一直盛行未絕。其配合的方式又分二說，茲列表如下：

五常	仁	義	禮	智	信	主　　張　　者
配合五戒	不殺	不邪淫	不飲酒	不盜	不妄語	智顗《仁王經疏》引《提謂經》 法琳《辯正論》引《提謂經》
	不殺	不盜	不邪淫	不飲酒	不妄語	智顗《金光明文句》引《提謂經》 湛然《止觀輔行傳弘決》引《提謂經》 顏之推《家訓・歸心篇》 道世《法苑珠林》 契嵩《輔教編》

從以上的分析看來，當以第二種「配合說」較為普遍，而且自隋唐以降，歷經宋、元、明、清每一朝代，凡是談及儒佛融通之問題者，幾乎都不免要提到五戒與五常配合之例證，而所述則多以第二種配合法為主，乃至當今講論佛法者，每談及五戒之時，仍舊不免要與儒家的五常相提並論，由此可見其說影響之源遠流長！

二、契嵩的五戒五常配合說

五戒和五常的會通，其歷史源流業已說明如上，而到了契嵩則是把這種會通之說更加以推闡，從原始的五常配合五戒，推一步推闡到「十善」，乃至擴及於「六度萬行」，分述如下。

（一）五常仁義與五戒十善

契嵩致力於儒佛之會通，其主要的理論架構實為承襲圭峰宗密的儒釋會通思想而來，唯宗密之判教思想蓋分之為「一人天教，二小乘教，三大乘法相教，四大乘破相教，五一乘顯性教」，而契嵩則遵照傳統的「人乘、天乘、聲聞乘、緣覺乘、菩薩乘」等「五乘佛法」之教，做為其基本思想架構，而將儒家的五常仁義納入五乘佛法中的「人天乘」之教，蓋人天乘所必修者即為五戒與十善（詳參本文第六章第一節），五戒者謂不殺、不盜、不邪淫、不妄語、不飲酒；十善者乃五戒之推引也，除不殺、不盜、不邪淫身業三戒及不妄語等四者與五戒相同外，另增不綺語、不兩舌、不惡口諸語業之戒條，以及不貪（嫉）、不瞋（恚）、不癡等意業之戒。契嵩將此會通於仁義禮智信之五常，《輔教編·原教》說：

> 然謂兼修其十者，報之所以升天，修前五者，資之所以為人也。脫天下此各修，假令非升天而人人足成善，人人皆善而世不治，未之有也。昔宋文帝謂其臣何尚之曰：適見顏延之宗炳著論，發明佛法甚為明理，並是開獎人意，若使率土之濱皆感此化，朕則垂拱致太平矣！夫復何事？尚之因進曰：夫百家之鄉，十人持五戒即十人淳謹，千室之邑，百人修十善則百人和睦，持此風教以周緩區，編戶億千則仁人百萬。夫能行一善則去一惡，去一惡則息一刑，一刑息於家，萬刑息於國，則陛下之言坐致太平是也。斯言得之矣！以儒校之，則與其所謂五常仁義者，異號而一體耳……不殺必仁，不盜必廉，不淫必正，不妄必信，不醉不亂，不綺語必誠，不兩舌不讒，

不惡口不辱，不恚不讒，不嫉不爭，不癡不昧。有一于此，足以誠
於身而加於人，況五戒十善之全也。

契嵩舉宋文帝與何尚之君臣間之問答爲證〔註3〕，其主旨在於佛之五戒十善可
以輔助朝廷教化，使百姓行善去惡，另外在〈孝論〉「戒孝章」也提到「夫不
殺仁也，不盜義也，不邪淫禮也，不飲酒智也，不妄言信也。」倘使人人皆
受此感化，天下豈不因此而致太平？故稱其與儒家之五常仁義具有同等之
效，名稱雖異，然其功用則同歸乎治也。因此契嵩在〈上仁宗皇帝書〉中也
特別的強調這一點，乃云：

抑又聞佛氏之法，以五戒十善爲教導世俗者，謂五戒修也所以成人，
十善修也所以生天，二端皆不治而縱心乎？十惡者不唯不至乎天
人，而後陷其神於負處也。今天下之人以五戒十善而自修者，固以
多矣！大凡循善則無惡，無惡則不煩刑罰，今以戒善而不煩陛下之
刑法者，天下豈謂無有益也，蓋不按而自覺矣……然佛法能與陛下
省其刑獄，又如此也。

佛之五戒通於儒之五常，有益於去惡行善，同歸乎國家之治，這種說法在歷
代儒釋交涉史上，乃經常被引用的例子，契嵩不僅援引其說，乃更廣而推之
爲十善之說。然而在五乘佛法的思想架構裡，「人天教」亦僅是世間之法，亦
即所謂「權教」而非「實教」，故其〈上仁宗皇帝書〉又云：「實者受人以
頓，權者受人以漸，所謂人天乘者，蓋言其漸之漸者也，今以儒五常之教較
之，正與其五教（戒？）十善人天乘者同也。」前面所言都是基於世間法上
而言，儒佛都同樣具有爲善去惡，同樣有助於國家之治，以此共同目標而論
其五常仁義與五戒十善之會通。然在此合異爲同之際，契嵩仍不忘探其究竟
宗旨之有別，蓋「人天教」在佛家的五乘佛法中只是一種基本教法，它是世
間法，屬於「權漸」之教，上面還有出世法的小乘、中乘乃至「實頓」的大
乘教。因此論其會通之餘，仍當瞭解權頓漸之別，雖知其有別，然亦不可以
廢權，執權昧實，如此方爲其儒佛合一，行善去惡，共趨於治之美旨也。

（二）六度萬行與五常仁義

由於「五戒十善」在五乘佛法中既屬世間法的「人天教」，單從五戒十善
與五常仁義之比較，似乎尚未能把儒家的「己立立人，己達達人」的宏大精

───────────────

〔註3〕 此事載於費長房《歷代三寶記》卷十（《大正藏》第四十九冊，頁88）。

神映照出來，而這種精神相較於佛教而言，則唯有大乘菩薩的發菩提心廣度眾生之精神可以相對應，因此契嵩便進一步提出五常仁義與六度萬行的會通，他在〈寂子解〉中說：

> 儒所謂仁義禮智信者，與吾佛曰慈悲，曰布施，曰恭敬，曰無我慢，曰智慧，曰不妄言綺語，其為目雖不同，而其所以立誠修行，善世教人，豈異乎哉……又吾佛有以萬行而為人也，今儒之仁義禮智信，豈非吾佛之萬行乎？（《鐔津文集》卷八）

五乘佛法中以菩薩乘為最高，而其必修者即「六度萬行」，六度即布施、持戒、忍辱、精進、禪定、般若（智慧）等（詳本文第六章第一節）；至於「萬行」則可以四弘誓願而該括之，即所謂「眾生無邊誓願度，煩惱無盡誓願斷，法門無量誓願學，佛道無上誓願成。」契嵩雖不稱六度之名，然所舉之慈悲、布施、恭敬、無我慢、智慧、不妄言綺語等，實際上即是與六度之內容大同也，而契嵩以萬行該之，會通於五常的仁義禮智信，因而儒家的「推己及人」與「明明德於天下」的偉大胸襟和懷抱，便可與佛教大乘菩薩的精神合而為一，用以證明雖為人天教，亦不可輕忽其偉功，因此〈寂子解〉又說：

> 儒佛者聖人之教也，其所出雖不同，而同歸乎治。儒者聖人之大有為者也，佛者聖人之大無為者也，有為者以治世，無為者以治心；治心者不接於事，不接於事則善善惡惡之志不可得而用也，治世者宜接於事，宜接於事則賞善罰惡之禮不可不舉也。其心既治謂之情性真正，情性真正則與夫禮義所導而至者不亦會乎！儒者欲人因教以正其生，佛者欲人由教以正其心，心也者徹乎神明，神明也者世不得聞見，故語神明者必諭以出世，今牽於世而議其出世也，是亦不思之甚也。故治世者非儒不可也，治出世非佛亦不可也。

歷來倡言「儒釋合一」之論者，雖亦言及「儒佛同歸於治」之說法，然其所謂「治」大都是以國家社會之安治為言，而契嵩之言治，則由「治世」擴及於「治心」，甚至由「治世」而論及於「治出世」。因此儒佛各因其思想上之特性而分擔不同之責，故云「有為者以治世，無為者以治心」；無論禮義治世之所導，或戒定治心之所歸，無非皆欲令入於情性之真正，此即儒佛之所和會通同處也。故契嵩對儒、佛二家思想均同樣抱持肯定的態度，乃云「治世者非儒不可也，治出世非佛亦不可也」，這種強調儒家思想與佛教重要性相等

的觀念，令人不得不承認其確爲契嵩高於前人之見解所在也。

第三節　以神靈不滅與福極報應說融通儒釋——果報輪迴論

　　契嵩從佛教的中道與皇極治道之會通，到五常仁義與五戒十善之配合，這一部分是比較偏重於現世事務之會通；至於心性論方面諸如佛教的三世因果與六道輪迴思想所涉及的神靈不滅理論等問題〔註4〕，以及儒家典籍中的一些禍福休咎觀念，這些都是契嵩援引以爲其儒佛融會的重要題材，尤其是《易‧繫辭》「精氣爲物，游魂爲變」的觀念，以及〈洪範〉的「五福六極」禍福思想，都是契嵩所欲融儒會佛的重要理論所據，此處皆一一探索之。

一、神靈不滅說之比較

　　儒家以五常仁義做爲教化治世之主要內容，其要旨但著眼於一世之治，佛教則以三世因果理論做爲化度眾生之法則，故〈原教〉云：「言乎一世也，則當順其人情，爲治其形生之間；言乎三世也，則當正其人神，指緣業乎死生之外。」正因儒之設教但以一世爲務，佛之立法乃以三世爲鑑，故其事跡或稍有異，然究其理本則無不同歸於善。例如儒之言仁者，謂「親親而仁民，仁民而愛物」，蓋專就一世而言，故其親疏有別也。佛則鑑於神識輪迴於三世與六道之故，唯恐傷於累世親人，因乃普遍戒殺也，是所謂形跡之有異者，若論其動機，則爲仁爲善之心理並皆所同也。問題卻在於三世輪迴之思想乃爲佛教之所倡言，而儒家典籍雖有部分類似事跡之記載，但其理論則未若佛教之具體與明顯，因此契嵩乃欲闡幽發微，以說明儒家固有思想中不乏有與佛之理論相通者，〈上仁宗皇帝〉書乃舉〈繫辭上傳〉云：

　　　　若〈繫辭〉曰：原始要（反）終故有（知）死生之説，精氣爲物，
　　　　游魂爲變，是故知鬼神之情狀。是豈不與佛氏所謂生死者皆以神識
　　　　出沒諸趣者似乎？孔子略言，蓋其發端耳。及佛氏所明乎生死變化
　　　　者，非謂天地造化自然耳，蓋生死者各以其業感爲人爲鬼神爲異類，

〔註4〕關於「神靈不滅」之問題，《弘明集》中已有鄭道子的〈神不滅論〉、蕭琛的〈難范縝神滅論〉及曹思文的〈難范中書神滅論〉等篇，《廣弘明集》亦有沈約的〈論形神〉、〈神不滅論〉、〈難范縝神滅論〉等三篇，皆爲歷代探討形神問題之著作。

而其生死變化之所以然者，于此不亦益明乎！

〈繫辭上傳〉「原始反終」一段，當是儒家經籍中少數探及生死鬼神之說者，《論語》中爲季路問事鬼神，孔子只是答以「未能事人焉能事鬼」；問死，也只答以「未知生焉知死」（〈先進篇〉）。而且「怪力亂神」更是孔子所不語者，向來儒家對於超越現世以外者蓋罕言之，相對的〈繫辭〉這一段對於鬼神死生之說便格外引人注意。〈繫辭〉指出從事物的初始反復、本末始終的循環現象中，聖人便可察知死生的道理；又從陰陽精靈之氣，氤氳薈聚以形成生靈之形體，死後精氣渙散，其神魂則游走而變爲異類，由是而知鬼神之情狀。契嵩認爲孔聖人蓋深有所見而略言之，〈繫辭〉只是略發其端，佛教則明顯的闡發三世輪迴之現象，述說生死者乃是吾人神識於六道之中輾轉出沒，輪迴不息者也。而其死生變化之由，並非天地造化自然而然者，乃繫乎各人業力之所感招，或爲人或爲鬼神或爲牲畜者，莫不由此而然也。〈上仁宗皇帝〉書又說：

> 《詩》曰：神之格思，不可度思，矧可射思。《書》曰：茲殷〔註5〕多生先哲王在天。是不唯聖人但欲致敬於鬼神耳，亦意人之精明不滅，不可不治之也，此與佛教人人爲德爲善資神以清升者何以異乎？孔子但不顯說耳，及佛氏則推而盡之矣！

「神之格思」數語出自《詩・大雅》〈蕩之什・抑〉，毛亨傳云「格至也。」鄭玄箋云：「矧況，射厭也，神之來至去止，不可度知，況可於祭末而有厭倦乎？」蓋言祭神之始終皆當敬也。「茲殷多生先哲王在天」一語出自《尚書・召誥》，僞《孔傳》云：「言天已遠終殷命，此殷多先智，王精神在天不能救者，以紂不行敬也」意謂紂不行敬神之舉，故殷雖有多位先哲之王，雖其精神在天亦不能祐之而救其國。故契嵩以爲《詩》、《書》立言無非欲人致敬於鬼神，言外之意亦含有人之精神不滅也，故後世者不可不致敬焉。而佛教勸人爲德爲善，俾使來日神靈得以超升，其用意豈不與與此相同乎！因此契嵩認爲儒佛聖人之所見解無別也，但其所言有所詳略耳。接著〈上仁宗皇帝〉書又引正史所記載有關神靈不滅之說者，用以證明其事之不虛，乃云：

> 《晉書》王坦之與竺法師相約報驗之事，其亦明矣！佛教其言不虛，多此類也，而如此數說者皆造其端於儒，而廣推效於佛，豈聖人自以冥數潛通不使人而輒識乎？不爾何其道理之相貫如此也？《漢書》

〔註5〕「殷」字《鐔津文集》各本均誤作「致」，今據《尚書》本文正之。

曰：蓋遵俗無方，適物異會，取諸同歸，指諸疑說，則大道通耳！
豈不然乎？

案《晉書》卷七十五，〈列傳〉第四十五，王坦之本傳云：

初坦之與沙門竺法師甚厚，每共論幽冥報應，便要先死者當報其事。
後經年，師忽來云：貧道已死，罪福皆不虛，惟當勤修道德以升濟
神明耳。言訖不見，坦之尋亦卒。

此事於《高僧傳》卷四亦載之云：「竺法仰慧解致聞，爲王坦之所重，亡後猶
見形詣王勛以行業焉。」可見其事實存在並非虛傳，因此契嵩乃綜合《詩》、
《書》所言神靈之不誣，並驗證於正史所載之事實，以說明儒家並非絕不談
論三世輪迴之事跡者，實乃略發其事端說未深著乎理論者也，而詳其事明其
理者，固有賴於佛教之推廣以大明之也。雖然儒書但略言其事跡，但其理之
相貫則一也。故又舉《漢書》之語云：「蓋遵俗無方，適物異會，取諸同歸，
指諸疑說，則大道通耳。」其意亦然也。唯一般儒者仍執著於耳目之所見，
乃致疑於三世之說，契嵩遂進一步比喻以明之，〈原教〉乃云：

曰佛之道其治三世，非耳目之所接，子何以而明之？曰吾謂人死而
其神不死，此其驗矣！神之在人，猶火之在薪，前薪雖與火相燼，
今之所以火者曷嘗燼乎？曰神理冥妙，其形既謝，而孰能御其所適
果爲人邪，果爲飛潛異類乎？曰斯可通也，苟以其情習之業推之，
則其報也不差。

契嵩以「人死而其神不死」來說明三世輪迴存在之現象，並以「薪燼火傳」
比喻其神之於形，而死後輪迴投胎之去向，則視其「情習之業」而定。關於
三世因果與六道輪迴之理論，契嵩另有〈廣原教〉之作（詳本文第六章第一
節）因此這裡並未細論其詳，其重點所在乃是爲說明神靈不滅與輪迴思想並
非佛教所專有，儒家典籍亦不乏其論，但爲詳略有別，茲特爲其彰顯幽微，
以明儒釋之相通者也。

二、福極說與報應說之融通

前文既引《詩》、《書》並史籍所載，以證明神靈之不滅與佛教輪迴說之
相通，進一步則更致力於福極說與報應說之融通。契嵩舉〈洪範〉五福六極
之說爲證，以示此即儒家之論三世果報者也，〈原教〉說：

子豈不聞〈洪範〉五福六極之謂乎？五福者，謂人以其心合乎皇極，

而天用是五者應以響勸之；六極者，謂人不以其心合乎皇極，而天用是六者應以威沮之。夫其形存而善惡之應已然，其神往則善惡之報豈不然乎？

〈上仁宗皇帝〉書也說：

若〈洪範〉五福六極之說者，此儒者極言其報應者也。

五福者，一曰壽，謂年壽得長者；二曰富，謂家財豐者；三曰康寧，謂無疾病者；四曰攸好德，謂性之所好為美德者；五曰考終命，謂不橫夭者。凡其為人用心有契合於皇極大中之理者，天道即報此五福以勸勉之。至於六極者，一曰凶短折，謂遇凶而橫夭性命者；二曰疾，謂常抱疾病者；三曰憂，謂常多憂愁者；四曰貧，謂困乏於財者；五曰惡，謂貌狀醜陋者；六曰弱，謂志力庸劣者。言其為人用心不合皇極大中之理，天道則用此六極之報應以威沮之。儒家向來多以「天道」代表冥冥中不可知之力量，而這種力量在佛教則稱之為「業力」，它是由各人自己所招感而來，非為外力所加諸其身者。契嵩認為儒家的五福六極之說正可通貫乎佛教三世果報之道理也。

在基本的融會理論形成之後，其他相關細目的會通便可以進一步方便的得到說明，如「布施」的意義何在？〈廣原教〉說：

布施也者，聖人之欲人為福也，夫福豈有象邪？在其為心之善不善耳。貪婪慳吝者心之不善者也；濟人惠物者，心之善者也。善心感之則為福，不善心感之則為極，福極之理存乎儒氏之皇極矣！皇極者蓋論而不議者也。

佛教講究福慧雙修，而布施者修福是也，修福當從其心地下手，心地不善，則其所現於外即為貪婪慳吝；心地善良，則現於外者為濟人惠物，亦即所謂之布施也，故善心布施感招得福，惡心貪吝感招為極。皇極所言五福六極之說與布施濟人修福之道，理則通矣。此外，「齋戒」一事亦儒佛之所共遵也，〈原教〉說：

禮將有事於天地鬼神，雖一日祭必數日齋，蓋欲人誠其心而潔其身也，所以祈必有福於世。今佛者其為心則長誠，齋戒則終身，比其修齋戒之數日，福亦至矣！豈盡無所資乎？

儒家之重視祭祀自不待言，《論語》云：「祭必齋如。」「齋必變食。」（〈鄉黨〉）「祭神如神在。」（〈八佾〉）「所重民食喪祭。」（〈堯曰〉）等等，《禮記》更有〈祭義〉之篇專為探討之，可見其重要性。而齋戒之意義在祭祀之

中更是不可輕忽者，以其所重在心之誠與身之潔，雖然儒佛之齋戒或有形式儀節之差異，然究其用心之誠敬則無別，而其感招福報之效亦同功也。然進一步比較儒佛之齋戒，則佛徒之終身齋戒與夫儒家之短暫齋戒，其功效福報豈不特至？故以「齋戒」之儀論之，儒佛不僅有相同之處，甚且有超越儒家者也。而其所謂相同者即其存心是也，故〈論原‧存心篇〉說：「存心乎善則善類應之，存心乎惡則惡類應之。」蓋一人之存心善，則人皆敬愛之，其存心惡，人皆厭惡之，此其感應也。故存心善則福至，存心惡則禍至，禍福與善惡相交也。再由個人以推而至於國家政治，其道理仍然如是，故〈洪範〉所言「休徵」與「咎徵」之緣由，契嵩歸之云「休徵者所以應其善政之所感也，咎徵者，所以應其惡政之所感也。五福者善人所存，吉之驗也；六極者惡人所存，凶之驗也。」小自個人之吉凶禍福，大至國家政治之休咎善惡，莫不繫乎其人之存心也。《易‧坤文言》亦云：「積善之家必有餘慶，積不善之家必有餘殃。」由此可知，儒家所言之善惡吉凶，從個人家庭以至社會國家，無不皆以善惡之存否而定其吉凶禍福，此與佛教所言善惡果報之道理固有相通之處。

契嵩從儒家《詩》、《書》典籍中蒐檢出相關的事跡記載，以證明儒家對神靈輪迴之說並不否認，又舉〈洪範〉五福六極之說推闡其禍福果報相通之理，藉此以說明其儒佛會通之另一證例，並使其理論層次已初步拓展到精神與神靈之部分，至於心性深層部分的融會有待次節再予探討。

第四節　以中庸思想和會儒釋──心性宇宙論

前面各節所探討者，乃逐步從政治、倫理、修養等層面而漸漸進入精神領域部分，本節則進一步就心性論、宇宙論方面來探討，看契嵩如何將〈中庸〉言及「至誠」、「天地」的部分思想，擬之於佛教的心性論和宇宙論，以為二者所言之理有其相似者，是為契嵩融會〈中庸〉思想與佛法之主旨所在，分述如下。

一、心性論之和會

契嵩論佛教心性之作有〈廣原教〉、〈壇經贊〉等篇，論儒家心性則有〈論原〉、〈中庸解〉等作，這些理論基礎都可說是為其儒釋融會工作預做張本，到了最後，在〈上仁宗皇帝〉書中，契嵩則總攝其要以闡述其融會之說。書

中云：

> 若〈中庸〉曰：自誠明謂之性，自明誠謂之教。是豈不與經所謂「實
> 性一相」者相似乎？〈中庸〉但道其誠，未始盡其所以誠也，及乎
> 佛氏演其所以誠者，則所謂彌法界遍萬有，形天地幽鬼神而常示，
> 而天地鬼神不見所以者，此言其大略耳。若其重玄疊妙之謂，則群
> 經存焉，此疑若與聖人廣其誠說而驗之乎！孔子曰：質諸鬼神而無
> 疑，而百世以俟聖人而無惑，其意豈非如此也？

契嵩以儒家為立場所發表的論性之說，大抵是依據〈中庸〉所言「天命之謂
性」一語而發，故〈中庸解第三〉云：「夫所謂天命之謂性者，天命則天地之
數也，性則性靈也，蓋謂人以天地之數而生合之性靈者也，性乃素有之理也，
情感而有之也。」〈中庸解第四〉亦云：「善惡情也，非性也，情有善惡，而
性無善惡者何也？性靜也，情動也，善惡之形見於動者也。」又說：「夫犬牛
之所以為犬牛者，犬牛性而不別也；眾人之所以為眾人者，眾人靈而不明也；
賢人之所以為賢人者，賢人明而未誠也；聖人之所以為聖人者，則聖人誠且
明也。夫誠也者，所謂大誠也，中庸之道也。」這些都是契嵩對儒家心性論
的體認，其要義業已於前章探討過，此處不再贅述。而契嵩即是以此等理論
為基礎，進行其與佛教心性論之會通，因此乃稱〈中庸〉的「自誠明謂之性，
自明誠謂之教」與佛教所謂的「實性一相」之理相似。

佛教所稱「實性」一語，乃「真如」之異名，而「真如、法性、實相」
等，其名雖異，其體則一也，皆是指稱萬有本體之語。就其為萬法體性之義
言之，名曰「法性」，就其體之真實常住之義而言，則名「真如」，就其真實
常住為萬法實相之義言之，則名曰「實相」也。其它尚有「一實、一如、一
相、無相、法身、法證、法位、涅槃、無為、真諦、真性、真空、實性、實
諦、實際」等，無非都是「實相」之異名〔註6〕，因此契嵩所舉的「實性一相」，
亦即是真如、實相之意也。然則所引的〈中庸〉誠明之性何以和佛教的真如
實相相似，其理何在？〈壇經贊〉云：

> 心乎若明若冥，若空若靈，若寂若惺，有物乎無物乎？謂之一物故

〔註6〕有關「實相」之各種名稱，《法華》說「實相」，《華嚴》說「法界」，《解深密》
　　　說「真如」或「無為」，《般若》說「般若佛母」，《楞伽》說「如來藏」，《涅
　　　槃》說「佛性」，《阿含》說「涅槃」。又華嚴之始教，天台之通教以下者，以
　　　不變之空真如為實相；華嚴之終教以上，天台之別教以上者，以不變隨緣之
　　　二相為實相。

> 彌於萬物，謂之萬物固統於一物，一物猶萬物也，萬物猶一物也，
> 此謂可思議也，及其不可思不可議也，天下謂之玄解，謂之神會，
> 謂之絕待，謂之默體，謂之冥通。

此說與前面所言之「彌法界遍萬有，形天地幽鬼神而常示，而天地鬼神不見所以者」，大意同也。而〈中庸〉之所謂至誠者，乃為盡己之性，盡人之性，盡物之性，終至與天地參者，豈不同乎？故〈上仁宗皇帝〉書說：

> 又曰：惟天下至誠能盡其性，能盡其性則能盡人之性，盡人之性則
> 盡物之性，以至與天地參耳。是蓋明乎天地人物其性通也，豈不與
> 佛教所謂萬物同一真性者似乎？〈中庸〉雖謂其大同，而未發其所
> 以同也，及佛氏推其所以同，則謂萬物其本皆一清淨，及其染之遂
> 成人也物也，乃與聖人者差異，此所謂同而異，異而同者也，明其
> 同，所以使其求本以修跡，趨乎聖人之道也；明其異，所以使其修
> 跡而復本，不敢濫乎聖人之道德也。

所謂「萬物同一真性」以及「萬物其本皆一清淨」之說，吾人可於〈廣原教〉中得其解，〈廣原教〉云：「唯心之謂道，闡道之謂教，教也者聖人之垂跡也，道也者眾生之大本也。」此乃標舉「心」為一切之大本，所有教道皆不離此本，而萬物同一真性者，亦即此心也。此外關於「染淨」之說亦有可與此段相互發明者，〈廣原教〉云：

> 心必至，至必變；變者識也，至者如也；如者妙萬物者也，識者紛
> 萬物異萬物者也。變也者動之機也，至也者妙之本也，天下無不本，
> 天下無不動，故萬物出于變入于變，萬物起於至復于至。萬物之變
> 見乎情，天下之至存乎性，以情可以辨萬物之變化，以性可以觀天
> 下之大妙，善乎情性可以語夫聖人之教道也。

這裡所稱的「心」即是指「如來藏心」，此心染淨相混，其至有二，可修而至聖，亦可動而至凡。至必變者，謂二至之心必有變動，其染者即變而不能復者，其淨者即變而能復者。至者如也，謂真如圓極之一心，其神妙藏乎萬事者也。變者識也，即此幻妄紛亂乎萬法，殊異乎萬事者也，而此變亦猶《易經》所言心動之機微。故「至」者乃一切法玄妙之根本，「變」者乃天下萬物妄動之始也。故萬法之出生入死，莫不自於識之變，而其變固起於真如又復歸於真如之圓極。萬法之變易乃現乎情識之作用，萬法之大本則存乎至性之圓極也，故云以情可以辨萬物之變化，以性可以觀天下之大妙，此乃佛教以

「性情」辨「心識」之說，故契嵩亦以此情性而論其教道，相較於〈中庸〉所稱「天命之謂性，率性之謂道，修道之謂教」，即所謂其相似之處也。又以佛教所稱心性之「彌法界遍萬有，形天地幽鬼神而常示，而天地鬼神不見所以」，與〈中庸〉所謂「質諸鬼神而無疑，百世以俟聖人而不惑」者，皆有相似相通之處也。而〈中庸〉所謂至誠可以盡己之性，並盡人盡物之性，乃至與天地參者，〈廣原教〉亦有發明此義者，文曰：

> 心乎大哉至也矣！幽過乎鬼神，明過乎日月，博大包乎天地，精微貫乎鄰虛。幽而不幽故至幽，明而不明故至明，大而不大故絕大，微而不微故精微，精日精月，靈鬼靈神，而妙乎天地三才，若有乎若無乎，若不不有，若不不無，是可以言語狀及乎？不可以絕待玄解諭。

佛教所言真如一心亦可謂至大至極矣！若以其幽冥則有過乎鬼神者，若以其光明照耀，則有超乎日越者，其廣博宏大則包含天地，精粹微細則通貫於鄰虛極微之塵〔註7〕，言其非幽非明，至幽至明，不大不微，至大精微，故能精日月，靈鬼神，妙乎三才也。〈中庸〉論「誠」之為用，亦曰：「誠則形，形則著，著則明，明則動，動則變，變則化，唯天下至誠為能化。」其意亦有與此相似者也。故契嵩特以〈中庸〉之論心性部分，較之於佛法之言心性本體者，認為二者有相似之處，而儒佛之間的爭論乃可息也，故〈廣原教〉曰：「天下以彼我競，以儒佛之事相是非，而天下之知者儒佛之事，豈知其挺埴乎儒佛者耶？」蓋儒佛思想皆同本於心性，雖其心性之說略有同異，合異為同，舍異取同，使其均趨於善，同歸乎治心治世，又何不取哉？

二、宇宙論之推闡

此處所謂「宇宙論」蓋從佛教觀點而言，以〈中庸〉來說，自唐代韓、李以下，諸提倡〈中庸〉者大都強調其心性與修養方面之理論為主，其中偶有言及「天地」之事者，一般人並未特別留意其與宇宙論之關係，而這些言論在契嵩看來卻可以將其提昇至與佛教的宇宙觀並論，在思想史上，尚屬首見，由此亦可見其欲致力於儒佛之通同，可謂巨細靡遺也。〈上仁宗皇帝〉書云：

> 其又曰：至誠無息，不息則久，久則徵，徵則悠遠以至悠久，所以

〔註7〕鄰虛塵，新譯曰「極微」，色法之最極小分，鄰似虛空者。

成物。博厚配地，高明配天，悠久無疆，如此者不見而章，不動而變，無爲而成，天地之道可一言而盡矣！豈不與佛所謂「法界常住不增不減」者似乎！〈中庸〉其意尚謙，未踰其天地者也，及佛氏所論法界者，謂其廣大靈明而包裹乎十方者也，其謂博厚高明豈止與天地相配而已矣，經曰：「不知色身，外洎山河大地虛空，咸是妙明眞心中物。」豈不然乎？而孔子未發之者，蓋尊天地而欲行其教也，其所謂悠久所以成物，是亦可求其包含之意耳。

至誠之道法於天，天行不息，不息故能恆久，誠於中者既恆久，其形於外者亦有明驗，有明驗則能悠遠而無窮，故乃能積之廣博而深厚，發而爲高大光明。博厚載物指地，高明覆物指天，天地運行不息以化育萬物，故云悠久以成物。如此之「不見而章，不動而變，無爲而成」者，亦唯聖人足以知之，故天地之道可一言而盡者，亦「誠」而已矣！契嵩以爲這種至誠之道配乎天地而悠久無疆者，和佛教所言「法界常住，不增不減」之說相似，其理何在？契嵩以爲〈中庸〉之意尚謙，故其宇宙觀乃守於天地之內，未踰於天地之外而立言，至於佛氏之論法界者，其義蓋廣大靈明，橫遍十方，不止限於天地之間耳。

佛教的宇宙論乃建構於「器世間」與「有情世間」二者之上，亦即山河大地與一切眾生，而「法界」之說亦依此「依正二報」而立名。其說有多種〔註8〕，約言之，以事、理二端立說，乃有事法界與理法界之別。約理而言，意指眞如之理性而謂之法界；約事而言，則謂諸法之分界名爲法界，如天台之「十法界」，謂佛、菩薩、緣覺、聲聞、天、人、修羅、餓鬼、畜生、地獄是也。然此十法界及其依正二報之種種差別者，皆是唯心之所造，《華嚴經·夜摩宮中偈讚品第二十》云：「若人欲了知，三世一切佛，應觀法界性，一切唯心造。」若欲了知諸佛之法，當觀現前一念之心，此心普具十法界之諸法，蓋心外無法，法外無心，而十方三世各有無盡世界，世界無盡則諸佛無盡，諸佛無盡則眾生無盡，然而諸佛與眾生全在當下一念心中所得，故曰「一切唯心造」。此外《楞嚴經》卷二亦云：「不知色身，外洎山河大地虛空，咸是妙明眞心中物。」意謂眾生迷惑，不知內之身心，外及山河虛空大地，唯

〔註8〕 梵語達摩馱都，此名法界，又名法性，實相。其義有多種，華嚴家爲分別圓融無礙之義相而立四法界，曰理法界、事法界、事理無礙法界、事事無礙法界。天台家爲差別塵沙之事相而立十法界之名，即佛等四聖六凡諸法界也。

是一心所造，無實體性。契嵩認為〈中庸〉所稱的「博厚配地，高明配天」，
乃孔子尊天地以行其教，故未發其原本真意，但謂「悠久所以成物」，然其中
已隱含其意，蓋〈中庸〉下文乃進一步有所闡論，〈上仁宗皇帝〉書云：

> 其又曰：其為物不貳則其生物不測，天地之道博也厚也高也明也悠
> 也久也，今夫天斯昭昭之多，及其無窮也，日月星辰繫焉，萬物覆
> 焉，以至夫地一撮土之多云者，是豈不與佛教所謂世界之始，乃有
> 光明風輪先色界天，其後有安住風輪成乎天地者似乎？〈中庸〉雖
> 尊其所以生，而未見其所以生也。及佛氏謂乎天地山河之所以生者，
> 其本由夫群生心識之所以變，乃生此諸有為之相耳。故經曰：想澄
> 成國土，知覺乃眾生。孔子所謂其為物不貳，其生物不測者，似此
> 而不疑，亦以分明者也。〔註9〕

契嵩將「其為物不貳，則其生物不測」一語，擴大解釋為〈中庸〉的「宇宙
生成論」，以天地之道之博厚高明悠久，故其所含攝者亦無窮。以天之所覆
攝而言，日月星辰亦無不皆涵繫於其中，萬物亦莫不遍覆於其下；以地之所
載而言，千山百嶽不以為重，江河大海振而不洩，於萬物皆無所不載也。凡
此天地之所覆載者，從何而生？亦不外乎至誠之道也，故云「其為物不貳，
其生物不測」也。契嵩因而以為這種「生物不測」的說法和佛教的宇宙生
成論有相似之處。前已言及「一切唯心造」，故「色身外，洎山河大地虛空，
咸是妙明真心中物。」至於此山河大地世界國土又如何生成，《楞嚴經》卷四
說：

> 覺明空昧相待成搖，故有風輪執持世界，因空生搖堅明立礙，彼金
> 寶者明覺立堅，故有金輪保持國土。堅覺寶成搖明風出，風金相摩，
> 故有火光為變化性，寶明生潤火光上蒸，故有水輪含十方界。火騰
> 水降，交發立堅，濕為巨海乾為洲潬，以是義故彼大海中火光常起，
> 彼洲潬中江河常注。水勢劣火結為高山，是故山石擊則成炎，融則

〔註9〕　〈上仁宗皇帝〉書行文至此，下接「若洪範五福六極之說者，此儒者極言其
　　　　報應者也。」後續云「竊嘗考之其意微旨，若關乎佛氏所云其三界者也，注
　　　　疏者亦牽於教，不復能遠推之，豈為然也。」此二段文字雖相連，然觀其文
　　　　義卻似非相類，蓋〈洪範〉「五福六極」之說與佛氏「三界」之說其意稍遠，
　　　　契嵩當無此比附之意。愚以為「竊嘗考之……豈為然也？」數語，或原接於
　　　　前二句之上，即「亦以分明」文下，如是則前後文義可貫矣。恐歷代傳鈔以
　　　　致前後誤置，乃致文義未順也，然未見有他本足資輔證，是以未敢遽論也。

成水，土勢劣水抽爲草木，是故林藪遇燒成土，因絞成水。交妄發
生，以是因緣世界相續。

此段意謂本來一法界性（相似於「誠」）妙湛總持不動，如果妄生我法二執，
分別其覺與明、空與昧，便有對待而成動搖，由動搖故乃成風輪，執持世界，
相續演生金輪以保持國土，水輪以含十方界，由此可知，風輪、金輪、水輪、
世界國土（相似於「天地」）等，唯是一心（相似於「誠」）之所造也。此段
即契嵩所言「想澄成國土」之所本也，至於「知覺乃眾生」者，即《楞嚴經》
接續所言「色香味觸，六妄成就，由是分開見聞覺知……以是因緣眾生相續。」
此處暫略而不論。

　　總之，契嵩根據〈中庸〉的「博厚高明悠久」與「生物不測」二語，推
闡以爲「至誠」之道即是日月星辰與天地萬物生成之本源，並擬之於佛教的
「萬法唯心」論，其意義不只是在於儒佛思想之融會，更重要的是契嵩也把
中庸的心性論進一步拓展到宇宙論的層面，在思想史上也開闢了〈中庸〉的
研究領域，使後人對〈中庸〉的體認從修養論擴大而爲宏偉的世界觀，這種
貢獻應是不可磨滅的。

第五節　以孝道統攝儒佛戒善──實踐論

　　長久以來佛教被抨擊最屬者，便是出家修行和世間孝道衝突之問題，而
歷來佛教界也尚未見有一套系統的理論爲其辯護，因此契嵩特撰〈孝論〉十
二章用以化解儒佛間長久存在的孝道衝突問題，並爲其儒釋融會理論開出具
體的實踐之道。他在〈與石門月禪師〉書中說：「近著〈孝論〉十二章，擬儒
孝經，發明佛意，亦似可觀。吾雖不賢，其爲僧爲人，亦可謂志在〈原教〉
而行在〈孝論〉也。」〈孝論·敘〉中也說：「其發明吾聖人大孝之奧理密意，
會夫儒者之說，殆亦盡矣！」故知契嵩撰寫〈孝論〉之用意乃爲藉孝道來統
攝佛教眾戒與儒家眾善，以爲其儒釋融會思想理論之外，特揭示出具體的實
踐方法論，立意實較前人更有創獲也，茲將其說之要點分述如下。

一、孝道爲戒善之端──孝即是戒

　　契嵩原以儒家的五常仁義會通佛教的五戒十善與六度萬行，將儒家的仁
義思想和佛教的大乘精神結合，進一步落實了佛法與治道之會通。此處乃進
一步提出以孝道來統攝萬善與眾戒，強調《梵網經》所云「孝名爲戒」的精

神。〈孝論·敘〉中說：「夫孝諸教皆尊之，而佛教殊尊也。雖然其說不甚著明於天下，蓋亦吾徒不能張之也。」前人雖曾涉及此一問題，然所論者並不能張其奧旨，契嵩當仁不讓，故〈孝論〉之作遂具有歷史之意義與使命，「明孝章第一」便說：

> 吾先聖人其始振也，爲大戒即曰：孝名爲戒，蓋以孝爲戒之端也。
> 子興戒而欲亡孝，非戒也。夫孝也者，大戒之所由先也；戒也者，
> 眾善之所以生也。爲善微戒，善何生邪？爲戒微孝，戒何自邪？故
> 經曰：使我疾成於無上正眞之道者，由孝德也。

《梵網經菩薩戒本》云：「孝順父母師僧三寶，孝順至道之法，孝名爲戒，亦名制止。」（《大正藏》第二十四卷），契嵩因此把「道、師、父母」合稱爲天下三大本，乃曰：「夫道也者，神用之本也，師也者教誥之本也，父母也形生之本也，是三者天下之大本也。」（孝本章第二）以出家僧眾而言，父母乃我色身之所由生，我依此色身修道；而授戒之師僧則生我之戒身，由之而成佛；三寶則生我之慧命，使其成就菩提，故一一皆須孝順。至於孝順之道，明蕅益大師《梵網經合註》（《卍續藏》第六十冊）指出，孝順父母之道約之有三，一孝冬溫夏清，昏定晨省，奉養無方，服勞靡間；二者立身行道，不辱所生；三者善巧方便，喻親於道。而孝順授戒師僧之法亦可準此。至於孝順三寶，一者供養承事，不厭疲勞；二者如說修行，不汙法化；三者革弊防非，弘通建立。父母、師僧、三寶，三者既爲天下之大本，乃一一孝順之，故稱孝順爲「至道之法」也，而佛教所定戒相雖多，亦以「孝順」即可總攝一切，故曰「孝名爲戒」。蓋孝順本身即具有戒之義，明蓮池大師《菩薩戒義疏發隱》說：

> 今明孝順自其戒義，如孝順父母，則下氣怡聲，言無攦逆，是名口
> 戒。定省周旋，事無拂逆，是名身戒。深愛終慕，心無乖逆，是名
> 意戒。順止惡義，恐辱其親，名律儀戒。順行善義，思顯其親，名
> 善法戒。順兼濟義，拾檛回凶，捨肉悟生，錫類不匱，名攝生戒。
> 師僧三寶亦復如是。以要言之，但能孝順，自然梵行具足，戒之得
> 名良以此耳。舍孝之外寧有戒乎？《優婆塞戒經》云：受持戒己，
> 不能供養父母師長者得罪。正言孝是戒也。（《卍續藏》第五十九
> 冊）

孝即是戒，其意義經蓮池大師之補充推闡已甚明白，而契嵩在北宋之初即已

掌握《梵網經》精神，特地將其舉出以突顯孝道在佛教戒律中的地位與重要性。因此契嵩特提醒出家之僧眾，雖是身在佛門，但父母之命亦不可辭，故勉之云「佛子情可正而親不可遺也」。蓋孝為戒之端，口稱持戒而違其孝道，豈真持戒者哉？故眾戒以孝為先，而眾戒者，諸善之所言生也，俗云「百善孝為先」，其理亦同也。釋迦牟尼佛多生多劫修行以成就無上正等正覺，亦是以孝為先行也，故契嵩又引《佛說菩薩睒子經》云：「使我疾成於無上正真之道者，由孝德也。」（《大正藏》第三卷）此其證明也。其次，「戒孝章第七」又說：

> 五戒始一曰不殺，次二曰不盜，次三曰不邪淫，次四曰不妄言，次五曰不飲酒。夫不殺仁也，不盜義也，不邪淫禮也，不飲酒智也，不妄言信也。是五者修則成其人顯其親，不亦孝乎！是五者有一不修則棄其身辱其親，不亦不孝乎！夫五戒有孝之蘊，而世俗不睹，忽之而未始諒也。故天下福不臻而孝不勸也，大戒曰：「孝名為戒」，蓋存乎此也。今夫天下欲福不若篤孝，篤孝不若修戒，戒也者大聖人之正勝法也。

契嵩前以儒之五常通佛之五戒十善，此處又不五戒并歸於孝道，謂持五戒者則「成其人顯其親」，違五戒者則「棄其身而辱其親」，《孝經》云：「立身行道，名揚於後世，以顯父母，孝之終也。」因此，五戒之持與犯，而孝與不孝亦由此判矣！故稱五戒中自然有孝道蘊藏於其間，而《梵網經》所謂「孝名為戒」，其意亦在此也。

契嵩既以孝道與諸戒等同，並置孝於戒之端，然「善」之義猶未甚明，故其「必孝章」續云：「聖人之道以善為用，聖人之善以孝為端。」藉以發明「百善孝為先」之旨，並一再強調出家人對父母行孝盡善之必要。他說：「行善而其善未行乎父母，能溥善乎？」又說：「聖人之為道也，無所不善；聖人之為善也，未始遺親。」其意乃謂釋迦牟尼創立佛教，其所設之教道是無所不善的，而所立的善法，也是未曾有遺棄雙親者，世間所見之剃髮辭親，以為其有違孝道，是乃但見形跡而未見其心也，若探其存心則未始有遺親之念也。因又舉釋迦成道之初乃昇忉利天為亡母說法，三月之後復歸其國示道於父而全國皆受其化者，明其無有遺親也。契嵩所以再三如此強調，無非為提醒出家僧眾對於父母之孝不可忽略也，於是更引《增一阿含經》謂「父母與一生補處菩薩等，故應承事供養」，佛教三藏十二部中對孝道的重視與闡揚亦

屢見不鮮〔註10〕，而一切的戒律，一切的善法，終究終歸之於孝道，無不以孝道統攝之，而佛儒之間本因孝道所造成的衝突，在契嵩的融通理論下亦獲得些許的緩解。

二、儒佛孝道之比較

　　儒家的孝道思想主要是呈現在《孝經》之中，《孝經‧開宗明義章》云：「身體髮膚受之父母，不敢毀傷，孝之始也；立身行道，揚名於後世以顯父母，孝之終也。」而《論語》也有諸多篇章為闡述孝道者，例如：「孝弟也者，其為仁之本與。」「子夏曰：賢賢易色，事父母能竭其力。」「子曰：父在觀其志，父沒觀其行，三年無改於父之道，可謂孝矣！」（以上為〈學而篇〉）「孟懿子問孝，子曰無違……生事之以禮，死葬之以禮，祭之以禮。」「孟武伯問孝，子曰：父母唯其疾之憂。」「子游問孝，子曰：今之孝者，是謂能養，至於犬馬皆能有養，不敬何以別乎？」「子夏問孝，子曰色難。」（以上〈為政篇〉）此外，《禮記‧祭義》云：「曾子曰：孝有三，大孝尊親，其次弗辱，其下能養……君子之所謂孝者，先意承志，諭父母於道……居處不莊，非孝也；事君不忠，非孝也；蒞官不敬，非孝也；朋友不信，非孝也；戰陳無勇，非孝也；五者不遂，災及於親，敢不敬乎？」從以上這些內容看來，大體上儒家所言孝道主旨有三，一者冬溫夏清，昏定晨省，奉養無間，服勞無倦；二者立身行道，不辱所生；三者先意承志，諭親於道。這些內容可以說是儒家孝道思想的代表。

　　至於佛教的孝道思想如何？契嵩在〈孝論‧敘〉中曾指出「夫孝諸教皆尊之，而佛教殊尊也。」其意乃謂雖然儒家講究孝道，而佛教則是更加尊崇

〔註10〕關於佛經中對孝道倫理的闡述，可參閱熊琬先生《宋代佛學與理學之探討》一書第四章「朱子闢佛學之探討」，頁318～320「佛氏有關孝道之倫理」部分。茲摘錄數則：
「凡人事天地鬼神，不如孝其親矣，二親最神也。」──《四十二章經》
「世若無佛，善事父母，事父母即是事佛。」──《大集經》
「世間一切善男女，恩重父母為丘山，應當孝敬恆在心。知恩報恩是聖道。若人至心供養佛，復有精勤修孝養，如是二人福無異，三世受報亦無窮。」──《心地觀經‧報恩品》
「子事父母，當有五事：一當念治生，二早起令奴婢于時作飯，三不增父母憂，四當念父母恩，五父母有疾病，當恐懼求醫治之。」──《六方禮經》
「子視父母有五事：一念家事，二修負債，三解誡，四為供養，五令父母歡喜。」──《善生經》

孝道者也。契嵩的觀點乃站在佛教三世因果與六道輪迴的理論上而立說，故「評孝章第四」云：

> 聖人以精神乘變化而交爲人畜，更古今混然茫乎，而世俗未始自覺，故其視今牛羊，唯恐其是昔之父母精神之所來也，故戒於殺，不使暴一微物，篤於懷親也。諭於今父母則必於其道，唯恐其更生而陷神乎異類也，故其追父母於既往，則迮乎七世……世乎校之謂孝者，局一世而闇玄覽，求於人而不求於神，是不爲遠而孰爲遠乎？是不爲大而孰爲大乎？

以輪迴的理論而言，佛教觀點認爲「父母」不只爲此一世者而已，凡過去多生以來，六道眾生皆有可能曾經爲其父母者，故今生之牛羊，或恐爲過去世之父母轉世而來者，故不忍殺之，非但慈悲而已，亦是篤於懷親之意也。秉此理論，佛法教人了生脫死，不止自度而已，其有志於孝行者，乃當使今生父母亦能諭於道，以免來生陷於異類；進而追薦於既往之父母以迮乎七世，以其七世之內愛習未捨，尚可以攝化也。然而儒家之孝只論一世之情，其孝行僅及於今生之父母，故契嵩稱佛教之孝較儒爲遠爲大，其意在此也。因此契嵩主張行孝者當以儒家的孝道爲基本，再加上佛教的孝道以廣之，則爲盡善盡美矣。「廣孝章第六」云：「以儒守之，以佛廣之；以儒人之，以佛神之；孝其至且大矣！」於在此孝道之宗旨下，儒佛之道乃得一以貫之矣！「德報章第九」也說：

> 養不足以報父母，而聖人以德報之；德不足以報父母，而聖人以道達之。道也者，非世之所謂道也，妙神明出生死，聖人之至道者也。德也者，非世之所謂德也，備萬善被幽被明，聖人之至德者也。儒不曰乎？君子之所孝者，先意承志，諭父母於道……經曰：不如以三尊之教度其一世之二親。《書》曰：黍稷非馨，明德惟馨。不其然哉？不其然哉？

儒佛之孝道固有一世與多世之別，此亦儒家思想中「親疏隆殺」有別之觀念，但這種差異性並無妨於契嵩之和會儒佛，蓋發揚佛教的孝道思想，並非就否定儒家的孝道觀念，而是所謂「以儒守之，以佛廣之」，在現世中的做法就是，先使父母在生養上得到無虞，然後再「以三尊之教渡其一世二親」，三尊即三寶之意，也就是令今生父母也能信受三寶奉行佛之教法，如是則其孝道既包括世間之生養顯親，又能涵融出世法的超生妙道，可謂圓滿無憾矣！

歷來致力於儒佛孝道之調和者多矣，然像契嵩這般有系統闡發者尚屬首見，尤其前人大多強調佛教的「出世大孝」，其價值超乎儒家生養顯親之孝。而契嵩則不但強調「得減衣缽之資而養其父母」（必孝章第五）而且並顯「父母、師、道」為天下三大本，契嵩這種務實的做法較諸前代高倡理論以推崇佛教的孝道思想，毋寧是一種高見與創舉。

三、孝行之跡與本

孝道並非只是理論而已，重要的是必須付諸實行。理論者為不可見，其可見者唯孝之行。若其孝之行既篤，孝之理亦明，則其事父母既篤，惠人亦誠，且能振天地感鬼神也。然則孝行之原動力即為誠也，「原孝章第三」云：

> 夫孝，天之經也，地之義也，民之行也。至哉大矣孝之為道也夫。是故吾之聖人欲人為善也，必先誠其性而然後發諸其行也。孝行者養親之謂也，行不以誠，則其養有時而匱也。夫以誠而孝之，其事親也全，其惠人恤物也均，孝也者效也，誠也者成也，成者成其道也，效者效其孝也，為孝而無效非孝也，為誠而無成非誠也。是故聖人之孝，以誠為貴也，儒不曰乎，君子誠為貴。

孝者必明其理而顯諸行，若徒具孝心而無孝行，則父母未能受其益；雖有孝行而不以誠，則其養親或有一時之匱乏，未能持之以恒以終。故孝道貴在得其效，誠心貴在有其成，無實效者非真孝也，無實成者非真誠也，故曰「君子貴其誠」。因此「孝行章第十一」特廣舉古來孝行卓著之僧眾為例，褒揚其孝行以之為典範。如北齊之道紀（《續高僧傳》卷四）善事奉其母，母若有所游行，則親身為負擔之，或有人欲助替之，道紀必云我之母親非爾之母，今其身形骸體之緣累乃自我之事，何可以之勞爾，幸勿相助。由此可見其善親之篤厚也。又如梁僧智藏（《續高僧傳》卷六）服事其師恭過於子之事父，及其師亡歿，則守心喪三載。故論孝道之始終，均未可輕乎也，在生之時事奉之，及其喪時亦剋守其禮，儒所謂「生事之以禮，死葬之以禮，祭之以禮」（《論語‧為政》）其意亦在此也。

為使孝行之表現在送終一事亦合其道，契嵩在「終孝章第十二」乃為佛弟子提出居喪之法，以便其有所遵循。其法為「佛子在父母之喪，哀慕可如目犍連也，心喪可酌大聖人也；居師之喪必如喪其父母，而十師之喪期則隆殺也，唯稟法得戒之師，心喪三年可也。」目犍連乃佛十大弟子之一，當其

喪母時，目連哭泣至於過哀大慟，又致食饋母於餓鬼道中。目連乃已得果之聖人，猶未不能泯滅其母親之情愛，況凡夫之未及目連者，故契嵩以目連爲其範，謂佛弟子於父母之喪哀嚎追慕可以一如目犍連也。至於釋迦牟尼之居父喪則肅容立其前，如以心喪而略其哭踊，蓋爲佛陀而有所別也，然復親爲擔棺，以示盡其孝也。此可爲守心喪者之參酌也，而心喪隆殺之等亦有所別，稟法得戒之師必守三年，其他十戒、具足戒之師亦皆各有差等也。契嵩所以爲佛弟子定出這些守喪之道，實亦參較於儒家之喪制，其目的亦爲使佛家之喪制符合孝道之要旨，從其所定之制中亦可見其以孝道來融會儒釋，用心可謂深矣！

第八章　契嵩儒釋融會思想之評價

第一節　契嵩對佛教的影響與貢獻

　　契嵩的佛教思想要點具如前面各節之所述，至於這些思想內容以及他的生平事跡，對佛教內部所造成的影響及其貢獻如何，當有一番公允的評論。從客觀上來講，契嵩對於佛教本身至少具有以下幾方面的影響，第一是他對《壇經》版本的整理與刊行，第二是他在禪宗世系方面的考訂整理工作；唯此兩點雖然後人對其具有正反兩方面的評價，但是他的所為卻實際影響了佛教已近千年之久，不容忽視其存在之力量。第三是他對佛教在社會地位上的鞏固與拓展，具有明顯的貢獻，這也是不容否認的事實。以下即就這三方面來探討。

一、《壇經》版本的整理與刊行

　　近代學術界對於《六祖壇經》展開深入研究，當是自日本學者矢吹慶輝（1879～1939）從敦煌遺書中發現《六祖壇經》而開始的。矢吹慶輝帶回敦煌本《六祖壇經》（斯五四七五）的照片，並作校寫，而於 1928 年編入《大正藏》第四十八卷，1930 年又把照片收入《鳴沙餘韻》一書發表，於是推動開展了日本學術界對《六祖壇經》的研究風潮。〔註1〕

　　究竟目前所流傳的《壇經》版本有多少？茲依據楊曾文先生「《壇經》演變示意圖」所呈現的狀況，至少有十七種以上（參見後附）。在這些眾多版本中，有些是源自同一本者，因此楊氏按時間先後依序歸納為六種，即壇經祖

〔註1〕參見楊曾文〈《壇經》敦博本的學術價值探討〉，頁 185～186。

本、敦煌原本、惠昕本、契嵩本、德異本和曹溪原本以及宗寶本。對於其他各本的來龍去脈，此處暫略而不談，但述「契嵩本」的相關事跡，以便瞭解契嵩和目前所流傳的《壇經》版本之間究竟有何關係。

契嵩曾撰〈壇經贊〉以發揚《壇經》要義，前文已述其詳。此外，《鐔津文集》卷十一附載有北宋吏部侍郎郎簡所作的〈六祖法寶記敘〉一文，其略曰：

> 今天子開善閣記，謂以本性證乎了義者，未有舍六祖之道而有能至於此者也。是則六祖者乃三界之慈父，諸佛之善嗣歟！偉乎！惟至聖而能知至道也。然六祖之說余素敬之，患其爲俗所增損，而文字鄙俚繁雜殆不可考，會沙門契嵩作〈壇經贊〉，因謂嵩師曰：若能正之，吾爲出財，模印以廣其傳。更二載，嵩果得曹溪古本校之，勒成三卷，燦然皆六祖之言，不復謬妄，乃命刻工鏤板以集其勝事。至和三年三月十九日。

從這一篇序裡，我們得到了一些珍貴的史料，一是契嵩爲《壇經》整理並刊行的事跡確實有證，二是他以「曹溪古本校之，勒成三卷」，三是刊行的年代確定於至和三年，這些都是後人考證《壇經》版本流傳時的重要佐證資料。

從上述資料裡可以確知契嵩當時所見的版本應有二種，一種是當時所謂「文字鄙俚繁雜」的俗本，另一種即是契嵩所謂的「曹溪古本」。照胡適先生所考證的結果，認爲契嵩所謂的「曹溪古本」即是今流傳於日本的《曹溪大師別傳》一卷（收於《卍續藏》第一四六冊）；後來又考證契嵩所用的「俗本」，「也許就是惠昕的二卷十一門本」〔註2〕。胡適並取敦煌本和明藏本（契嵩傳本）互校，乃指出契嵩所採自《別傳》的部份有五，分別是「行由第一」、「機緣第七」、「頓漸第八」的局部，「宣詔第九」的全章，以及「付囑第十」的「七十年後東來二菩薩」懸記的部分（同註2，頁5～6）。由於《別傳》本身有許多謬誤之處，因此，胡適也指出這些《別傳》的資料有些是經過契嵩刪定後才被納入的。當然其前提是惠昕本是和敦煌本最接近，「是未經契嵩妄改的古本」（同註2，頁17）。

楊曾文嘗詳考「契嵩本」的來龍去脈，旁採其他資料，並參考胡適的觀點，因而得到結論說：

〔註2〕詳見胡適〈壇經考之一（跋曹溪大師別傳）〉及〈壇經考之二（記北宋本的六祖壇經）〉二文，收於「現代佛教學術叢刊」第一冊《六祖壇經研究論集》。

郎簡所說被人增損，文字低劣的《壇經》是何本？看來既非敦煌原本，也非惠昕本，當即契嵩據以寫〈壇經贊〉，並且是惠昕據以改編的「古本」，即惠昕原本。主體部分的結構與敦煌本大同，但文字有增改。契嵩所得的「曹溪古本」胡適在《壇經考之一》之中認爲是《曹溪大師別傳》，以此校改俗本《壇經》爲三卷。如果此說成立，元代德異本、宗寶本中的慧能遇劉志略、從其姑無盡藏聽講《涅槃》、慧能死後「七十年」的預言及與印宗論佛性等內容，最初當是由契嵩從《曹溪大師別傳》中補入的。契嵩嘉祐六年（1061）進獻朝廷的《傳法正宗記》，所載慧能傳記的時間雖與德異、宗寶二本不盡相同，但所載慧能臨終遺誡及預言等許多情節是相同的。因此說二本祖於契嵩本是可能的。

如果楊氏的結論無誤的話，那麼當今所流傳的所有《壇經》版本中，除了敦煌本和惠昕本兩個系統之外，其餘無論是宗寶本、德異本或是曹溪原本這三系統所流傳的版本，就都是契嵩本的後裔了，據楊氏的「《壇經》演變示意圖」所示，十七種之中佔了十種，還包括其它的各種單刻本在內，就不只十種。由此看來，契嵩本《壇經》對後世的影響還眞是極其深廣的。茲將楊氏「《壇經》演示意圖」（同註1，頁297）附載於后，即可一窺其梗概：

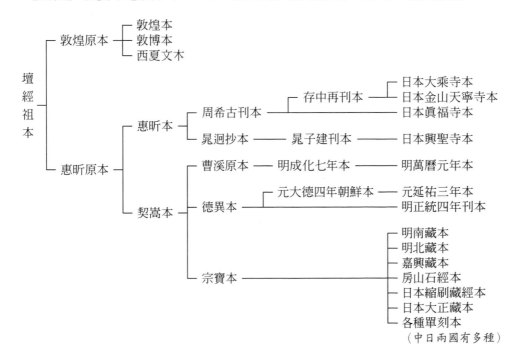

二、禪宗世系之考辨與疏證

在禪宗的宗系類著作裡，有關世次源流方面記載較完備的典籍，早期雖有《寶林傳》、《祖堂集》等書之出現，但是《寶林傳》原有十卷，流傳至宋以後，在金藏初刻之時就已決了第二卷和第十卷，當時刊行者乃取華嶽玄偉禪師所撰《玄門聖冑集》中的〈立章品〉補為第二卷，故只缺第十卷〔註3〕。而當金藏在 1933 年被發現時，其中的《寶林傳》卻只有卷一、卷二、卷八算是文字齊全者，其他的卷一、卷三、卷五已經有缺文，而卷六、卷七、卷九、及卷十則都全佚。後來《宋藏遺珍》之編者復取日本所發現的「大唐韶州雙峰山曹溪寶林傳卷第六」補實其卷六，因此今存的《寶林傳》已非全本。至於《祖堂集》也是初刊後流傳不久，在南宋以後便不多見，反而是流傳到朝鮮受到保存，在西元 1245 年雕刻高麗《大藏經》時被傳存至今，到了近年才又被翻印回到台灣。從這些遭遇看來，除了《寶林傳》因楷定西天二十八祖之世系而稍存其價值外，這兩部書對後世的影響恐怕是極微的。

到了北宋道原《景德傳燈錄》出現後，引發了一連串「燈錄體」之類的著作接踵而出。此類著作的特色乃是以收集歷代禪師的「機緣語句」為主，這也是其價值之所在。至於有關西天二十八祖與中土六祖的傳承世系，大抵都是因襲前書，敘述身世、摘錄偈語等，此外並無特別創新之處。

相較於上述諸書之內容，契嵩的《傳法正宗記》和《正宗論》雖然大部分內容也是承襲《寶林傳》和《傳燈錄》之記載，但是契嵩不甘於人云亦云式的默然承襲，他在《正宗記》裡特別開闢其所謂「評曰」的方式，藉以表達其為何如此記述的理由，從這些或短或長的文字中來抒發他對禪宗一些歷史的觀點，這是前面各書所沒有的。除此之外，他還著有專篇的《正宗論》針對長久已來的「付法」之說與「法統」之辨，進行有系統的論證與辨疑，特別是對於神清的質疑以及《付法藏傳》的記載，長久以來禪宗都無人表示意見，契嵩則不甘沉默而大鳴大論，也因此引發了台禪二宗之間的一番諍辨。

《正宗記》所主張的二十八祖之世系名字，本來是承自《傳燈錄》和《寶林傳》而來，但是這兩部書並沒有說明他們立說的理由，只有契嵩不厭其詳的三番二次引證論辨，他在〈再書上仁宗皇帝〉中說：

〔註3〕今存《寶林傳》卷第二下有注云：「失第二第十兩卷，京師遍問皆無，遂取聖冑集立章品補此卷，由欠第十。」見《宋藏遺珍》第二冊，頁 1208 上。

臣嘗謂，能仁氏之垂教必以禪爲其宗，而佛爲其祖，祖者乃其教之
大範，宗者乃其教之大統，大統不明，則天下學佛者不得一其所詣，
大範不正，則不得質其所證……臣自不知量，平生竊欲推一其宗組，
與天下學佛輩息諍釋疑，使百世知其學有所統也。山中嘗力探大藏，
或經或傳，校驗其所謂禪宗者，推正其所謂佛祖者，其所見之書果
謬，雖古書必斥之；其所見之書果詳，雖古書必取之。又其所出佛
祖年世事跡之差詭者，若《傳燈》之類，皆以眾家傳記，以其累代
長曆校之修之，編成其書垂十餘萬言，命曰《傳法正宗記》，其排布
狀畫佛祖相承之像，則曰《傳法正宗定祖圖》，其推會宗祖之本末者，
則曰《傳法正宗論》，總十有二卷。

關於西天二十八祖的法統之說，自從《寶林傳》底定之後，《傳燈錄》承續
之，《正宗記》既承其說又復推闡證明之，從此以後九百餘年，幾乎已是禪宗
公認之定論而不疑。唯近代學者幾經考辨之後，已對契嵩的諸多論證產生質
疑，因而對於契嵩的這些成就是否當視爲其對佛教的貢獻，不免令人產生疑
惑；然而從宋代以後的九百年來，契嵩《正宗記》裡的許多論點卻是深刻的
影響著佛教徒的禪史觀，這是毋庸置疑的。從這一角度來看待其影響力，也
是不容忽視的。

三、佛教地位的鞏固與拓展

契嵩身處北宋初年復古運動勃興之時期，反佛思潮也隨著高漲，他與歐
陽修生卒同年，歐陽修作〈本論〉以弘儒抑佛，其他學者如李覯、石介等也
紛紛附和歐陽修，一時之間排佛聲浪高漲，佛教的聲勢地位遭受了強力打擊。
契嵩在這時候勇敢的站出來爲佛教作護衛，他用雄健的筆鋒，發揮平日所蓄
養的深厚儒佛學識，撰寫成《輔教編》、《正宗記》、《定祖圖》、《正宗論》等
著作，一方面反駁排佛論者，一方面爲禪宗的祖宗世系法統作考訂。又帶著
這些著作赴京，晉呈當朝天子宋仁宗，此外並廣送朝中各達官名流，藉以宣
傳其捍衛佛教、弘揚禪宗的思想。終於在他的強勢作爲下，加上他的雄健筆
力，赤誠感人，仁宗皇帝在其「謀道不謀身，爲法不爲名」一語的感動下，
詔准其書賜入大藏，並賜號「明教」，歐陽修見了他的著作竟也讚歎說：「不
意僧中有此郎也！」朝中其他大臣也都普遍受到他的感動而給予支持禮敬。
從此之後排佛之聲浪得以暫時歇息，佛教在宋代的社會中地位也得到進一步
的鞏固，仁宗皇帝對佛教的態度也極力的護持，也因此而促成宋代佛教在繼

承唐朝鼎盛之後，還能維持一段輝煌的時期。

契嵩除了在當代以實際行動來保衛佛教，並且發揮了極大的效用之外，他所撰述的護法之作以及提倡儒釋貫通的思想，也在佛教內外發揮了影響力。後世每遇有反佛之聲音一興起，同時也會有護教之士，或僧或俗，起而為護教而辯論，這時契嵩的思想和他的理論也就經常被引證發揮，彼此都是同樣基於護法的立場而撰論衛教。另一方面也由於契嵩的儒釋並重，同等弘揚，使得佛門僧俗對於儒學也起了尊重心，不以其為世間學說而輕視之，同樣的也因此而搏取儒者對於佛教的敬重之心，這些貢獻也都是在浸漸隱微中而發生作用，雖未有立竿見影之效，但也不能漠視其影響力。

第二節　契嵩儒釋融會思想之歷史意義與價值

契嵩的儒佛學術及其融會思想，在儒佛交涉史與思想史上，具有何種意義與價值？這是本文所欲探討的目的之一，經由前面各章之研究，吾人可發現其思想至少具有以下幾種意義，第一、在三教交涉史上，契嵩是北宋以前佛教護法思想的集大成者；第二、在儒釋融會史上，契嵩是第一位完成其理論系統者；第三、契嵩是將〈中庸〉的心性論擴展至宇宙論的創始者；第四、契嵩有部分情、性、理、氣方面的觀點，都要比後來的宋明理學家更早提出，可說是其先驅者也。第五、契嵩是僧人說解世典與社會化的先鋒。這些都是契嵩思想在儒釋互動史上不可忽視的價值所在，至於後人對他的評論，本節亦將一一敘述之。

一、北宋以前佛教護法思想之集大成

回顧北宋以前三教合一思想之演變與形成，實際上和佛教的護法事跡是不可分離的，吾人從《弘明集》和《廣弘明集》二書之內容即可一目瞭然，《弘明集》是僧祐將梁以前的所有關於佛教護法言論纂於一集之作，陳士強將其內容歸為七類：（一）泛釋世人的非議，（二）專駁道教的詰難，（三）辯論形神因果，（四）彙述佛教與朝廷之間的交涉，（五）討論佛教儀規，（六）紬繹佛法大義，（七）檄魔（《佛典精解》，頁 1082～1088）。《廣弘明集》則是道宣繼僧祐之後所做的工作，內容則始自曹魏終於唐高宗，其間護法言論之總集，其性質和宗旨都與前集無異，但是稍有不同的是，《弘明集》大抵輯而不述，《廣弘明集》則既輯又述，內容不但有許多為道宣自己的手筆，而且在他人

作品前後也時有道宣補綴的敘說。

　　從《弘明集》到《廣弘明集》，吾人可以發現一種現象，即二書所收錄之護教言論雖有多種不同，然究其護教思想則前集諸作大抵都已發其端，而後集者多屬承襲前集諸作而推闡其義者。其原因一方面是大部分的非佛言論自漢魏南北朝以來都是一再重彈舊調，因而相應的護教思想也不外是再舉前賢之大旗，重申其餘意罷。因此《弘明》二集之後，類似的纂集便不再出現，自唐以下各別的論辯之作轉多，諸如法琳的《破邪論》與《辯正論》、復禮的《十門辯惑論》、玄嶷的《甄正論》、神清的《北山錄》等，都是針對特殊事件，以發揮其論辯思想為主，而不以纂集他人言論為任務。於是這些歷代累積下來的護法思想，進入北宋便由契嵩的《鐔津文集》以集其大成。

　　由於契嵩廣涉經史博及子集，對佛教的興衰陵替也具有高度關注，雖然歷代的排佛言論皆有其跡象可循，但不同朝代其排佛之特殊背景亦有各別差異，因此廣泛研究瞭解歷代排佛、護法的言論與思想，正是契嵩面對當代排佛思潮的利器，故其所作《輔教編》〈非韓〉等論述，內容雖是針對唐宋以來的排佛思潮與言論而發，然而究其思想之淵源則是集歷代護法思想之大成者也，雖是集前人思想之大成，然其中亦有契嵩自己的創獲之見，由此可知契嵩之善於推陳而出新也！

二、儒釋融會理論系統之完成

　　自東漢至宋初，有關於三教合一或儒釋融合思想之論述，大抵都是以片論為主，未見有系統性之著作出現。其中雖有唐代圭峰宗密所作的《原人論》，然其主旨在於內通禪教，外攝儒道，以判教之法融攝儒、道二家於其所判「五教」之中。其中雖有「會通」之說，然其所謂「會」者，乃是以佛教之說來彌補儒道之不足，並非一般致力於其相似點之和同者，故就判教而言，宗密誠可為首創者，然就儒釋融會之理論系統而言，仍應以契嵩所論者稱為完備，蓋契嵩有〈原教〉之作，以明「五常」與「五戒」一貫之理；為反駁排佛之言論，以促進儒釋思想之融會，乃有〈勸書〉、〈非韓〉之作。此外又有〈廣原教〉、〈壇經贊〉之作，以闡發佛教基本教義與心性理論，為其儒釋融會思想奠定了佛學的理論基礎；又有〈皇極論〉、〈中庸解〉、〈論原〉等篇，為其奠定儒學的理論基礎；基礎既已奠立，而其具體的融會主張乃呈現於〈上仁宗皇帝書〉中，此外更有〈孝論〉十二章之作，提出其融和儒釋的孝道實踐方法。至此則其儒釋融會之所有理論系統已可稱為歷來最為周備者，因此，

在儒釋關係互動史上，契嵩不僅是佛教護法思想之集大成者，同時也是儒釋融會理論之完成者，茲將其理論系統架構列表如下：

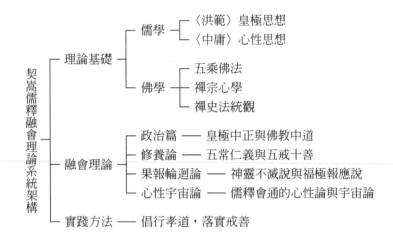

三、〈中庸〉宇宙論的擴展與推闡

〈中庸〉一書之被重視，早在梁武帝時便已親著《中庸講疏》，可見武帝對於〈中庸〉的注重。到了唐代的韓愈、李翱乃將〈大學〉、〈中庸〉從《禮記》書中單獨提出，與《論語》、《孟子》並列。而這些探討心性思想的論述所以受到重視，主要還是受到佛教刺激之故，宋初李覯曾以佛教的心性學說「蓋不出於吾《易·繫辭》、《樂記》、《中庸》數句間」（《盱江集》卷二十三），這也就是為何自唐宋以來，儒家有關心性思想方面的篇章典籍大為盛行之故，原因無非是為了思與佛教的心性學說有以抗衡，以滿足其「吾道自足」之心理故也。

然而佛教的理論體系至大至密，其論世間，除「有情世間」之外，尚有「器世間」者，以今言之即人生觀與宇宙觀兩部分，而佛教心性之說實乃涵攝宇宙與人生合而論之，未可分割，蓋以「萬法唯心」之故。因此，自北宋之初，儒門學者有鑒於佛教對於「宇宙論」方面說之頗詳，因乃欲建立一套儒家本身的宇宙觀，因此有周敦頤（1017～1073）《太極圖說》之出現，其後又有邵雍的《皇極經世》以及張載的〈正蒙〉與〈西銘〉之繼續的推闡。《太極圖說》云：「無極而太極，太極動而生陽，動極而靜，靜而生陰，靜極復動。」它從「無極生太極」開始，層層往下，直到「萬物化生」，用以表示宇宙演化的程序和過程。邵雍則以〈六十四卦圓圖〉來說明一年四時的變

化，又以「元、會、運、世」的推算法爲世界天地作一年譜，經其子邵伯溫
簡化爲《經世一元消長之圖》（參《性理大全》卷八）。至於這些圖象具有何
種意義，馮友蘭說：

> 對於周敦頤和邵雍的那些圖象，可以有兩種不同的了解，一種是本體
> 論的了解，一種是宇宙形成論的了解。照後者的了解，這些圖所表
> 示的是天地萬物在時間上發生的次序，照前者的了解，那些圖所表
> 示的是大地萬物的構成因素。（《中國哲學史新編》第五冊，頁 88）

除了周敦頤和邵雍之外，張載也曾積極的探索宇宙生成方面的理論，〈正蒙〉
中特別強調的是「氣」的存在，並以「太虛」來說明宇宙的物質結構，以「太
和」來代表宇宙的精神面貌。而在〈西銘〉的內容裡，則以宇宙爲一大家庭，
曰：「乾稱父，坤稱母，予茲藐焉，乃混然中處。故天地之塞，吾其體；天地
之帥，吾其性。民吾同胞，物吾與也。」這種說法似乎以性與天地合而爲一，
但馮友蘭認爲「它所說的不是關於宇宙構成的一種理論，而是人的一種精神
境界。」（前揭書，頁 148）於是乎理學家的宇宙觀便儼然各成一說。然而觀
其各家所稱述之宇宙論，大要亦皆本諸〈易傳〉而立論者，其取於〈中庸〉
之說者，多是著眼於心性論爲主，唯契嵩則不只論其心性，乃更進一步將其
所謂「至誠無息」、「博厚配地，高明配天」以及其「爲物不貳，生物不測」、
「日月星辰繫焉」等概念，擴展至宇宙生成論之闡釋，想必契嵩是受到《楞
嚴經》的「山河大地虛空，咸是妙明眞心中物」此一觀點的啓發，遂有將〈中
庸〉上述概念引申推闡爲宇宙生成論之思想。

　　契嵩這種詮釋法在北宋之初尙屬首見，他將中庸誠體與宇宙之生成融爲
一片，固然是以佛教觀點出發，然其對於〈中庸〉的進一步詮釋與擴展，帶
給了後世理學家對〈中庸〉具有更寬廣的世界觀之體認，不能說不有啓發作
用也。

四、宋明理學心性觀點之先驅

　　有關理學之興盛與發展，後人咸以周敦頤爲其開山祖師，而契嵩年齡大
於周敦頤十歲，亦早其一年去世，二人約爲同時期人物。實際上，在後來的
宋明理學家之中，其心性思想上有部分觀點卻是契嵩早就已經提出的，即如
〈論原・存心篇〉所說：

> 客以見余於巖谷恬無所營，而問曰：子默默必何爲耶？應曰：無爲
> 也，吾治其心耳。曰：治心何爲乎？曰：治心以全理。曰：全理何

> 爲乎？曰：全理以正人道。夫心即理也，物感乃紛，不治則汩理而
> 役物，物勝理則人其殆哉！理至也，心至也，氣次也，氣乘心心乘
> 氣，故心動而氣以之趨，今淫者暴者，失理而茫然不返者，不治心
> 之過也。

契嵩在這裡特提出「心、理、氣」三字，乃曰「心即理」，又以心與理爲至，而氣則次也，復曰「心動而氣以之趨」。理學家亦講「心、理、氣」之別，亦曰「心即理」，而契嵩則早已啓其端。此外，契嵩亦論及性情之分辨，〈廣原教〉云：「萬物之變見乎情，天下之至存乎性。」又說：「情出乎性，性隱乎情。」「天下之動生於情，萬物之惑正於性。」後來的程朱學派亦重視性情之辨，而契嵩皆早啓其端。然契嵩之論心、理、氣及性情之說，與宋明理學家又各有同異也，錢穆生生〈讀契嵩鐔津集〉一文中略有述及，茲列舉於下。錢氏說：

> 其辨心與識，謂心必至，乃謂心必達至於事物之眞以成識，事物多
> 異多變，故曰變者識也。而又曰天下之至存乎性，蓋性則從同，此
> 乃近於以後理學家程朱一派格物窮理之敎。格物窮理，則即異求同
> 也。朱子又以心屬氣，性屬理，可謂契嵩亦已先發之，惟契嵩所言，
> 不如朱子之分別明析耳。

朱子說：「天地之間有理有氣，理也者，形而上之道也，生物之本也；氣也者，行而下器也，生物之具也。是以人物之生，必稟此理，然後有性，必稟此氣然後有形，其性其形，雖不外乎一身，然其道器之間分際甚明，不可亂也。」（《文集》卷五十八）關於心、理、氣之說，契嵩與朱子的講法尚無大差別，唯獨對於「心、性」之說法，乃有較大的差異。照契嵩的《文集》各篇所論大抵對於心和性並沒有明顯的區別，而朱子則從張載之說，以「心統性情」，《語錄》說：「靈處只是心，不是性，性只是理。」又說：「性者心之理，情者心之動。」朱子明顯的把「心、性、情」截然分別，以爲「性」只是「理」之存在，而靈者爲其「心」，乃謂「心統性情」。正由於對「性」之見解不同，因此所論觀點亦異，即以「五常」而言，契嵩〈原教篇〉說：「曰仁者何？惠愛之謂也，義者何？適宜之謂也，宜與愛皆起於性而形乎用，非情何乎？就其情而言之，則仁義乃情之善者也。」契嵩以仁義禮智信爲「情」，然朱子卻贊同韓愈的說法，以五常仁義爲「性」（只是不同意其三品之說），並補充謂此爲氣質之「性」，由此可見契嵩所論之「性」，與朱子有所不同，但卻是與

明末王船山之論性較接近。此外，契嵩〈中庸解〉有曰：「情有善惡而性無善惡，性靜也，情動也……」云云，錢穆以為「契嵩言性無善惡，則猶陽明以無善無惡為心體也。以言情有善惡，則猶陽明以有善有惡為意動也。」凡此種種，皆是契嵩在情性理氣等方面之觀點，更早於宋明理學家而發其端，應可說是其先驅者也。

五、僧人說解世典與社會化之先鋒

歷代佛教高僧凡有著述莫不以宣揚教義、弘傳佛法為其主旨，至若專以儒家思想為題而撰述其專文者，契嵩當是其先鋒人物。契嵩除了在佛教方面著有闡揚宗史的《正宗記》之專著外，又能撰寫儒學方面的著作如〈皇極論〉、〈中庸解〉者，而這此都是關係乎政治禮樂教化之事者，尤其他還有〈論原〉四十篇之作，其內容所及除禮樂政刑外，尚包括「問兵、問霸、評隱、問經、仁孝、品論、師道」等，在在都是關係著國家社會現世安治之大計，錢穆先生說：「契嵩既留心治道，又注意教化，可謂確然的儒家之統。」及「以一僧人而勸人出仕，更為難得。」又說：「智圓契嵩則是當時由真轉俗之先鋒人物也。」（〈讀契嵩鐔津集〉）智圓雖比契嵩更早提倡〈中庸〉，但其相關著述也僅止於〈中庸子傳〉三篇而已，至於契嵩對〈中庸〉的闡發則較智圓更為透徹。他對五經內容能夠深入探究，對各家說經言論能判斷是非；對歷史典故考據詳細，對國家政治大計能提出深刻見解。他作〈皇極論〉和〈中庸解〉，由內聖通到外王，把心性之學與政治教化合而為一，處處都可顯示出契嵩以一個僧人身份卻表現出積極的入世精神與政治關懷。

此外，契嵩對於出家僧眾特別以克盡孝道、落實孝行提出呼籲，使得佛教長久以來受人詬病的倫理問題有所緩解。更重要的是契嵩對待儒家的態度乃是給予全稱肯定，他說：「治世者非儒不可也。」較諸前期的衛教護法者對待儒家的立場而言，契嵩的平等以視，確實更能受到儒門人士的尊重。契嵩認為，佛陀所以將佛法囑付王臣，一方面固需仰賴政治力量來保護佛教，弘揚佛法，另一方面在佛教本身也應該有其應盡的責任，即協助社會教化工作，以為國家長治久安之大計有所貢獻。因此在行善布施、修身治心等方面，契嵩都主張應積極的投入社會，承擔教化之責，如此一來，不但可以杜絕反佛者之口實，也可以使佛教徒更進一步體會「真俗圓融」的諦理，而不只是空談一些高深的心性理論，做一個自了漢而已。因此契嵩這種肯定儒道與積極入世的思想，不只在宋初的學術與社會中具有特殊的作用與意義，也對後世

產生相當的啟發作用。

契嵩在北宋之初開創了僧人說解儒經並著之於篇牘的風氣，雖然這些著作還稱不上專門注疏之程度，但已經算是佛門僧徒中率先闡論儒學之先鋒人物了。唯之後的南宋和元代，這種風氣又沉寂了許久，一直到明朝的德清憨山大師及智旭蕅益大師才又承續這種事業，並將其提昇至正式注解的規模，憨山有《大學綱目決疑》、《中庸直指》、《道德經解發題》、《觀老莊影響論》及《莊子內篇注》等著作，智旭則有《周易禪解》及《四書蕅益解》等作。雖然這些注解純粹是以佛教思想觀點為主所做的詮釋，姑不論其注解內容如何，唯其重要的是此事所代表的意義，乃是三教合一思想向前推進一步的型態，具體的說，契嵩時代只是以僧人身分來闡論儒學，並致力於二家思想相似處之融會，亦即「以儒會佛」或「以佛會儒」；但演變到明代的憨山與蕅益則直接以佛法為儒道典籍作注解，這種「以佛解儒」、「以佛解道」的現象，不能不說是三教合一思想的一大演變，而究其思想之濫觴與其先鋒人物則非契嵩莫屬也。

六、時人與後人對契嵩的論評

契嵩在嘉祐六年底進其所著《輔教編》、《正宗記》、《定祖圖》等入朝，並上書仁宗皇帝，乞求賜編入大藏，仁宗受其「謀道不謀身，為法不為名」之赤誠所感，次年終於詔准其書編入大藏，並賜「明教」之號，一時之間名滿朝野，佳評如湧。惠洪〈嘉祐序〉云：

> 書既送中書時，魏國公韓琦覽之，以示歐陽文忠公，公方以文章自任以師表天下，又以護宗不喜吾教道，見其文，謂魏公曰：「不意僧中有此郎耶！黎明當一識之。」公同往見，文忠與語終日，遂大喜。
> 由是公名振海內。〔註4〕

由此可知當時名人如韓琦、歐陽修等，都對契嵩讚譽有加。惠洪另有〈嵩禪師贊〉云：

> 歐陽之學，師宗於世，其徒宣闡，攻我以喙，童首於林，氣索力屈。
> 公於是時，粹然一出，天縱之辯，武庫縱橫，璜璣捍我，如護目睛。
> 義如串肉，理如析薪。一時名譽，聳動縉紳，世尊舉身，毛孔俱笑。

〔註4〕 此處所引乃據惠洪《石門文字禪》卷二十三之〈嘉祐序〉，而《鐔津文集》卷十九有「又序瑩道溫作」，該序即此〈嘉祐序〉也，唯文字少異，作者應為惠洪，詳見本書第二章第二節「契嵩見存著述考」。

如公語言，筆下皆妙。六物不壞，未易致詰，豈其踐履，明驗之力。

宗教之衰，河壞山摧，冠巾緇衲，其寒如灰，扶拭塵翳，見冰雪容，

拜起而唱，涕淚無從。（《石門文字禪》卷十九）

此外，又有〈禮嵩禪師塔詩〉三十一韻，詩中提及「堂堂東山公，才大德亦全，齒牙生風雷，筆陣森戈鋌，隱然湖海上，長庚橫曉天，作書肆豪猛，揮斥莫敢前。」（《石門文字禪》卷五）詩句中充滿著對契嵩思想事跡的種種贊譽，感懷不已。

此外，在《鐔津文集》卷十九「附錄諸師著述」中錄有許多對於契嵩的論評，如釋懷悟〈序〉（作於紹興四年，1134）中有稱其詩作之評語謂：

其所爲之詩，雖不甚豐濃華麗，而其風調高古雅談，至其寫志舒懷，

有邁世凌雲之風，亦可想見其人也。

又贊其文章云：

其文之高拔勝邁，絕出古今，則見乎〈武林山志〉。〔註5〕

其次有南海楞伽山守端作〈弔嵩禪師詩〉（作於建中靖國元年，1101）稱許云：

斯文千古雄，斯義萬夫特，據理從所征，處戰無弗克。

龍舒天柱山修靜所作〈贊明教大師并敍〉稱：

愛其文落落有奇偉氣，而能發揮釋氏之道，以諭夫當世名儒釋子之不知教本者，俾之達性命之奧，見聖賢所以施教敷化之心，而不淪於是非相戰之地。

靈源叟〈題明教禪師手帖後〉云：

和尚博極古今儒釋教道之本，會通聖賢理事論議之跡，若振綱張網，舉領提裘，目分毛斂，見者皆明，義貫理融，感會神府。

天台松雨齋沙門原旭〈鐔津集重刊疏〉（作於明洪武十七年，1384）云：

昔宋之鉅儒縉紳先生嘗評其文曰：不惟空宗通，亦乃文格高，斯言是矣……古今僧中之爲文者多，而未嘗有出其右者，所謂北斗以南一人而已。

雲山廣源〈鐔津集後敍〉（作於明弘治十二年，1499）云：

〔註5〕　《鐔津文集》卷十七收契嵩所作「古律詩」六十首，卷十八收「與楊公濟晤沖晦上人山游唱和詩」共六十九首。此外，卷十至十三則收錄「書啓狀」、「敍」、「志記銘碑表辭」等文章之部。本文因以儒釋融會思想之探討爲主，故於契嵩詩文部分乃略而不論。

其議論抑揚也，神變雄偉如怒猊抉石，金翅擘海，非韓盧斥鷃可形象乎哉！其融會貫通也，浩博汪洋如江海，如溟渤，非澗沚溝渠可涯涘乎哉！

以上所錄皆是對於契嵩具有正面評價者，此外亦不免略有微詞者，茲亦錄之，如《四庫全書總目提要》卷一五二《鐔津集‧提要》說：

契嵩博通內典而不自參悟其義諦，乃恃氣求勝，嘵嘵然與儒者爭，嘗作〈原教〉、〈孝論〉十餘篇，明儒釋之一貫，以與當時闢佛者抗；又作〈非韓〉三十篇，以力詆韓愈；又作〈論原〉四十篇，反復強辨，務欲援儒以入墨，以儒理論之固為偏駁，即以彼法論之，亦嗔癡之念太重，非所謂解脫纏縛，空種種人我相者。第就文論文，則筆力雄偉，論端蠭起，實能自暢其說，亦緇徒之健於文者也。〔註6〕

四庫館臣對於契嵩的批評貶多於褒，實乃因其立場在維護儒家，以儒為尊之觀點使然，故稱契嵩「恃氣求勝，嘵嘵然與儒者爭」，這種評語顯然為不公，蓋儒者排佛謗佛，契嵩以僧人起而護教，其作為亦同於儒者之衛儒也，況契嵩亦同樣尊儒尊孔，未有詆毀先聖先賢者，至於其〈非韓〉之作，後世儒者亦有持相同見解者〔註7〕，故其評語似欠公允。至於稱其「援儒以入墨」更是含混之辭，據《鐔津集》所錄，契嵩「援儒入釋」之思想容或有之，然而何來「援儒以入墨」者乎？何其釋、墨之不分也。唯諸館臣雖不認同契嵩之思想，卻對其「筆力雄健，論端蠭起」不得不讚賞，故稱其為「緇徒之健於文者也」，然這種稱讚對契嵩而言，無異是「買櫝還珠」者也，蓋契嵩早已自明云「若專以文字見教，則不敢聞命。」（《文集》卷十〈與章潘二秘書書〉）契嵩在意的是儒釋之道得以弘揚為要，豈是在乎其文章揚名於後世哉？

〔註6〕《總目提要》前述之評語在《四庫》本《鐔津集》書前〈提要〉內容與此稍異，乃無「以儒理論之……空種種人我相者」等語，而為「又作〈論原〉四十篇，以陰申其援儒入墨之旨，其說大抵偏駁不可信。」

〔註7〕錢穆〈讀契嵩鐔津集〉云：「又如第八篇非韓子〈三上宰相書〉，第十篇非韓子〈謫潮州刺史謝上表〉，諷勸朝廷封禪，此等皆後世儒家所不滿於韓集者，而契嵩皆已先發之。其第八篇〈獲麟解〉，謂西狩獲麟，麟不自然而出，韓子謂麟為孔子出，苟取雜家妄說，無經據。又謂麟為後代受命者之符瑞，皆經傳所不見。謂孔子為素王，誣聖人之甚。此皆經學中之正論。後世儒生尚有傳襲此等傳說者，而契嵩亦已獨加辨斥。又如第二十二篇，非〈歐陽詹哀辭〉，引唐人黃璞傳，謂為一娼婦一慟而死，乃不孝，並引《太平廣記》為證，此等近於考據家言，誦韓文者，無不喜其〈歐陽詹辭〉，乃絕少知此。契嵩以一僧人，考索及此，其讀書之浩博無涯涘，亦可驚怪矣！」

第三節　契嵩儒釋融會思想對後世的影響

　　契嵩的儒釋融會思想在思想史上的意義與價值業已分析如上，而其思想對後世之影響也是明顯可觀的，其中最重要的是藉由儒釋之間的頻繁互動以及三教和會思想方面的推展，使得宋明理學迅速發展興盛，形成思想史上重要的學術思潮。其次則為居士佛教方面，也受其儒釋融會思想的影響而更加興盛。此外由於契嵩雄健筆力的影響，佛教護法文學也更加的發達，這些都是契嵩對後世所發揮的重要影響力，茲分述於后。

一、促成宋明理學之興盛與發達

　　從契嵩《輔教編》各篇論著之撰述動機看來，儒釋之間的互動、訾應當是其融會思想形成的重要因素，然而這種反佛與護法的運動卻不只是一二回合的交戰而已，乃是周而復始、跨越時空，不停的在歷史中上演。當契嵩以佛為本、援儒入佛的融會思想問世，雖然曾受到當時排佛主將歐陽修的歎服，但這並不意味後世排佛之行從此便絕跡，同樣的也會有更深一層的排佛論辯衍生。後來的理學家從社會、經濟、倫理等層次提升至心性、宇宙、本體等層面來排佛，應即是其反響。理學家嘗自稱「不入虎穴，焉得虎子」，因此絕大多數的理學家都具有出入佛老的經驗，他們之間有的是曾經涉躐過佛學，但無法獲得滿意的解答，於是退而反求於儒，重新建構其儒學形上理論，然後又以此理論回頭對抗佛教的各種思想，誠可謂入其室操其戈者也。程顥便是其中的典型例證，據其弟程頤所寫的〈行狀〉說：「自十五、六時，聞周茂叔（敦頤）論道，遂厭科舉之業，慨然有求道之志，泛濫於諸家，出入于老、釋者幾十年，返求六經，然後得之。」（《二程全書·明道先生行狀》）除了二程之外，張載、楊龜山、朱熹、陸象山等人也都曾對佛學有所研究，然後在其理學思想中發揮相當程度的影響。〔註8〕

　　相對於佛教方面的「援儒入釋」，理學家的作法亦可名之為「援釋入儒」，這種現象應可溯自唐代的李翱便已啓其端，李翱《復性書》之作，後人多認為受到佛教思想所影響，大陸學者潘桂明便說：「《復性書》體現了儒教既排斥佛、道，卻又從哲學理論上吸收融合佛、道的實質，成為向宋代理學發展

〔註8〕有關理學家與佛學的關係，可參熊琬先生《宋代理學與佛學之探討》一書第二章「朱子理學之淵源」，此章詳論周敦頤、張載、二程兄弟、楊時、羅豫章、李延平等人與佛學之關係，頗具參考價值。

的過渡形態。」〔註9〕於是在理學發展的過程中，我們可以發現，理學家所走的是另一種形態的「三教合一」路線，其思想是以儒家爲本位的「援釋入儒、援道入儒」之融和思想；而傳統中以佛教爲主流的三教合一思想，則是以佛爲本的「援儒入釋、援道入釋」之融和思想；除此之外，當然也會有以道教爲本的「援釋入道、援儒入道」之思想，如盛行於宋金時期的「全眞道」即爲其例，該教在唐宋道教傳統思想的基礎上，融攝了儒、釋的思想，從而建立了自己的一套教義體系〔註 10〕，但是這類思想在三教之中卻是勢力最弱的一環，就整個宋元明七百餘年的思想史而言，幾乎全都籠罩在理學的勢力中，就連佛教的聲勢也不得不退居於次要地位。

總之，以思想史的演變角度來，儒、釋、道之間三股力量的互動與互涉，在時代的巨流中三教都曾試圖賣力演出，以魏晉隋唐而言便是以佛與道的角力爲主，到了中唐以降乃至兩宋時期，則轉爲儒與佛之爭鳴，在此潮流之下，三教合一思想之出現乃其勢之所趨也。契嵩在宋初便適時的提出其儒釋融會思想，而這時期正是理學的萌芽期，他的思想一方面提供儒門人士的反省，一方面也更激發了傳統衛道人士的危機感，因此也促使理學在這有利環境下，快速的興盛發展起來。無論是「援儒入釋」抑或「援釋入儒」，也不管是以佛爲本或以儒爲本，然其結果卻都揭示了一項事實，那就是「殊途同歸」，歸於融和。

二、提昇居士佛教的風氣與素質

佛教信徒素來有所謂「四眾」之分，即出家的比丘、比丘尼，與在家的優婆塞（男眾）、優婆夷（女眾）〔註11〕。佛教流傳至北宋業已近千年之久，在這千年之間，以北宋爲例，佛教僧尼的數量由眞宗朝的三十九萬餘減至神宗朝的二十二萬餘（《佛祖統紀》卷四十四），這是出家眾的部分，至於在家

〔註 9〕 見潘桂明〈從智圓《閑居編》看北宋的三教合一思想〉，頁 92。潘氏該文又說：「李翱思想曾受天台宗和禪宗教養的薰染，《復性書》的思想主要是對《止觀統例》的發揮，只是其間應用了《中庸》的語句。」（同前頁）此外，王能傑《從復性書至原道》一書也認爲「復性書之作，蓋取之於天台宗止觀之理而始克成之。」（頁 27）

〔註10〕 詳見陳兵〈略論全眞道的三教合一說〉，《世界宗教研究》1984 年第一期。

〔註11〕 除「四眾」之外，亦有「七眾」之說者：一比丘、二比丘尼，爲男女之受具足戒者；三沙彌、四沙彌尼，爲男女之受小戒者；五式叉摩那、爲沙彌尼之學六法者，六優婆塞、七優婆夷，男女之受五戒者，前五通稱出家五眾，後二爲在家二眾。

二眾則不若有僧籍管理者之可統計，因此其數量較難估算，然想必其數亦不在出家眾之下，蓋以佛教之興盛與否除了繫乎僧尼素質之良窳外，王臣與廣大俗眾之外護更是功不可缺。這些在家信眾即是所謂的「居士」，居士對於佛教的貢獻，在歷史上曾佔有重要的地位，尤其在三教交涉史中，居士更扮演了重要的角色，此外如譯經工作以及講疏弘法等任務，居士也都曾發揮其重要的影響。

以唐代為例，著名人物如房融、裴休、王維、白居易等，都是以居士身分襄助佛法之弘傳者，房融曾官至中書門下平章事，權兼兩省相府，乃參與《楞嚴經》翻譯筆受之職。裴休家世奉佛，休尤深於釋典，本傳稱其「與義學僧講求佛理，中年後不食葷血，常齋戒，屏嗜欲，香爐貝典不離齋中，詠歌贊唄以為法樂。」（《舊唐書》卷一七七）至於王維與白居易更是以文學傳名於世，二人亦是奉佛至誠者。王維字摩詰，即取意於維摩詰居士也，本傳稱其「弟兄俱奉佛，居常蔬食不茹葷血，晚年常齋不衣文采。」（《舊唐書》卷一九○下）白居易更自號「香山居士」，「儒學之外尤通釋典」（《舊唐書》卷一六六）。從以上幾位名人事跡即可想見唐代的居士佛教業已相當普遍。

進入宋代，在三教合一思潮的風行下，這種思想正好迎合居士佛教的需求，加上「譯經潤文官」必須選擇「通內外學」的儒臣擔任，因此有宋一代的居士佛教，較諸唐朝乃更為興盛，知名之士諸如楊億、李遵勗、夏竦等人是活躍在在契嵩之前的重要人物。契嵩以僧人而力闡儒學，廣宣其儒釋一貫之理，這種思想對於居士佛教素質的提昇與風氣的普遍，具有相當的影響作用。契嵩主張「儒者聖人之治世者也，佛者聖人之治出世者也。」以居士之特殊身分而言，最為適合這種儒佛兼修的人生觀，以其可以從儒家的五常仁義諸德行中建立自己的為人處事準則，並有詩書禮樂內聖外王的一套安身立命之道，無論是修身齊家抑或蒞官治事，皆有其依循之準則，在世間法方面可說已達到圓滿之境。另一方面在出世法上倘若也能一併兼修，如此則可謂以出世精神而作入世事業者也，其人生將更為寬廣，其理想亦將更為宏遠，乃至終此一生壽命盡時，對其未來亦將有所依歸，這就是儒佛合一思想對居士佛教特為契合之故。

北宋後期居士佛教中著名的人物有張商英者（1044～1110），別號「無盡居士」，官至丞相，著有《護法論》一卷（《大正藏》第五十二卷）。商英本為儒生初不信佛，欲著「無佛論」以辟之，受其妻之勸乃止（《佛祖統記》卷十

五），後讀《維摩詰經》始歸依佛教，留意於禪學。由於商英以丞相地位之尊而現居士身來弘揚佛法，當時受其影響者不少，元朝時期則有耶律楚材者，號「湛然居士」，也是以居士身輔佐朝政而揚名於世者。至於明代，有宋濂者，號「無相居士」，以儒釋之學輔明太祖，大興有明一代之文教，其功亦稱偉矣！

　　除了以上所舉的宋元明之重要人物外，明朱時恩作有《居士分燈錄》（《卍續藏》第一四七冊），清彭際清亦有《居士傳》之作（《卍續藏》第一四九冊），皆是闡揚居士佛教在佛教發展史上之重要地位者。朱時恩另有《佛祖綱目》（《卍續藏》第一四六冊）之作，在其書中，朱時恩更稱自己為契嵩之再來者，董其昌其所作的〈佛祖綱目序〉說：

　　　　居士（時恩）宿身了了，自謂明教嵩再來，故於《定祖》、《正宗》
　　　　大義凜凜，巨綱細目標識精詳。

朱時恩自〈序〉則云：

　　　　時恩既於如來像前發私願已，屢獲瑞夢，不一而足。或夢三教後聖
　　　　人，私感之，私服之，或夢明教嵩禪師再來……明教再來者，昔以
　　　　比丘而著《傳法正宗記》，今以居士而著《佛祖綱目》，前後若出一
　　　　人也。

《佛祖綱目》一書成於明崇禎四年（1631），所記佛教史事，上始周康王二年，下迄明太祖洪武十六年（1383），其內容以禪宗的人和事為主，其他教門與淨土宗的人事為輔。時恩將自己以居士的身份撰述《佛祖綱目》擬之於契嵩以比丘身而撰著《正宗記》，前後若出一人；加上自己曾夢見契嵩再來，乃自稱本身即為契嵩之再世，因此在《佛祖綱目》書中卷首即收錄了宋濂所作的〈傳法正宗記序〉，此外更對於契嵩的事跡詳加條載，如卷三十六中凡有「辛丑契嵩師進傳正宗記」、「壬寅宋仁宗賜傳法正宗記等書入藏」、「（熙寧五年）明教嵩禪師入寂」等三條記載，對於契嵩生平及其〈上仁宗皇帝〉書之內容、詔賜入藏以及入寂等事跡均述之甚詳，有殊於一般者，由此可見時恩對契嵩之崇仰。

　　《居士分燈錄》一書亦成於崇禎四年，書首又錄有宋濂的〈夾註輔教編序〉以及蓮池大師法語，其中有一則為「儒佛配合」者，可見朱時恩受契嵩影響之深。《分燈錄》主要是記敘與禪宗法系上師承有據的居士為主，總計正傳七十二人，附出三十八人。可惜它將宋代理學家如周敦頤、程顥、程頤、

朱熹、陸九淵等都收錄為居士之列，難免有牽強之嫌。然而此書一出，世人對於居士佛教之地位不得不加以重視。迄至清乾隆四十年（1775）彭際清作《居士傳》，其內容更為廣泛，全書所收上始後漢，下迄清乾隆年間，正傳收二百二十七人，附見七十七人。書末有王廷言所撰的〈居士傳跋〉說：

> 儒佛之道泥其跡，若東西之相反，然循其本則一而已矣。知歸子（彭際清號）之學出入儒佛間，初未嘗強而同之，而足不見其有異，所謂知本者，非耶？既以自利，又欲利人，上下數千百年，凡偉人碩士有契斯道者，采其言行比以史法合為一書，名曰《居士傳》……予讀之竟，作而歎曰：自為儒佛之學者，迷不知本，黨同伐異，泣歧無歸，知歸子起而救之，是書之作蓋欲學者除去異同之見，反循其本而致立焉，至於一旦，豁然還問其所為儒佛者，如水中月，如空中華，復何異同之有？

從王氏〈跋〉語所言，吾人亦可了解彭際清的思想也是具有儒佛和同之主張者，同樣的，此書之所采錄亦是「有契斯道者」之言行，故其目標與契嵩實無兩樣。契嵩儒釋融會思想對於居士佛教在觀念上的啟發，其影響之深，從《分燈錄》與《居士傳》二書之所由作便可見其一斑矣！

居士佛教在整個佛教史上確是源遠流長，一直到清末民初，著名的楊仁山與歐陽漸師徒更是居士佛教的一大主流，乃至於當今的佛教界，居士佛教的學術成就更是洋洋大觀，甚至放眼全世界，有關佛教學術之研究成果，在家人恐有超越出家眾之趨勢，由此可見居士佛教未來的發展勢將銳不可擋，這股力量實不容忽視。

三、賡續佛教護法文學與三教合同思想之闡揚

所謂佛教的「護法文學」，就其歷史發展而言，它和三教之間的互動、訾應與融和等事跡，實為息息相關。護法，又稱「護教」，意即護持佛之教法也。歷史上最早的護法著作應是肇自牟子《理惑論》，同樣的，探討三教合同思想也多從《理惑論》開始（參見第一章第三節，「契嵩以前的三教合一思想」），可見二者間關係之密切。保存這些早期的護法類著作最為豐富者，有《弘明集》和《廣弘明集》二書，這兩部纂集的內容是以蒐輯他人所撰護法類著作為主，《弘明集》所收至梁代為止，《廣弘明集》則收至唐高宗朝。至於有唐一代，大量的護法著作乃更相出現，究其原因實以三教講論風氣大盛之故也，

重要著作有法琳的《破邪論》二卷和《辯正論》八卷、復禮的《十門辯惑論》三卷、玄嶷的《甄正論》三卷、以及神清的《北山錄》十卷，除了這些論辯類文章外，也有一些記事類的護法之作，如彥悰的《集沙門不應拜俗等事》六卷、道宣的《集古今佛道論衡》四卷以及智昇的《續集古今佛道論衡》一卷（以上均見於《大正藏》第五十二卷）。這些著作的內容，主要是以道教爲論辯對象，其次方爲儒者以及一般的反佛者。

　　進入宋代，第一部重要的護法作品當然是契嵩的《鐔津文集》，前曾指出契嵩爲北宋以前護法思想之集大成者，這是就其「承先」之歷史意義而言，今又以其「啓後」之影響力而論，契嵩對後世的護法文學乃至三教合同思想實亦發揮深遠之影響。契嵩之文筆雄健是公認的，他的詩作也曾得到清王士禎的讚賞〔註12〕，因此後人讀其文章受其影響者所在有也。如契嵩之後又一重要的護法之作即張商英的《護法論》（《大正藏》第五十二卷），該篇作於北宋大觀四年（1110），距契嵩卒時方三十八年。其內容主要爲遣釋歐陽修、韓愈、程顥等儒家學者與社會人士對佛教的批評，然其所述者，在理論上仍多所依於契嵩之說，如韓愈闢佛爲夷狄之法，歐陽修稱佛爲中國大患，《護法論》所駁之辭說均是契嵩所嘗已論者。而其述「三教」云：

> 余謂群生失眞迷性，棄本逐末者，病也，三教之語以驅其惑者，藥也。儒者使之求爲君子者，治皮膚之疾也；道書使之日損，損之又損，治血脈之疾者也；釋氏直指本根，不存枝葉者，治骨髓之疾者也。其無信根者，膏肓之疾不可救者也。

從以上之論調看來，商英之欲會通三教，其用心與契嵩實無異也，然二人對於儒佛之態度則有別也，契嵩既重儒學又平等以視；商英則於儒家多所貶責，由此可知商英之護法理論固有承續契嵩之思想者，然其對於儒釋之態度則顯然不如契嵩之圓融，此亦可見契嵩之高明於商英處也。

　　到了元代，重要的護法作品有沙門祥邁的《辯僞錄》五卷，劉謐的《三教平心論》二卷，以及沙門子成的《折疑論》五卷（以上皆收錄於《大正藏》第五十二卷）。《辯僞錄》主要是針對道教方面的批駁，《折疑論》的中心議題

〔註12〕據《四庫總目》〈鐔津集提要〉謂：「王士禎《居易錄》稱其詩多秀句」云云。案《居易錄》卷十七云：「《鐔津集》十五卷，宋僧契嵩著。嵩有〈非韓〉三十篇在集中，其詩亦多秀句，如『習忍如幽草，觀身類片雲。桑柘雨中綠，人煙關外疏。天岸日將出，田家難更啼。好山沿岸去，驟雨落花來。雲迷花鳥道，雨出古龍湫。明月出已滿，白雲歸未多。』……」

乃是辯析儒釋之異同；至於《三教平心論》則對於三教都有普遍討論，而其內容仍不外護教與調融二旨，就其護教思想方面而言約有三層，一是對於《化胡經》等道教方面的詆佛加以駁斥，二是對於韓愈的排佛言論加以反駁，三是對於宋代理學家的反佛思想加以抨擊。其中有關韓愈部分可說和契嵩的〈非韓〉諸篇幾乎論調一致，其取材師法契嵩之意明顯可見。至於三教方面之理論，劉謐認為：

> 大抵儒以正設教，道以尊設教，佛以大設教，觀其好生惡殺，則同一仁也，視人猶己則同一公也，懲忿窒欲禁過防非，則同一操修也，雷霆眾瞶日月群盲，則同一風化也。由粗跡而論，則天下之理不過善惡二塗，而三教之意無非欲人之歸于善耳。故孝宗皇帝製〈原道辯〉曰：以佛治心，以道治身，以儒治世。誠知心也身也，不容有一之不治，則三教豈容有一之不立。無盡居士作〈護法論〉曰：儒療皮膚，道療血脈，佛療骨髓。誠知皮膚也血脈也骨髓也，不容有一之不療也。如是則三教豈容有一之不行焉？

古來之議論三教者或亦各有權宜，若謂佛教與儒教合，則庶不激儒教之怒；謂佛教與道教同，則庶不啓道教之爭；故稱三教可合而為一，使其或儒或道，皆可誘而為進之於佛。此特為接引儒道之士使趨於佛，故方便宣稱三教為同為一者也，劉謐乃意圖持平客觀議之，故名「三教平心論」，然而終究仍是難脫以佛為本之旨也。

進入明代，護法之作亦不鮮見，約有沙門心泰的《佛法金湯篇》十六卷（《卍續藏》第一四八冊），沈士榮的《續原教論》二卷，姚廣孝的《道餘錄》一卷（《中華藏》第二輯第七十八冊），沙門弘贊的《解惑篇》二卷（前書第一三九冊）等多種。其中《佛法金湯篇》是歷代帝王、宰臣、名儒、碩彥弘護佛法事跡的彙編，以其事跡猶如為佛教築起抵禦外侮之金城湯池，故名《佛法金湯篇》。全書所收上始西周下迄元末，凡三百人。沙門守仁為之〈敘〉曰：

> 宋明教大師亦嘗著書三編，名曰輔教，會儒老之小異，歸釋氏之大同，後學士子賴以為規。予以東山此編，文雖不出其己，其所以命編者，亦輔教之遺意也。

由此可見《佛法金湯篇》所以成書之意，當是受契嵩《輔教編》弘法護教思想之所影響也。此外，沈士榮之作，名之曰《續原教》，其〈序〉云：「原其

異同謂之論，釋其疑惑謂之解，明其是非謂之辯。」觀其命名，何嘗不是規撫契嵩〈原教〉與〈廣原教〉之題，而有賡續前賢之意乎！由此可見契嵩護法事跡對後世影響之深遠也。除了上述二書外，姚廣孝的《道餘錄》是針對二程與朱熹三先生斥佛言論之辨析者；弘贊的《解惑篇》則屬纂集類的護法之作，上自《列子‧仲尼篇》的「吳太宰嚭」，下迄有明一代護法事跡，剪輯其事而成此篇名曰《解惑》者也。

清代護法之作，重要者有彭際清的《一乘決疑論》（《卍續藏》第一〇四冊），此篇主要亦針對理學家之非佛者而辯駁，所辯者有程、張、朱、陸、胡等多人。進入民國以後，佛教護法文學面對天主教的勢力日益擴張〔註 13〕，乃至共產主義無神論之挑戰，故其論辯對象亦複雜而多元，面對各種勢力的挑戰，佛教徒如何因應以實現其護教之功，也將考驗著教徒的學養與器度，因此歷代護法著作中的理論和思想，都是佛教徒吸取經驗與知識的寶藏，而契嵩的《輔教編》各種論理也將可提供其參考價值，當代之護教者實不應忽視之。

〔註 13〕天主教早在明朝便已傳入中國，當時以利馬竇和艾儒略為主的教士，乃積極傳揚天主教義，遂激起儒學界之反響。時有鍾始聲（即蕅益大師在俗別號）所撰的《闢邪集》一卷（《中華藏》第二輯第八十九冊），內容分〈天學初徵〉、〈天學再徵〉二篇，針對天主教所稱各種教義，以儒家之立場一一辨其「不通者二十二」。蓋蕅益大師信佛出家前亦曾歸心理學，甚且曾有闢佛言論。此《闢邪集》即其早年所作，為護儒學而斥天主教者也。

第九章 結 論

　　綜合以上之研究，吾人對契嵩的儒釋融會思想當有一整體的認識。就其思想產生之動機而言，即在於「爲解當世儒者之訾佛」；論其化解之道，一方面對排佛言論進行駁斥，一方面則提出其儒釋一貫之理論，以消除儒釋間之蕃籬；而歸其終究之目的，則不離爲護衛佛之教法也。茲將其相關思想之特色及其對於現代社會之啓示與省思，略作歸納以爲本文之結論。

一、契嵩護法思想之特色

　　面對宋初以韓歐思想爲主流的排佛言論，契嵩廣取前人護法學說之精要，薈萃而成爲自己的護法思想，並以雄健的筆鋒對排佛言論進行揢擊，歸納其護法思想之特色有四：

（一）強調平等爲善與時代的演變性

　　針對排佛論者所標榜的「華夷之辨」以及道統觀念，契嵩則以《春秋》大義爲詞，以辨孔子的夷狄觀爲藉，闡述佛教並非夷狄之法。並強調基於歷史與時代的演變，教道乃因應而生，不可泥於狹隘觀念與守舊思想，罔顧理義善道之存在，忽略時勢演變之現實，而一味排斥佛教。

（二）正視歷史證驗與社會的需求性

　　針對排佛論者「佛教危害中國」之說，契嵩一一列舉歷史事實予以反駁，證明佛教非但無害而且有益。並進一步指出政治與教育之力量有所不及者，佛教正可以補其不足與不能處，爲政者當正視此一事實，使佛教與王道教化並行不悖，導民同歸於善，社會共趨於治，是乃社會國家共同之需求也。

（三）凸顯佛教的特殊超越性

面對佛教思想和中國傳統倫理道德觀念有所牴忤之處，契嵩則凸顯佛教獨有的特殊與超越之一面，強調其更深遠一層的目標，用以防堵排佛論者之質難，諸如孝道之違背，無後之責難等，契嵩唯有標舉其出世之特殊超越意義以示其與世間法之有別，否則殊難化解世間倫理觀念之質疑。

（四）融會儒釋的一般共通性

除了凸顯佛教的特殊性之外，契嵩更積極尋求儒佛間的共通之處，努力從事於融會貫通之工作。於是從儒家典籍中平時不為人所留意者，契嵩乃發隱摘微，凡與佛教思想有所相似相通之處，則力圖為其融會貫通之，務使儒釋蕃籬銷除，異見化解，彼此攜手共同為善為治，相輔相成，斯則國家社會之福也。

二、契嵩儒釋融會理論之特色

契嵩為了化解儒者之詆佛，因而致力於儒釋思想之融會，以期引導儒士之進趨於佛法，其理論之所以受到重視，蓋有以下若干特色：

（一）儒佛兼弘並重

歷來僧人或有主張三教調和者，然每將儒學視為權便世甚至多所貶抑；契嵩雖亦主張儒學為人天權教，然卻與佛陀之教等同重視之，謂「治世者非儒不可也，治出世非佛亦不可也」，這種對儒學的肯定乃使得契嵩深獲當代儒者之推重，而其對待儒家之態度，也使其儒釋融會思想對後世影響深遠。

（二）學理基礎深廣

契嵩以前之論儒釋者，往往只見片言隻語，契嵩則無論儒學或佛理乃以系統之論著闡述之；從儒家之〈洪範〉、〈中庸〉乃至經學思想諸論，彼以方外僧人卻能批隙導窾評斷是非，儼然一介儒士。佛學方面則暢談性情，復論理氣，並對禪家宗祖法統考據疏證，以穩固禪學思想之道脈。準此儒佛兩家思想要義，以為其融會理論奠定深廣基礎，故能建立其理論之完整系統。

（三）理論實踐分明

契嵩之儒釋融會思想有深廣的理論基礎，又有具體的融合主張，從政治論、修養論乃至心性論與宇宙論，捃取儒釋思想之相似處，以進行其融會和同之理論闡發；又以〈孝論〉十二章作為儒釋融會理論之具體實踐方法，至

此則理論與方法皆備，其系統亦告完成。

（四）文筆雄健有力

歐陽修學古文乃以韓愈為宗，契嵩排斥韓愈，然其文筆卻雄健騁辯，讀其文，實與唐宋古文家無甚差別，由此可見其文章應是直承先秦諸子，探源於五經之本，故而雄辯滔略，辭氣鋒起。依此雄健筆鋒以闡發其儒釋思想，終能懾群雄而肆論，暢辭鋒而揚波，遂使歐陽修感歎其才，宋仁宗矜憫其誠，朝野賢達高其風義，契嵩終亦秉此閎論深思而垂明於青史。

三、契嵩儒釋融會思想的時代意義與省思

任何一種思想或學說所以能盛行，必有其存在之意義與價值，而隨著時代的遞演與社會環境的變遷，其思想也應當接受時代與社會之考驗。儒佛兩家思想及其二者的融會，在現代社會中所具有的時代意義與價值應是不容置疑，重要的是吾人從契嵩思想的研究中能否獲取一些時代的啟發，以提供現代社會中宗教與學術，以及社會倫理之間的互動關係作參考，基於這種省思，在此願提出若干當今學術、宗教與社會問題，用以證明契嵩思想仍符合現代之需求，在現今時代中仍有其發揚光大之價值。

（一）世間法與出世法的相輔相成

《六祖壇經》說：「佛法在世間，不離世間覺，離世覓菩提，恰如尋兔角。」在這聊聊數語中已經肯定了世間法與出世法的同等重要，問題只在修行者本身的偏執，因而造成對世間法的輕忽，此特就修出世法者而言。若以修世間法者而論，倘固執己見，漠視出世法之價值，則亦為畫地自限，難有宏識大量也。因此今日之世，無論政治家、企業家、教育者、學者，若能以其對世間法的努力與肯定，再加上出世法的體認與操持，相信這種修養對己身的成就必將更勝一籌。如其為然，則契嵩的儒釋融會理論將可提供此一生活態度的理論參考依據，並能對其人生觀具有積極的提振作用。

（二）宗教學術和學術宗教的交流與互補

長久以來，關於佛教學術的研究，似乎可分成二類，一類是研究者本身為具有佛教信仰者，包括僧尼與居士；另外一類則純為一般學者之研究，他們並非佛教信徒，甚至以排除宗教信仰而標榜其超然立場者，這兩派的學術研究成果亦各有其特色，佛教徒之研究以正面的成效而言，在某些信仰深層

或必須具有實證體驗功夫處的義理探討時，較能提出深刻的體認與見解；但是不可否認的在其它某些觀點裡，不免因爲其教徒身份而立場較難客觀。至於一般學者對佛教的研究，固然可以排除信仰上的因素而大膽立論，但是在部分功夫論方面則顯然無法提出較有說服力的體認和見解。因此這種佛教本身的學術研究和學術界對於佛教的研究，有時便會出現歧異觀點，甚至兩造之論點沒有交集。舉例來說，宋明理學家大都曾研究過佛學，然而他們筆下所論佛學卻時而出現認知不足或見解有差異者，終究對於學術本身而言仍是不免遺憾。因此從契嵩的儒釋融會事跡與成因看來，學術界與宗教界之間的意見如何交流，以及彼此間的成就與偏失如何互補，使得宗教學術與學術宗教能透過管道交流，達成互補的交集，應是今日學術界與宗教界所應共同努力的要務。

（三）儒佛思想和現代社會與倫理

處於二十一世紀物質文明極度發達之社會裡，傳統的儒佛二家精神文明雖都曾遭遇過冷落之處境，但是在人類良知的覺省與理智的召喚下，傳統精神文明必再度受到重視，即以當今日益嚴重的生態保育問題而言，其中的兩大課題，一是地球環境保護，一是動植物保育，這兩大問題表面看起來似乎偏重於自然科學領域爲主，然而此類保育問題之能否落實，其關鍵還是在於根本的觀念問題上，這就和人文科學不可分離。佛教的「萬法唯心」思想，強調人的心性和宇宙本是一體；漢儒的「天人合一」觀念，宋儒的「民胞物與」思想，在在都是肯定吾人與此所居之宇宙環境息息相關，休戚與共，凡此種種都可以爲當今的環境保護政策提供最上乘之理論根據，而且是從根本的觀念啓發入手，這也是最有效最徹底的方法，不知主其事者非此之圖，更從何謀？而儒家的「親親而仁民，仁民而愛物」之思想，以及佛教的眾生平等，戒殺放生等觀念，又何嘗不是推動生態保育的重要原動力，這些源遠流長、根深柢固的具體思想置之而不用，又將何處尋其環保之利器哉？

又如現代社會逐漸浮現的老人安養與「臨終關懷」問題，其實這些都早已不是新問題，儒家思想中的孝道觀念早就對於安老問題有所討論，諸如「老者安之」、「老吾老以及人之老」等，孔孟先哲早有明訓；至於佛教對於「臨終關懷」也早已具有一套完善的制度與措施，如臨終助念等，相對於現代醫療界逐漸才興起的所謂「臨終關懷」──對臨終病人所加予的一些毫無意義的搶救措施感到質疑，佛教的「臨終關懷」──安詳助念，是更符人性化，

更合實際的需要，這才是最有意義的措施。因此契嵩的儒釋融會理論並非徒具空洞理論，它在現代生活中更是具有實際可行的契機，由此益可見其價值矣！

附　錄

附錄一：契嵩生平、著述年表

公元	帝王年號	年　齡	重　要　事　跡
1007	宋眞宗景德四年	一　歲	出生於藤州鐔津
1013	大中祥符六年	七　歲	出家於東山
1019	天禧三年	十　三　歲	得度落髮
1020	天禧四年	十　四　歲	受具足戒
1025	天聖三年	十　九　歲	遊方江湘、衡廬
1039	寶元二年	三十三歲	入吳至錢塘
1049	皇祐元年	四十三歲	作〈原教〉
1051	皇祐三年	四十五歲	遷居會稽
1053	皇祐五年	四十七歲	往居杭州石壁山，作〈孝論〉
1054	至和元年	四十八歲	作〈壇經贊〉
1056	嘉祐元年	五　十　歲	移居靈隱寺 作〈廣源教〉、〈勸書〉、〈非韓〉，輯《輔教編》
1061	嘉祐六年	五十六歲	作《傳法正宗記》、《定祖圖》 攜《輔教編》等進京 十二月六日上書乞《輔教編》、《正宗記》等入藏
1062	嘉祐七年	五十七歲	三月十七四詔《輔教編》等賜入大藏 三月二十二日頒賜明教大師號
1068	熙寧元年	六十三歲	作《傳法正宗論》後續三篇
1072	神宗熙寧五年	六十六歲	六月初四日卒於杭州靈隱寺

附錄二：北宋初期儒佛大事年表

太祖建隆元年庚申（960）

是年十二月，詔於揚州城下戰地，造寺賜額建隆，賜田四頃命僧道暉主之。帝深以三武毀教之禍爲鑑，及即位屢建佛寺，歲度八千僧。

三年壬戌（962）

詔每年試童行通蓮經七軸者，給祠部牒批剃。

孫奭生。

乾德元年（963）

河南府進士李藹造《滅邪集》以毀釋教，竊藏經以爲衾，事聞，上以爲非毀聖道誑惑百姓，敕刺流沙門島。

開寶二年己巳（969）

二月十六長春節，詔四海僧上表入殿庭，試三學十餘條，全通者賜紫衣，號曰手表僧。

宰輔親王監司刺使各薦所知，惟西街所薦，是日入內殿，門下牒謂之廉前師號，仍賜紫衣。

四年辛未（971）

詔成都造金銀字佛經各一藏。

五年壬申（972）

詔雕佛經一藏，計十三萬板。

詔僧道，每當朝集，僧先道後，並立殿庭，僧東道西，間雜副職。若遇郊天，道左僧右。

八年乙亥（975）

天下大元帥吳越國王錢俶，製《宗鏡錄》（智覺禪師撰）序文。

太宗太平興國元年丙子（976）

詔僧尼復試經科。

三年戊寅（978）

帝製新譯三藏聖教序。

翰林學士李昉、徐鉉等進《太平廣記》，期間錄佛法者三十卷，上自漢明，終於五代。

古今悟心得道之眾，神僧經論定慧之學，君臣信毀休咎之徵，靡所不載。

五年庚辰（980）

　　河中府沙門法進，請三藏法天譯經於蒲津，守臣表進，上覽之大悅，召
　　入京師，始興譯事。

七年壬午（982）

　　六月，譯經院成，詔天息災等居之，賜天息災明教大師，施護顯教大
　　師，令以所將梵本各譯一經，詔梵學僧法進常謹清沼等筆受輟文，光錄
　　卿楊說兵部員戊郎張洎潤文，殿直劉素監護。天息災述譯經儀式。

八年癸未（983）

　　六月，詔翰林贊寧修《大宋高僧傳》，寧乞歸錢唐撰述，詔許之。

　　詔譯經院，賜名傳法，於西偏建印經院。

　　成都先奉太祖敕造《大藏經》板成進上。

　　天息災等言，歷朝翻譯並藉梵僧，若暇阻不來，則義經廢絕，欲令兩街
　　選童子五十人習學梵字，詔令高品王文壽選惟淨等十人引見便殿，詔送
　　譯經院受學。

雍熙元年甲申（984）

　　三月，日本國沙門周然來朝，乞賜印本《大藏經》，詔有司給與之。

　　十月，召隱士陳搏賜希夷先生，尋請歸華山。

二年乙酉（985）

　　二月，詔禁壇置寺觀。

三年丙戌（986）

　　詔以御製《三藏聖教序》賜天息災等，令冠新譯經首。

端拱元年戊子（988）

　　翰林通慧大師贊寧上表進《高僧傳》三十卷，璽書褒美，令編入大藏。

　　詔國子監刊刻孔穎達所編《五經正義》。

二年己丑（989）

　　范仲淹生。

五年壬辰（992）

　　孫復生。

至道元年乙未（995）

　　御製《祕藏詮》等，六月限僧尼額。

二年丙申（996）

　　詔以御製《祕藏詮》二十卷、《緣識》五卷、《逍遙詠》十卷，命兩街箋

注，入大藏頒行。

詔邢昺等編纂《孝經正義》。

真宗咸平元年戊戌（998）

帝製繼聖教序，賜天竺三藏朝散大夫光錄卿明教大師法賢。

御製《崇釋論》，其略云，奉乃十力，輔茲五常，上法之以愛民，下遵之
而遷善，誠可以庇黎庶而登仁壽也。

宋祁生。

三年庚子（1000）

詔邢昺等將《周禮》、《儀禮》、《公羊傳》、《穀梁傳》等正義重新校訂，
並再修《孝經》、《論語》、《爾雅》諸經正義。

景德元年甲辰（1004）

東吳僧道源，續開平以來宗師機緣，統集寶林聖冑等傳，爲《傳燈錄》
三十卷，詣闕進呈，帝覽之嘉賞，敕翰林楊億等刊正，并撰序頒行天
下。

二年乙巳（1005）

石介生。

四年丁未（1007）

契嵩生。

歐陽修生。

大中祥符二年己酉（1009）

李覯生。

蘇洵生。

四年辛亥（1011）

十一月，益州守臣李士衡，進大寺沙門仁贊編修《釋氏會要》四十卷。

邵雍生。

五年壬子（1012）

詔孫奭校訂《孟子》並爲修《孟子正義》，《孟子》正式成爲十三經之
一。

邢昺卒。

六年癸丑（1013）

八月，兵部侍郎譯經潤文官趙安仁，奉詔編修大藏經錄成，凡二十一

卷，賜名《大中祥符法寶錄》。

七年甲寅（1014）

天竺三藏施法護譯《佛吉祥》等經二百餘卷，參政趙安仁等潤文。

八年乙卯（1015）

詔道釋藏經互相毀者刪去，樞密王欽若以化胡經乃古聖遺跡不可削。

詔以太宗御製《妙覺集》五卷，付傳法院編入大藏。

天禧元年丁巳（1017）

禁民棄父母而為僧道。

周敦頤生。

三年己未（1019）

帝於九月大會道釋于大安殿，凡萬三千餘人，先是建齋醮，上親臨，賜以銀藥大錢。

錢唐月輪山沙門道誠，以朝廷覃恩普度，撰《釋氏要覽》三卷，為出家者眾法之須知行於世。

司馬光生。

十二月，楊億卒。

四年庚申（1020）

張載生。

五年辛酉（1021）

王安石生。

是歲天下僧數三十九萬七千六百十五人，尼六萬一千二百四十人。

乾興元年壬戌（1022）

杭州孤山智圓法師卒。

天聖四年丙寅（1026）

賜天台教部入藏。

明道原年壬申（1032）

天竺慈雲法師遵式卒，世壽六十九，僧夏五十。

程顥生。

二年癸酉（1033）

程頤生。

孫奭卒。

景祐元年甲戌（1034）

詔毀無額寺院。

參知政事王隨，刪《景德博燈錄》爲十五卷，名《傳燈玉英集》，傳法院編錄入藏。

是歲天下僧三十八萬五千五百二十人，尼四萬八千七百四十人。

二年乙亥（1035）

上御製《天竺字源序》賜譯經院，是書即法護惟淨以華梵對翻爲七卷，聲明之學實肇於此。

三年丙子（1036）

駙馬都尉李遵勗，廣《傳燈錄》爲三十卷，進上，賜名《天聖廣燈錄》，御製序。

右僕射譯經潤文使呂夷簡，參知政事潤文官宋綬言，奉詔續修《法寶錄》，自祥符四年至今景祐三年，編成一百六十一卷，乞依舊式賜序。

四年丁丑（1037）

御製《景祐新修法寶錄》序，賜入大藏。

寶元二年己卯（1039）

秋八月禁以金箔飾佛像。

蘇轍生。

慶曆元年辛巳（1041）

三藏法師惟淨言，西土進經新舊萬軸，鴻臚之設有費廩祿，玉豈停罷譯經；未幾，中丞孔輔道上疏請罷譯經，上皆不可。

諫議大夫歐陽修慕韓愈斥佛老，著《本論》三篇以詆佛教。

五年乙酉（1045）

石介卒。

皇祐元年己丑（1049）

李覯卒。覯字泰伯，旴江人，時稱大儒，嘗著《潛書》力於排佛。明教嵩公，攜所著《輔教編》謁之辯明，覯方留意讀佛書，乃喟然曰：吾輩議論尚不及一卷《般若心經》，佛教豈易知耶？《心經》乃唐太宗詔三藏玄奘所譯，纔五十四句，二百六十七字耳，泰伯所言非其自肯，安能爾哉？范文正公以表薦于帝，嘗就門下除一官，復差充太學說書，未幾是年卒。

二年庚寅（1050）

　　宰相文彥博兼譯經潤文使，彥博在京師與淨嚴禪師結僧俗十萬人念佛，
　　為往生淨土之願。

　　正月，詔大覺懷璉禪師住東都淨因。

四年壬辰（1052）

　　六月十日，雪竇顯禪師卒，太平興國五年四月八日生於遂州李氏，世壽
　　七十二，僧夏五十。

至和元年甲午（1054）

　　封孔愿衍聖公。

嘉二年丁酉（1057）

　　宋祁卒。

　　孫復卒。

嘉祐四年己亥（1059）

　　歐陽修宋祁修《唐書》成，修又撰《五代史》七十四卷，將舊唐史所載
　　釋道之事並皆刪去。

　　李覯卒。

六年辛丑（1061）

　　契嵩入京，進《輔教編》、《定祖圖》、《正宗記》。

七年壬寅（1062）

　　詔契嵩《輔教編》、《定祖圖》、《正宗記》編入大藏，賜明教大師。

四年丁未（1067）

　　詔民間私造寺院屋宇及三十間者，可賜額曰壽聖，悉存之。

神宗熙寧元年戊申（1068）

　　七月，司諫錢公輔言，祠部遇歲饑河決，乞鬻度牒以佐一時之急，自今
　　聖節恩賜，並與裁損。鬻牒自此始。

　　是歲天下僧二十二萬六百六十人，尼三萬四千三十人。

四年辛亥（1071）

　　三月六日圓通居訥禪師卒。世壽六十有二，僧夏四十五。

　　王安石為相。

五年壬子（1072）

　　明教契嵩禪師示寂。

　　歐陽修卒。

引用及參考書目

一、佛教類

（一）經　論

1. 《般涅槃經》，《大正藏》第一卷，台北：新文豐出版公司。
2. 《楞嚴經》，《大正藏》第十九卷。
3. 《梵網經菩薩戒本》，《大正藏》第二十四卷。
4. 《佛說菩薩睒子經》，《大正藏》第三卷。
5. 《大智度論》，《大正藏》第二十五卷。
6. 《達摩多羅禪經》，《大正藏》第十五卷。
7. 晉王浮《老子化胡經》，《大正藏》，第五十四卷。
8. 隋智顗《仁王護國般若經疏》，《大正藏》第三十三卷。
9. 隋智顗《金光明經文句》，《大正藏》第三十九卷。
10. 唐湛然《止觀輔行傳弘決》，《大正藏》第四十六卷。
11. 唐法藏《華嚴經探玄記》，《大正藏》第三十五卷。
12. 唐李通玄《華嚴經合論》，《大正藏》第三十六卷。
13. 唐慧琳《一切經音義》，《大正藏》第五十四卷。
14. 唐法海集《南宗頓教最上大乘摩訶般若波羅蜜經六祖惠能大師於韶州大梵寺施法壇經》，《大正藏》第四十八卷。
15. 唐宗密《原人論》，《大正藏》第四十五卷。
16. 唐玄奘譯《成唯識論》，《大正藏》第三十一卷。
17. 唐玄奘譯《百法明門論》，《大正藏》第三十一卷。
18. 唐玄奘譯《瑜伽師地論》，《大正藏》第三十卷。

19. 唐玄奘譯《阿毘達摩俱舍論》,《大正藏》第二十九卷。

20. 唐惠能《金剛經解義》,《卍續藏》第三十八冊。

21. 元宗寶編《六祖大師法寶壇經》,《大正藏》第四十九卷。

22. 元圓覺《華嚴原人論解》,《卍續藏經》第一〇四冊,台北:新文豐出版公司。

23. 明蓮池《菩薩戒義疏發隱》,《卍續藏》第五十九冊。

24. 明蕅益《梵網經合註》,《卍續藏》第六十冊。

25. 清彭際清《一乘決疑論》,《卍續藏》第一〇四冊。

26. 潘重規《敦煌變文及新書》,1983年7月,台北:中國文化大學。

27. 黃懺華《佛教各宗大意》,1984年9月,台北:文津出版社。

28. 楊曾文《敦煌新本六祖壇經》,1993年10月,上海:古籍出版社。

29. 陳士強《佛典精解》,1992年11月,上海:古籍出版社。

30. 釋會性《大藏會閱》,1995年5月,台北:天華出版公司。

(二) 史 傳

1. 北魏吉迦夜、曇曜譯《付法藏因緣傳》,《大正藏》第五十卷。

2. 梁惠皎《高僧傳》,《大正藏》第五十卷。

3. 梁僧祐《出三藏記集》,《大正藏》第五十五卷。

4. 隋費長房《歷代三寶記》,《大正藏》第四十九卷。

5. 隋法經《眾經目錄》,《大正藏》第五十五卷。

6. 唐道宣《續高僧傳》,《大正藏》第五十卷。

7. 唐佚名《歷代法寶記》,《大正藏》第五十一卷。

8. 南唐靜、筠《祖堂集》,1987年6月,台北:新文豐公司。

9. 宋贊寧《宋高僧傳》,《大正藏》第五十卷。

10. 宋贊寧《大宋僧史略》,《大正藏》第五十四卷。

11. 宋道原《景德傳燈錄》,《大正藏》第五十一卷。

12. 宋契嵩《傳法正宗記》,《大正藏》第五十一卷。

13. 宋契嵩《傳法正宗記》,《磧砂大藏經》第三十七冊,台北:新文豐公司。

14. 宋志磐《佛祖統紀》,《大正藏》第四十九卷。

15. 宋普濟《五燈會元》,《卍續藏經》第一三八冊。

16. 宋惠洪《禪林僧寶傳》,《卍續藏經》第一三七冊。

17. 宋惟白《建中靖國續燈錄》,《卍續藏經》第一三六冊。

18. 宋智炬集《雙峰山曹侯溪寶林傳》,《宋藏遺珍》第二冊,台北:新文豐

公司。

19. 宋道誠《釋氏要覽》,《大正藏》第五十四冊。

20. 宋宗鑑《釋門正統》,《卍續藏經》,第一三〇冊。

21. 元念常《佛祖歷代通載》,《大正藏》第四十九卷。

22. 明覺岸《釋氏稽古略》,《大正藏》第四十九卷。

23. 明心泰《佛法金湯篇》,《卍續藏經》第一四八冊。

24. 明朱時恩《佛祖綱目》,《卍續藏經》第一四六冊。

25. 明朱時恩《居士分燈錄》,《卍續藏經》第一四七冊。

26. 清彭際清《居士傳》,《卍續藏經》第一四九冊。

27. 陳垣《中國佛教史及佛教史籍》,1974 年 12 月,台北:鼎文書局。

28. 任繼愈《中國佛教史》(第一、二、三卷),1981 年 9 月,北京:中國社會科學出版所。

29. 梁啓超《中國佛教研究史》,1984 年 7 月,台北:新文豐出版公司。

30. 阿部肇一《中國禪宗史》關世謙譯,1986 年 2 月,台北:東大圖書公司。

31. 慈怡《佛教史年表》,1987 年 9 月,高雄:佛光出版社。

32. 湯用彤《隨唐佛教史稿》,1988 年 9 月,台北:木鐸出版社。

33. 黃敏枝《宋代佛教社會經濟史論集》,1989 年 5 月,台北:學生書局。

34. 黃懺華《中國佛教史》,1990 年 7 月,台北:新文豐出版公司。

35. 鐮田茂雄《中國佛教史》,1991 年 12 月,台北:新文豐出版公司。

(三) 文　集

1. 梁僧祐《弘明集》,《大正藏》第五十二卷。

2. 唐道宣《廣弘明集》,《大正藏》第五十二卷。

3. 唐道宣《集古今佛道論衡》,《大正藏》第五十二卷。

4. 唐道世《法苑珠林》,《大正藏》第五十三卷。

5. 唐法琳《辯正論》,《大正藏》第五十二卷。

6. 唐神清《北山錄》,《大正藏》第五十二卷。

7. 唐宗密《禪源諸詮集都序》,《大正藏》第四十八卷。

8. 宋智圓《閑居編》,《卍續藏經》第一〇一冊。

9. 宋契嵩《鐔津文集》,《大正藏》第五十二卷。

10. 宋契嵩《鐔津集》,文淵閣《四庫全書》第一〇九一冊,台北:商務印書館。

11. 宋契嵩《鐔津文集》,《四部叢刊廣編》,1981 年,台北:商務印書館。

12. 契嵩《冠注輔教編》，台北：新文豐出版公司。

13. 宋延壽《宗鏡錄》，《大正藏》第四十八卷。

14. 宋延壽《萬善同歸集》，《大正藏》第四十八卷。

15. 宋惠洪《林間錄》，《中華大藏經》第二輯第九十二冊。

二、世典類

（一）經　部

1. 漢毛公傳鄭玄箋唐孔穎達疏《毛詩正義》，《十三經注疏》本，台北：新文豐出版公司。

2. 漢孔安國傳唐孔穎達疏《尚書正義》，《十三經注疏》本。

3. 漢鄭玄注唐孔穎達疏《禮記正義》，《十三經注疏》本。

4. 漢何休注唐徐彥疏《公羊傳注疏》，《十三經注疏》本。

5. 晉王弼韓康伯注孔穎達疏《周易正義》，《十三經注疏》本。

6. 晉杜預注唐孔穎達疏《春秋左傳正義》，《十三經注疏本》。

7. 晉范寧注唐楊士勛疏《穀梁傳集解》，《十三經注疏本》。

8. 魏何晏祝宋邢昺疏《論語注疏》，《十三經注疏本》。

9. 漢趙歧注宋孫奭疏《孟子注疏》，《十三經注疏本》。

10. 唐玄宗御注宋邢昺疏《孝經注疏》，《十三經注疏本》。

11. 明智旭《周易禪解》，《中華大藏經》第二輯第七十九冊，1974 年，台北：修訂中華大藏經會。

12. 明智旭撰、民國江謙補註《四書蕅益解補註》，1978 年 5 月，台北：佛教出版社。

13. 清朱彝尊《經義考》，台北：中華書局。

14. 葉國良《宋人疑經改經考》，1980 年 6 月，台北：台灣大學出版委員會。

15. 楊伯峻《春秋左傳注》，1987 年 9 月，台北：漢京文化事業公司。

16. 王禮卿《四家詩恉會歸》，1995 年 10 月，台中：青蓮出版社。

17. 李威熊《中國經學發展史論》（上），1988 年 12 月，台北：文史哲出版社。

（二）史　志

1. 漢司馬遷《史記》，《二十五史》本，台北：藝文印書館。

2. 漢班固《漢書》，《二十五史》本。

3. 吳士鑑、劉承幹《晉書斠注》，《二十五史》本。

4. 齊魏收《魏書》，《二十五史》本。

5. 唐姚思廉《梁書》,《二十五史》本。

6. 後晉劉昫《舊唐書》,《二十五史》本。

7. 宋歐陽修、宋祁《唐書》,《二十五史》本。

8. 宋歐陽修《五代史》,《二十五史》本。

9. 宋王溥《唐會要》,文淵閣《四庫全書》第六○六冊,台北:商務印書館。

10. 《宋會要輯稿》,1957 年 11 月,北京:中華書局。

11. 元脫脫《宋史》,《二十五史》本。

12. 元脫脫《金史》,《二十五史》本。

13. 《杭州府志》,《中國方志叢書》第一九九號,台北:成文出版社。

14. 《錢塘縣志》,《中國方志叢書》第一九二號。

15. 《藤縣志》,《中國方志叢書》第一二四號。

16. 《梧州府志》,台北:文行出版社。

17. 方豪《宋史》,1988 年,台北:中國文化大學。

18. 姚瀛艇《宋代文化史》,1995 年 9 月,台北:雲龍出版社。

(三)思 想

1. 《老子》,《子書二十八種》第一冊,台北:廣文書局。

2. 《莊子》,《子書二十八種》第一冊。

3. 漢揚雄《揚子法言》,《子書二十八種》第五冊。

4. 隋王通《文中子》,《子書二十八種》第五冊。

5. 宋周敦頤《周子全書》,1969 年,台北:中華書局。

6. 宋程顥、程頤《河南程氏遺書》,台北:商務印書館。

7. 宋程顥、程頤《二程全書》,1969 年,台北:中華書局。

8. 宋朱熹《朱子文集》,1968 年,台北:藝文印書館。

9. 宋黎靖德編《朱子語類》,1986 年 12 月,台北:文津出版社。

10. 宋張載《張子全書》,1969 年,台北:中華書局。

11. 宋邵雍《皇極經世書》,1969 年,台北:中華書局。

12. 宋陸象山《象山全集》1969 年,台北:中華書局。

13. 明胡廣等《性理大全》,《四庫全書珍本》五集,台北:商務印書館。

14. 明王陽明《陽明全書》,1970 年,台北:中華書局。

15. 明釋德清《莊子內篇註》,《中華大藏經》第二輯第一二三冊。

16. 湯用彤《理學·佛學·玄學》1992 年 1 月,台北:淑馨出版社。

17. 馮友蘭《中國哲學史新編》,1991 年 12 月,台北:藍燈文化公司。

18. 錢穆《中國學術思想史論叢》第五冊，1978 年 7 月，台北：東大圖書公司。

19. 錢穆《宋明理學概述》，1992 年 2 月，台北：學生書局。

20. 熊琬《宋代理學與佛學之探討》，1985 年 4 月，台北：文津出版社。

21. 王能傑《從復性書至原道》，台中：青蓮出版社。

（四）文　集

1. 唐韓愈《韓昌黎集》，1975 年 3 月，台北：河洛圖書公司。

2. 唐白居易《白居易集》，台北：中文書局。

3. 歐陽修《歐陽修全集》，台北：河洛圖書公司。

4. 陳亮編《歐陽文粹》，文淵閣《四庫全書》第一一○三冊。

5. 宋李覯《盱江集》，文淵閣《四庫全書》第一○九五冊。

6. 宋石介《徂徠集》，文淵閣《四庫全書》第一○九○冊。

7. 宋孫復《孫明復小集》，文淵閣《四庫全書》第一○九○冊。

8. 宋黃晞《聱隅子歔欷瑣微論》，《叢書集成新編》第二十一冊，台北：新文豐公司。

9. 宋宋祁《宋景文公筆記》，《叢書集成新編》第十一冊。

10. 宋宋祁《宋景文集》，《叢書集成新編》第六十冊。

11. 宋陳舜俞《都官集》，《叢書集成續編》第一二四冊，台北：新文豐公司。

12. 元耶律楚材《湛然居士集》，1986 年 2 月，北京：中華書局。

13. 明李袞《宋藝圃集》，文淵閣《四庫全書》第一三八二冊。

14. 明沈士榮《續原教論》，《中華大藏經》第二輯第七十八冊。

15. 明鍾始聲《闢邪集》，《中華大藏經》第二輯第八十九冊。

16. 清弘贊《解惑篇》，《中華大藏經》第二輯第一三九冊。

17. 清王士禎《居易錄》，文淵閣《四庫全書》第八六九冊。

18. 清永瑢、紀昀《四庫全書總目提要》，台北：商務印書館。

19. 張心澂《偽書通考》，1979 年 10 月，台北：宏業書局。

20. 葉百豐《韓昌黎文彙評》，1990 年 2 月，台北：正中書局。

21. 陳寅恪《陳寅恪先生論文集》，台北：三人行出版社。

22. 何寄澎《北宋的古文運動》，1992 年 8 月，台北：幼獅出版社。

三、期刊論文

1. 忽滑谷快天〈達摩以前中土之禪學〉，現代佛教學術叢刊四《禪宗史實考辨》1977 年 8 月，台北：大乘文化出版社。

2. 黃懺華〈禪宗初祖菩提達摩考〉,現代佛教學術叢刊四《禪宗史實考辨》。

3. 太虛大師〈與胡適之論菩提達摩書〉,現代佛教學術叢刊四《禪宗史實考辨》。

4. 羅香林〈舊唐書神秀傳疏證〉,現代佛教學術叢刊四《禪宗史實考辨》。

5. 胡適〈禪學古史考〉,現代佛教學術叢刊四《禪宗史實考辨》。

6. 牧田諦亮〈趙宋佛教史上契嵩的立場〉,現代佛教學術叢刊七。

7. 李斌城〈唐代佛道之爭研究〉,《世界宗教研究》1981 年第二集。

8. 賴永海〈宋元時期佛儒交融思想探微〉,《中華佛學學報》第五期,1981 年 7 月。

9. 賈順先〈儒釋道的融合和宋明理學的產生〉,《四川大學學報》1982 年第四卷。

10. 潘桂明〈從智圓的《閑居編》看北宋佛教的三教合一思想〉,《世界宗教研究》1983 年第一期。

11. 任繼愈〈唐宋以後的三教合一思潮〉,《世界宗教研究》1984 年第一期。

12. 陳兵〈略論全眞道的二教合一說〉,《世界宗教研究》1984 年第一期。

13. 蔡惠明〈融儒於佛的契嵩大師〉,《內明》第一七四期,1987 年 9 月。

14. 劉貴傑〈契嵩思想研究〉,《中華佛學學報》第二期,1988 年 10 月。

15. 何寄澎〈論契嵩思想與儒學的關涉〉,《幼獅學誌》第二十卷第三期,1989 年 8 月。

16. 黃啓江〈宋代的譯經潤文官與佛教〉,《故宮學術季刊》第七卷第四期,1990 年。

17. 任繼愈〈從佛教到儒教〉——唐宋思潮的變遷〉,《中國文化》第三期,1990 年 12 月。

18. 陳士強〈契嵩見存著述考〉,《內明》第二五九、二六〇期,1993 年 10、11 月。

19. 黃啓江〈論北宋明教契嵩的《夾註輔教編要義》〉,第二屆中國域外漢籍國際學術會議論文集。

20. 羅香林《唐代三教講論考〉,《東方文化》一卷一期,1954 年 1 月,香港:香港大學亞洲研究中心。

21. 洪志明〈宗密及其原人論研究〉,1987 年 5 月,高雄師大碩士論文。

22. 王文泉〈釋契嵩反排佛論研究〉,1993 年 5 月,淡江大學碩士論文。

23. 胡順萍〈宗密教禪一致思想之形成與影響〉,1996 年 6 月,輔仁大學博士論文。